Lise Bourbeau

Das Liebes-Coaching

Liebe ohne Wenn und Aber

Das wahre Geheimnis
glücklicher Beziehungen

Aus dem Französischen von Christian Schweiger

WINDPFERD

Titel der Originalausgabe:
„Amour, Amour, Amour“

Erschienen bei Les Editions E.T.C. Inc., Kanada

Übertragen aus dem Französischen von Christian Schweiger

1. Auflage 2008

www.windpferd.de

Umschlaggestaltung von Peter Krafft Designagentur Bad Krozingen
Layout: Marx Grafik & ArtWork
Gesamtherstellung: Schneelöwe Verlagsberatung & Verlag, Oberstdorf
Druck: Himmer AG, Augsburg
Gedruckt auf säurefreiem, chlorfrei gebleichtem Papier

Printed in Germany · ISBN 978-3-89385-566-7

Inhalt

Danksagung

Dies ist mein achtzehntes Buch, und ich empfinde immer noch dieselbe Dankbarkeit all jenen gegenüber, die mir helfen, all diese Bücher fertigzustellen.

Die An-erkennung, die ich ihnen an dieser Stelle entgegenbringen möchte, erinnert mich daran, dass die Erkenntnis immer eine Frucht der Arbeit mehrerer Menschen ist. Auch ein Buch setzt sich aus den Kenntnissen mehrerer zusammen.

Was stammt hier von mir? Was kommt von anderen? Ich bin nicht imstande, hier eine Trennlinie zu ziehen. Wer verdient hier besondere Anerkennung?

Zuerst möchte ich all jenen danken, deren persönliche Geschichte und Teilnahme an meinen Seminaren zu diesem Buch beigetragen haben. Ich bin froh, eine so bereichernde Arbeit machen zu können, weil Menschen an sich und an ihrem Leben arbeiten möchten.

Außerdem bin ich in der glücklichen Lage, von Menschen umgeben zu sein, die mich mit allen Mitteln unterstützen: mein Mann Jacques, meine Familie, meine Freunde und das ganze Team von *Ecoute Ton Corps*. Auch die konstruktiven Anmerkungen all jener, die die erste Version dieses Buchs gelesen und so zu seiner Verbesserung beigetragen haben, haben mir sehr geholfen.

Claude Vienne und Julie Labelle möchte ich hier für die ausgezeichnete Korrekturarbeit und Monica Shields für die Umschlaggestaltung danken. Mir fehlen die Worte, um zum Ausdruck zu bringen, wie sehr ich Jean-Pierre Gagnon, dem Verleger von ETC, für seine stete Unterstützung zu Dank verpflichtet bin.

Einleitung

Seit 25 Jahren lehre ich bedingungslose Liebe und spreche dabei in allen Seminaren und Vorträgen regelmäßig vom „Akzeptieren". Dieses Wörtchen taucht in all meinen Büchern und Artikeln auf. Trotzdem fragt man mich immer wieder Dinge wie:

„Lise, bist du sicher, dass ALLES eines Tages akzeptiert werden kann?"

„Warum vergesse ich alles, was ich über das Akzeptieren gelernt habe, sobald nicht alles nach Wunsch läuft?"

„Ich kann dieser Idee einfach nicht zustimmen, da ich pausenlos das Gefühl habe, mich übertölpeln zu lassen, wenn ich einfach alles akzeptiere."

„Es fällt mir schwer festzustellen, ob ich eine Situation wirklich akzeptiert oder nur resigniert habe."

„Ich kann mir kaum vorstellen, dass eine Situation sich entschärft, nur weil ich sie akzeptiere. Das ist zu schön und zu einfach, um wahr zu sein."

Solche Bemerkungen von Teilnehmern unserer Seminare überraschen mich keineswegs. In meinem Privat- ebenso wie in meinem Berufsleben musste ich immer wieder feststellen, dass die Vorstellung des Akzeptierens als Grundlage der bedingungslosen Liebe zwar einfach, deshalb aber noch lange nicht einfach umzusetzen ist. Obwohl meine Mitarbeiter und ich selbst dieses Konzept nun schon seit vielen Jahren unterrichten, denken auch wir nicht immer an dieses Wundermittel der Wandlung. Gott sei Dank sprechen wir oft davon, sodass wir nicht allzu lange vom Pfad der Liebe abkommen.

Fragen und Kommentare wie die zuvor genannten höre ich in allen Ländern, in denen ich unterrichte. Ganz unabhängig von Rasse, Kultur, Hautfarbe, Alter, Beruf oder Religion streben wir alle nach bedingungsloser Liebe. Es ist ein Ruf unserer Seele, die unglücklich ist, wenn nicht unser Herz, sondern unser Ich unser Leben steuert. In der heutigen Zeit vernehmen wir diesen Ruf immer deutlicher. Wir leben in einer Epoche großer innerer Veränderungen. Ich freue mich, in den verschiedensten Ecken dieser Erde immer und überall auf Menschen zu stoßen, die wirklich nach einem besseren Innenleben streben, da sie intuitiv wissen, dass ihre äußere Wirklichkeit diesem inneren Wandel folgen wird.

Dies war zugleich einer der wichtigsten Gründe für mich, ein Buch über die verschiedensten Formen und Situationen des Akzeptierens, besonders aber die unliebsamen, zu schreiben. Ich wünsche mir von ganzem Herzen, dass es dir dabei hilft, das Konzept der bedingungslosen Liebe zu integrieren.

Um dir die Lektüre zu erleichtern und interessanter zu gestalten, will ich die Geschichte einer Familie erzählen, die die unterschiedlichsten Probleme des Akzeptierens durchmacht. Diese Geschichte ist ebenso fiktiv wie die Namen der genannten Personen. Die genannten Beispiele basieren jedoch auf Fällen, die mir im Laufe meiner 25-jährigen Arbeit begegnet sind.

Vielleicht hast du Einwände wie diese, wenn du liest, wie du Frieden stiften, dich und deine Mitmenschen akzeptieren kannst:

„Es wird mir nie gelingen, so über mich selbst zu reden.“

„Ich bin mir sicher, dass die anderen so etwas nie akzeptieren werden.“

„Das ist doch nur ein Buch. Die Wirklichkeit sieht ganz anders aus!“

Diesen erheblichen Widerstand leistet einzig und allein dein Ich. Alle Vorschläge dieses Werks können in die Tat umgesetzt werden. Es genügt, den Entschluss zu fassen und es auszuprobieren. Zum Schluss jedoch eine gute Nachricht: **Je mehr wir es versuchen, desto leichter und schneller funktioniert es.**

Wie in meinen anderen Büchern duze ich den Leser. Das soll dir helfen, die Gefühle unmittelbarer zu empfinden, vor allem, wenn du dich im einen oder anderen Beispiel wiederfindest.

Nun wünsche ich dir eine gute Lektüre!

Lise Bourbeau

1. Kapitel

Die Sprechstunde

Mein Sekretär teilt mir mit, dass die Frau da ist, die heute in meine Privatsprechstunde kommt.

– Guten Tag, Anna.

– Guten Tag, Frau Bourbeau. Ich freue mich, Sie kennenzulernen. Ich habe all Ihre Bücher gelesen und einige Seminare Ihres Zentrums besucht. Schön, dass ich Sie nun persönlich kennenlerne. Ich freue mich besonders, dass ich zu den drei Personen gehöre, mit denen Sie in den nächsten Monaten direkt arbeiten. Man hat mir gesagt, dass das Teil Ihrer Forschungen ist und dass ich deshalb nicht dafür bezahlen muss. Was für ein Privileg dafür ausgewählt worden zu sein! Gott sei Dank kenne ich Ihre Arbeit, sonst hätte ich einem solchen Angebot nicht getraut, fügt sie lachend hinzu.

– Ja, ich bin in den nächsten Monaten hier in Quebec und möchte mit drei Personen in drei ganz bestimmten Bereichen arbeiten. Seitdem wir dieses Angebot auf unserer Webseite bekanntgemacht haben, haben sich zahlreiche Interessenten gemeldet. Wir haben all jene ausgesucht, die mit bedingungsloser Liebe zu tun haben, und haben deinen und zwei weitere Namen gezogen. Bevor wir anfangen, möchte ich wissen, ob du etwas dagegen hast, dass wir uns duzen.

– Nein, kein Problem; im Gegenteil. Das hat mir schon in den Büchern und Seminaren gefallen. Ich habe bisher an drei von euren Seminaren teilgenommen, und einiges ist in meinem Leben besser geworden, auch wenn ich zugeben muss, dass mir der Begriff der bedingungslosen Liebe noch etwas schwerfällt.

– Hmm, erzähle mir doch ein bisschen von dir und deinen Schwierigkeiten.

– Ich bin 38 Jahre alt und seit vierzehn Jahren mit Mario verheiratet, der jetzt 52, also vierzehn Jahre älter ist als ich. Als ich Mario 1991 kennenlernte, war er verheiratet und lebte mit seiner damaligen Frau Rita und ihrem gemeinsamen Sohn David, der damals vierzehn war. Du siehst, die Zahl Vierzehn kommt des Öfteren in unserem Leben vor, und ich frage mich, ob sie nicht Unglück bringt, fügt sie bedächtig hinzu. Ich hoffe, ich werde jetzt nicht abergläubisch. Also zurück zu meiner Geschichte …

… Zwischen uns war es Liebe auf den ersten Blick, und er versprach mir, seine Frau für mich zu verlassen. In Wirklichkeit hat er sie verlassen, weil ich schwanger war, weshalb wir dann auch recht schnell heirateten. Unsere Tochter Sandra ist heute vierzehn Jahre alt. Ja, wieder diese verflixte Vierzehn! Dieser Zusammenhang fiel mir erst auf, als ich mich auf unser heutiges Gespräch vorbereitete. Für Mario war es ein Schock gewesen, als er erfuhr, dass ich schwanger war, da wir uns erst seit wenigen Monaten kannten. Er wusste, dass ich die Pille nahm, und nahm daher an, dass ich zu dem einen Prozent der Frauen gehörte, die trotz der Pille schwanger wurden. Ich sagte ihm, dass das Schicksal es sicher so wollte, dass wir zusammen ein Kind hätten, erzählte ihm aber nicht, dass ich die Pille absichtlich während der Tage des Eisprungs nicht genommen hatte. Ich war froh, ihm nicht die Wahrheit sagen zu müssen, als ich seine Reaktion sah. Wir hatten nie über gemeinsame Kinder gesprochen, da wir uns ja erst so kurz kannten …

… Ich weiß, dass ich nicht absichtlich hätte schwanger werden sollen, doch liebte ich ihn so sehr, dass ich Angst hatte, er würde sich nicht von seiner Frau trennen. Er hatte starke Schuldgefühle wegen dieser Scheidung von einer Frau mit einem jugendlichen Sohn, doch war unsere Beziehung sehr leidenschaftlich und es fiel ihm immer schwerer, Vorwände zu finden, damit wir uns so oft wie möglich sehen konnten. Außerdem hatte ich es satt, an den Wochenenden immer allein zu sein. Er verließ seine Frau Anfang 1992, und wir haben zwei Monate nach Sandras Geburt ganz diskret in Las Vegas geheiratet. Zwischen seiner Scheidung und unserer Hochzeit lag kaum ein Monat. Mehrere Leute sagten mir, dass es nicht gut sei, so bald nach einer gescheiterten Ehe eine neue Beziehung einzugehen, und dass wir hätten warten sollen. Ich glaube, sie hatten recht, denn heute haben wir große Schwierigkeiten.

– Hast du ihm inzwischen gesagt, dass du deine Schwangerschaft geplant hast?

– Nein, ich hatte nie den Mut dazu. Du kannst dir gar nicht vorstellen, wie oft ich es ihm schon sagen wollte, doch wagte ich immer in letzter Minute den entscheidenden Schritt nicht und verschob mein Geständnis auf später. Ich erfand immer alle möglichen Gründe dafür. Ich bin ein Feigling, nicht wahr?

– Es geht hier nicht darum, dein Verhalten zu verurteilen. Ich stelle dir diese Fragen nur, um dir zu helfen, dich selbst zu entdecken. Höre genau auf die Worte, die du gebrauchst, um mir deine Geschichte zu erzählen, denn sie sind sehr aufschlussreich. Was sind zurzeit eure größten Probleme?

– Ich vertraue ihm nicht mehr, da ich ihn im Verdacht habe, eine Beziehung mit einer anderen Frau zu haben. Ich versuche ja loszulassen, aber es will mir nicht gelingen, vor allem nicht in dieser Beziehung. Ich spioniere ihm pausenlos nach und versuche es mir nicht anmerken zu lassen. Kannst du dir vorstellen, wie viel Stress das bedeutet? Wenn er heimkommt, ist er immer müde und schläft schon auf dem Sofa ein. Er redet kaum noch mit Sandra und mir. Er sagt, seine Haltung tue ihm leid, und er wisse auch nicht, was mit ihm los sei. Das sei sicher nur vorübergehend und ich solle den Mut nicht aufgeben und nur etwas Geduld haben. Wir schlafen gelegentlich noch miteinander, doch ist auch das nicht mehr, was es einmal war …

… Sein Sohn David ist jetzt 28 und hat einen vier Jahre alten Sohn. Mario denkt nicht einmal an seinen Enkel. Die Initiative, ihn zu besuchen, kommt immer von mir. Als ich Mario vorschlug, einen Arzt wegen Depressionen aufzusuchen, meinte er nur, er brauche keinen Arzt.

– Wie lange hegst du schon diesen Verdacht?

– Ich weiß nicht recht. Ich spüre ihm nun schon seit etwa zwei Jahren nach, aber ich glaube, das muss schon früher begonnen haben, nur wollte ich es wohl nicht wahrhaben. Ich frage ihn ständig, was los ist, und beschwere mich über seine Haltung. Erst als ich erfuhr, dass ich hierherkommen würde, habe ich mir die Zeit genommen, mein aktuelles Leben etwas genauer unter die Lupe zu nehmen. Dabei fiel mir auf, dass ich ihm nie von meinen Zweifeln erzählt habe, aus Angst davor, was passieren könnte. Es ist ganz so, als ob ich lieber gar nichts wissen möchte, als vielleicht etwas Unliebsames erfahren zu müssen. Es tut mir wirklich gut, endlich darüber sprechen zu können.

– Wir kommen gleich wieder auf dein jetziges Leben zurück, doch wollte ich dich vorher noch etwas fragen. Arbeitet Mario seinerseits an sich?

– Er hat vor ein paar Jahren dein erstes Buch gelesen und auch an einem eurer Seminare teilgenommen. Wir wurden von unserer Schwiegertochter auf deine Arbeit aufmerksam gemacht, die dich mit achtzehn entdeckt hat. Sie war so begeistert, dass sie uns dein erstes Buch geschenkt und uns ans Herz gelegt hat, ein Seminar zu besuchen. Später hat Mario das Interesse verloren. Ich hatte mir vorgenommen, weitere Seminare zu besuchen, doch habe ich es bisher immer auf später verschoben …

… Ich habe da noch ein anderes Problem. Mario sagt pausenlos: „Tu dies oder jenes mit DEINER Tochter." Er will sich immer heraushalten und hätte am liebsten, dass ich alle Entscheidungen in Erziehungsfragen treffe. Und wenn dann etwas schiefläuft, macht er mir Vorwürfe und sagt, ich könne nicht mit ihr umgehen.

– Du hast mir nun von mehreren Problemen erzählt. Kommen wir auf das Erste zurück, deine Angst, von Mario betrogen zu werden. Es ist besser, nicht alle Probleme gleichzeitig anzupacken. Wir kommen in den nächsten Sprechstunden auf die anderen zurück. Wie fühlst du dich in dieser Situation?

Anna atmet tief durch. Plötzlich stehen ihr Tränen in den Augen. Sie sieht mich einen Augenblick an, und ihr Ausdruck wird immer trauriger. Ich sage nichts und reiche ihr ein Taschentuch und ein Glas Wasser. Nach einer Weile fährt sie fort:

– Ich sehe, dass meine größte Angst die ist, Mario zu verlieren. Ich liebe ihn so sehr und mein innigster Wunsch ist, den Rest meines Lebens mit ihm zu verbringen.

– Wie fühlst du dich? Schließe die Augen und versuche zu fühlen, was in dir hochkommt, wenn du dir vorstellst, ihn zu verlieren.

–Ich bin so traurig und fürchte mich sehr. Ich habe das Gefühl, eine riesige Kugel im Bauch zu haben. Außerdem bin ich wütend. Ich weiß, dass ich diese Wut schon lange schlucke. Ich habe Angst, die Kontrolle zu verlieren und diesem Zorn freien Lauf zu lassen, weil ich dann schuld daran wäre, dass er mich verlässt. Allein der Gedanke, allein zu sein, versetzt mich in Panik. Ich glaube sogar, dass unsere Tochter dann lieber bei ihrem Vater leben würde. Mit ihm kann sie tun und lassen, was sie will. Für mich würde das bedeuten, dass mein Leben umsonst war. Ich weiß nicht, ob ich das überstehen würde.

–Zusammenfassend könnten wir also sagen, dass dich zurzeit besonders Marios Haltung und Verhalten dir und den anderen Familienmitgliedern gegenüber und die Möglichkeit stören, dass er dich betrügt. Deine größte Angst ist jedoch, die Liebe deines Mannes und deiner Tochter zu verlieren und von allen verlassen zu werden. Stimmt das so?

–Ja, Lise, genauso ist es. Es war mir nie so richtig klar geworden, wie sehr ich mich davor fürchte, verlassen zu werden. Ich habe den Kurs „Heile die Wunden deiner Seele“ besucht, doch hatte ich mich nicht in den Körpermerkmalen der Wunde des Verlassenwerdens wiedererkannt. Ich hatte also nicht geglaubt, dass mich diese Problematik betrifft. Ich finde, dass meine Wunde des Vertrauensbruchs wesentlich offensichtlicher ist. Es sieht so aus, als müsste ich mich um beide kümmern, nicht wahr?

–Alles zu seiner Zeit. Wir werden später auf die Zusammenhänge mit den Wunden deiner Seele eingehen. Zuvor noch ein paar Fragen: Was möchtest du von deinem Leben? Was erwartest du von mir und welche Art von Hilfe hättest du gern?

–Das ist einfach. Ich möchte meinen Mann behalten und hätte gern eine engere Familie und nicht eine, die sich immer mehr auseinanderlebt. Ich hoffe von dir die Mittel zu bekommen, diese Ziele zu erreichen.

–Niemand kann dir versichern, dass du deinen Mann behalten wirst, da dies von ihm abhängt. Du weißt, dass du weder ihn noch deine Tochter zwingen kannst, bei dir zu bleiben. Willst du wissen, warum du diese Situation bewirkt hast? Bist du bereit, die Verantwortung für all das zu übernehmen, was dir nun widerfährt? Ich frage dich das, weil ich dir nicht – auch wenn du es dir vielleicht noch so sehr wünschst – sagen werde, dass dein Mann und deine Tochter schuld daran sind, dass du unglücklich bist. Das heißt aber noch lange nicht, dass die Schuld bei dir liegt. In Wirklichkeit kommt niemandem Schuld zu. Es gibt nur Menschen, die leiden und nicht wissen, wie sie mit bestimmten Situationen umgehen sollen … Doch kann ich dir helfen, die Ursachen deiner Probleme zu finden und zu akzeptieren, was mit dir geschieht, ganz gleich, ob es deinen Wünschen entspricht oder nicht.

– Natürlich möchte ich gern die Gründe meiner aktuellen Schwierigkeiten kennen, doch ist es von hier noch ein großer Schritt zu akzeptieren, dass mein Mann mich verlässt. Glaubst du wirklich, dass eine Frau, die ihren Mann liebt, so etwas so einfach akzeptieren kann?

– Anna, deine Reaktion ist völlig menschlich. Ich habe nie gesagt, dass es einfach ist, solche Situationen zu erleben. Aber trotzdem bin ich überzeugt davon, dass du in dir die nötige Liebe finden kannst, um jede auch noch so unangenehme Situation zu akzeptieren. Um uns auf die verschiedensten Begebenheiten einstellen zu können, müssen wir oft vieles loslassen. Das ist ein Zeichen von Weisheit. Wir wollen, dass alles nach unseren Wünschen läuft, aber das ist eigentlich nur das Verlangen nach Kontrolle. Ist dir schon aufgefallen, dass solche Kontrolle nichts bringt, vor allem keinen inneren Frieden? Den findest du nur durch wahre Liebe. Bist du einverstanden, dass wir darüber sprechen?

– Natürlich, ich brenne darauf! Ich halte diese Situation schon viel zu lange nicht mehr aus und bin für alles offen. Ich hoffe, dass wir eine Lösung finden werden, damit unsere Ehe wieder ins Lot kommt.

– Wenn das so ist, Anna, dann würde ich vorschlagen, dass du das nächste Mal Mario mitnimmst. Frage ihn einfach, ob er nicht mitkommen möchte. Wenn er will, kann er später wiederkommen, wenn die Umstände erfordern, dass ihr beide zugegen seid. Beim nächsten Treffen können wir dann näher darauf eingehen, was wahre Liebe ist, damit ihr selbst die nötigen Mittel und Wege für eure Partnerschaft und Familie findet …

… Glaubst du, dass du bis zu unserem nächsten Termin den Mut findest, Mario reinen Wein einzuschenken und ihm alles zu sagen? Dass du glaubst, er habe eine andere Beziehung, und Angst hast, er könnte dich verlassen? Meinst du, in der Lage dazu zu sein, ihm bei der Gelegenheit zu sagen, dass du absichtlich schwanger geworden bist? Außerdem würde ich dir raten, mit deiner Mutter zu reden und herauszufinden, ob sie an denselben Ängsten litt wie du, also nicht mehr von ihrem Mann und ihren Kindern geliebt zu werden.

– Da verlangst du sehr viel von mir! Ich weiß nicht, ob ich dazu fähig bin.

– Tu, was du kannst. Für mich ist es wichtig, jedes unserer Treffen mit konkreten Aktionen zu besiegeln. Wir können unerwünschte Situationen nur durch anderes Verhalten überwinden. Am wichtigsten ist jetzt jedoch, dass du den ersten Schritt tust, das heißt, dir einzugestehen, dass du im Augenblick vielleicht nicht so handelst, wie du es gern hättest, aber dass du es noch nicht anders kannst. Erinnerst du dich, wie oft du in dem Seminar der Seelenwunden gehört hast, dass es normal und menschlich ist zu reagieren, wenn du leidest? Alles, was mit deinem Mann und deiner Tochter nicht nach Wunsch läuft, geht auf deine Seelenwunden und die Reaktionen deiner Umwelt auf sie zurück. Du musst dir und deinen Mitmenschen also zugestehen, menschlich zu sein, und deine noch unverheilten Wunden und Grenzen akzeptieren.

Was wir uns hier merken sollten

- Es genügt nicht, über bestimmte Situationen zu reden. Wir können dem Problem auf den Grund gehen, indem wir die betreffende Person fragen, wie sie sich in dieser Situation fühlt. Außerdem sollte sie sich darüber bewusst werden, wie sie ihr begegnen will.
- Wir sollten nur ein Problem auf einmal angehen.
- Wollen wir, dass alles nach unseren Wünschen abläuft, so streben wir nach Kontrolle. Solange wir jedoch nicht loslassen, wird sich gar nichts ändern.
- Niemanden trifft Schuld. Es gibt nur leidende Menschen, die nicht mit einer Situation umzugehen wissen.

- Unliebsame Situationen können nur mit einer veränderten Haltung bewältigt werden.

- Der wichtigste Schritt besteht darin, den Augenblick zu akzeptieren. Wir müssen akzeptieren, dass unser Leid durch unsere Reaktion auf eine aktivierte Seelenwunde hervorgerufen wird und dass wir alle nur Menschen mit unverheilten Wunden sind.

2. Kapitel

Die verschiedenen Facetten der Liebe

Eine Woche später sitzen Mario und Anna bei mir. Letzterer ist wesentlich offener, als ich es erwartet hatte. Anna scheint sehr glücklich zu sein, dass ihr Mann sie zu diesem Gespräch begleitet hat.

Mario wünscht mir einen guten Tag.

– Ich bin froh, dich kennenzulernen. Anna hat mir von eurem letzten Treffen und davon erzählt, an sich arbeiten zu wollen, doch hielt sie es für besser, euer letztes Gespräch nur in groben Zügen zu schildern. Ich muss zugeben, sie hat meine Neugier geweckt. Irgendwie hat sie sich in der letzten Woche verändert: Sie ist wesentlich ruhiger geworden. Ich bin zwar heute mitgekommen, doch weiß ich nicht, ob mich diese Therapie interessiert.

– Danke, dass du heute hier bist, Mario. Was die Zukunft betrifft, so liegt die Entscheidung, ob dieser Weg dir zusagt oder nicht, einzig und allein bei dir. Überstürzen wir nicht die einzelnen Schritte, in Ordnung? …

Ich habe das Gefühl, dass Mario vor allem hier ist, um Anna einen Gefallen zu tun, wenn er auch ein wenig neugierig ist. Er ist vorsichtig und auf der Hut. Gut, dass er meine Arbeit kennt, sonst wäre er wohl wesentlich misstrauischer. Allein schon der Umstand, dass diese beiden gemeinsam zu solch einem Treffen kommen, ist ein kleiner Sieg für das Paar. Marios Blick und leichtes Kopfnicken geben mir zu verstehen, dass er schätzt, dass ich ihn nicht zu überreden versuche, Annas Beispiel zu folgen und dies seinem freien Willen überlasse. Ich fahre daher fort:

… Wenn ein Paar Beziehungsschwierigkeiten hat, so finde ich es besser, dass beide da sind, damit ich beide Versionen hören kann. So bekomme ich einen besseren Eindruck von der Situation. Mario, findest auch du, dass eure Partnerschaft und euer Familienleben einer gewissen Verbesserung bedürfen?

– Ja, ich muss zugeben, dass Anna hier recht hat. Aber frage mich nicht, wie wir an diesen Punkt gelangt sind. Es ist ganz von allein passiert. Unser Leben hat sich so allmählich verändert, dass ich es nicht habe kommen sehen. Doch glaube ich nicht, dass die Situation für mich ebenso schmerzhaft ist wie für Anna. Sie hat sich immer mehr Sorgen gemacht als ich, fügt er mit einem charmanten Lächeln und einem an seine Frau gerichteten Augenzwinkern hinzu. Mir scheint es normal, dass eine Ehe nach vierzehn Jahren nicht mehr so ist wie am Anfang. Doch wenn ich mein Leben mit Anna mit meiner ersten Ehe vergleiche, dann sind da doch große Unterschiede. Rita hielt ich überhaupt nicht mehr aus und ich richtete es immer ein, so wenig wie möglich zu Hause zu sein. Trotzdem habe ich nichts dagegen, unsere Situation zu verbessern, wenn das möglich ist.

– Das finde ich toll, Mario. Ich freue mich, dass auch du findest, dass eine Verbesserung möglich ist, sonst wäre es schwierig, gemeinsame Lösungen zu finden. Ich möchte damit beginnen, noch einmal den Begriff wahrer Liebe mit euch zu besprechen. Seid ihr damit einverstanden?

Beide stimmen zu und Mario fügt hinzu:

– Mein letztes Seminar hier ist sicher schon fünf Jahre her und eine kleine Wiederholung kann da sicher nicht schaden.

– Das Wort Liebe ist wahrscheinlich das meistgebrauchte der Welt. Es wird in so vielen Zusammenhängen verwendet, dass es schwierig ist, seine wahre Bedeutung zu kennen. Das ist wohl auch der Grund dafür, dass bestimmte Haltungen und Handlungsweisen oft fälschlich für wahre Liebe gehalten werden. Betrachten wir gemeinsam einige davon: …

… Beginnen wir mit der ZUNEIGUNG. Handelt es sich hier wirklich um Liebe? Manchen fällt es leicht, ihren Mitmenschen ihre Zuneigung zu zeigen, während sie sich selbst jedoch kritisieren und erniedrigen. Sie verdeutlichen ihre Sympathie oft durch besondere Aufmerksamkeit, Geschenke, offene Warmherzigkeit oder eine feste Umarmung, die die anderen spüren lässt, dass sie wichtig in ihrem Leben sind. Solche Gesten der Zuneigung können zwar willkommen sein, sind deshalb aber noch lange kein Zeichen für wahre Liebe. Steckt auch nur die geringste Erwartung dahinter, handelt es sich nicht um ein Geschenk aus Liebe, sondern vielmehr um den Versuch, selbst Liebe durch dieses Verhalten zu bekommen …

… Zu dieser Kategorie gehören auch besonders überschwängliche Personen. Demonstratives Verhalten hat jedoch nichts mit Liebe zu tun, sondern ist lediglich ein Charakterzug. Manche Menschen bringen anderen ihre Liebe nie durch Worte zum Ausdruck und sind dennoch erfüllt davon. Sie sind einfach keine expressiven Typen. Sie verdeutlichen ihre Liebe eben anders. Man muss sie nur besser kennen. Vielleicht entdecken wir später, dass wir es hier tatsächlich mit wahrer Liebe zu tun hatten …

… Zeigt jemand anderen gegenüber MITLEID, so wird auch das oft fälschlich als Liebe ausgelegt. Es handelt sich hier jedoch vielmehr um die Fähigkeit, das Leid oder Unglück unserer Mitmenschen mitempfinden zu können. In der Regel leidet dadurch nicht nur der „Leidende" selbst, sondern auch der „Mitleidende". Meist spürt der Erstere, dass der Letztere dadurch eine Form der Überlegenheit gewinnt. Er meint den Eindruck zu vermitteln, sich nicht selbst helfen zu können, und fühlt sich dadurch unterlegen …

… Manche meinen durch SELBSTLOSIGKEIT wahre Liebe zu leben. Das ist manchmal tatsächlich der Fall, doch oft auch nicht. Nur allzu häufig wird diese Haltung durch Schuldgefühle, Ängste oder Pflichtgefühl bedingt. Sie opfern sich für andere oder eine Sache, die in ihren Augen wichtiger ist als sie selbst. Der Vorstellung des Opfers liegt aber auch die zugrunde, den Willen eines anderen auszuführen. Daher vernachlässigen selbstlose Menschen oft ihre eigenen Bedürfnisse zugunsten anderer. Dafür erwarten sie meist Dankbarkeit und Anerkennung. Bleiben diese jedoch aus, kommt es zu den verschiedensten Gefühlen, allen voran Frustration …

… Auch Leidenschaft wird oft fälschlich für die „große Liebe" gehalten. So war das wohl auch bei euch beiden am Anfang eurer Beziehung, nicht wahr? Es ist vor allem diese Liebe, die uns sprichwörtlich blind werden lässt. Der eine meint, nicht mehr ohne den anderen leben zu können. Er kann nicht akzeptieren, dass der andere ohne ihn glücklich ist oder bestimmte Dinge ohne ihn tun will. Er lebt nur noch für die Augenblicke, die er mit dem anderen teilt. Dieser wird über die Wirklichkeit hinaus idealisiert, indem ihm all die gewünschten Eigenschaften zugeschrieben werden. All seine Fehler und Mängel werden übersehen.

Diese Art von Liebe hat schon viele Paare scheitern lassen, unzählige Probleme bei der Arbeit bereitet und Menschen zerstört. Leidenschaftliche Menschen treffen oft impulsive und unüberlegte Entscheidungen, um ihrer Leidenschaft entgegenzukommen. Das hat also auch nichts mit wahrer Liebe zu tun …

… Ich will damit nicht sagen, dass Leidenschaft keinen Platz in der wahren Liebe hat. Viele Beziehungen sind vor allem anfangs leidenschaftlich, während die wahre Liebe sich erst im Lauf der Zeit herauskristallisiert. Leute, die diese mit Leidenschaft verwechseln, verlassen ihren Partner, sobald jene an Intensität verliert. Menschen, die wahre Liebe in der Beziehung erfahren wollen, wissen intuitiv, dass jene ganz langsam an den Tag tritt, wenn die Leidenschaft ihr den Platz lässt …

… Ein weiterer Fehlschluss ist die Annahme, Sexualität sei ein Zeichen für wahre Liebe. Glaubt ihr das?

Mario ergreift sofort das Wort:

–Jeder weiß, dass man mit jemandem ins Bett gehen kann, ohne ihn zu lieben.

–Da sprichst du im Namen der Männer, Mario, erwidere ich ihm lächelnd. Du wärest überrascht, wenn du wüsstest, wie viele Frauen, aber auch Männer dennoch davon überzeugt sind, dass Sexualität ein Liebesbeweis ist. Wie viele Mädchen verlieben sich in den Jungen, mit dem sie das erste Mal geschlafen haben. Dasselbe gilt für viele erwachsene Frauen, die sich Hals über Kopf in den ersten Mann verlieben, mit dem sie nach einer gescheiterten Beziehung schlafen …

… Es stimmt schon, zahlreiche Männer behaupten, man könne Sex auch ohne Liebe haben. Doch wie oft habe ich schon gehört, dass sich Männer beklagen, weil ihre Partnerin nicht so oft mit ihnen schläft, wie sie es gerne hätten. Du siehst also, Mario, dass Männer und Frauen sich diesbezüglich gar nicht so unähnlich sind, wie du es vielleicht meinst, nur bringen sie es eben anders zum Ausdruck. Frauen haben Sex aus Liebe, Männer haben Sex für die Liebe. Sex ist also in Wirklichkeit auch nicht die wahre Liebe. Doch kann Sexualität vereint mit wahrer Liebe eine wunderbare Erfahrung des Verschmelzens sein und außerordentliche Freuden bereiten. Aber nur allzu oft kommen zum Geschlechtsakt Pflichtgefühle, die Angst, den anderen zu verlieren oder ihm zu missfallen, das Bedürfnis nach Zuneigung, Manipulation, Angst vor der Reaktion oder gar Gewalt des anderen oder ganz einfach das Verlangen nach Sinnesfreuden oder Macht …

… Auch POSSESSIVITÄT wird oft mit Liebe verwechselt. Eine solche Haltung kommt oft dadurch zum Ausdruck, dass mit allen Mitteln versucht wird, die geliebten MENSCHEN GLÜCKLICH ZU MACHEN. Ich bin mir ziemlich sicher, dass auch ihr euch in dieser Definition wiedererkennt, da viele das für wahre Liebe halten. Damit will ich nicht sagen, dass wir anderen gegenüber gleichgültig sein oder uns nicht um ihr Glück oder Unglück kümmern sollen. Ich spreche eher von all jenen, die nicht glücklich sein können, wenn sie einen geliebten Menschen unglücklich ahnen. Das geschieht sehr oft zwischen Eltern und Kindern oder zwischen Partnern. Wir können Mitgefühl mit denen haben, die leiden, und ihnen unsere Hilfe anbieten. Leiden wir jedoch mit ihnen und können dadurch selbst nicht glücklich sein, so ist das kein Beweis für unsere Liebe.

Anna sieht mir sehr direkt in die Augen und scheint mir nicht zuzustimmen.

–Bis hierher war ich mit allem einverstanden, was du gesagt hast, doch kann ich mir nicht vorstellen, glücklich zu sein, während geliebte Menschen unglücklich sind. Kennst du viele, denen das gelingt?

–Dazu müssen wir zuerst erkennen und in der Folge akzeptieren, dass niemand einen anderen glücklich machen kann. Glück kann immer nur aus unserem eigenen Inneren kommen. Deine Reaktion, Anna, beruht darauf, dass du zwischen Extremen springst. Ist man unbedingt gleichgültig, wenn man trotz des Unglücks eines anderen glücklich ist?

–Aber natürlich! Was ist denn GLEICHGÜLTIGKEIT sonst?

–Ich würde sagen, dass eine solche beobachtende Haltung eher ein Zeichen von Verantwortungsbewusstsein ist. Zu deiner Erinnerung: Verantwortung heißt, die Folgen unserer Handlungen zu tragen und die anderen diejenigen ihrer eigenen Entscheidungen übernehmen zu lassen. Entscheidet dein Partner, einer deiner Eltern oder dein Kind, unglücklich zu sein, so hat er dafür auch die Konsequenzen zu tragen. Macht seine Entscheidung dich unglücklich, dann trägst du die Folgen der Entscheidung eines anderen. Ich weiß, dass es vielen schwerfällt, diese Vorstellung der Verantwortung zu akzeptieren, und wir werden sicher noch ein paar Mal darauf zu sprechen kommen. Je mehr dir das gelingt, desto mehr wirst du feststellen, dass es einen gesunden Mittelweg zwischen Gleichgültigkeit und dem Gefühl gibt, für das Glück anderer verantwortlich zu sein …

… Ich sagte also, dass sehr possessive oder eifersüchtige Menschen davon überzeugt sind, dadurch ihre Liebe zum Ausdruck zu bringen. Wie kann man eine solche Haltung an anderen feststellen? Sie wollen immer wissen, was du tust, denkst oder wo du bist, kurz, alles, was dich betrifft. Es ist ein wahrer Steuermechanismus. Sie bedienen sich aller Mittel, die in ihrer Macht stehen, um die Aufmerksamkeit und Präsenz des anderen zu gewinnen. Sie drohen, drängen, klagen, schmollen, werden krank, haben Unfälle, zeigen sich schwach, überhäufen mit Aufmerksamkeit, verwöhnen, streicheln, spionieren, stöbern in intimen Dingen usw. …

… Ganz gleich, welches Mittel sie nun einsetzen, sie sind immer überzeugt davon, den anderen zu helfen und meinen, dies im Zeichen der Liebe zu tun, unter deren Banner alles erlaubt ist. Sie sagen oft: „Ich tue das nur, weil ich dich mag“ oder „Ach, wenn ich dich doch nur nicht so lieben würde. Du zwingst mich dazu, so zu handeln.“ Sie übernehmen nur selten ihre Verantwortung und neigen dazu, anderen die Schuld für ihr Unglück zu geben, da ihr Glück ja von ihnen abhängt …

Mir fällt auf, dass Anna errötet, den Kopf senkt und sich ganz offensichtlich nicht so wohl in ihrer Haut fühlt. Sie fängt an, in ihrer Handtasche herumzusuchen, holt ein Taschentuch heraus und tut so, als ob sie sich schnäuzte. Mario scheint ihre Haltung nicht weiter zu bemerken und hört weiter aufmerksam zu.

… Schließlich gibt es da aber auch noch die WAHRE, BEDINGUNGSLOSE LIEBE, die in allen zwischenmenschlichen Beziehungen zum Ausdruck kommen kann; ganz gleich, ob sie auf Vater, Mutter, Geschwister, Partner oder Freunde gerichtet ist. Hier ein paar Punkte, die uns zeigen, dass es sich tatsächlich um wahre Liebe handelt:

Für sich selbst

- Ich gestehe mir das Recht zu, in jedem Augenblick so zu sein, wie ich bin, auch wenn ich gerade nicht so bin, wie ich es gern hätte (vielleicht bin ich ungeduldig, lüge oder Ähnliches).
- Ich akzeptiere, dass ich anders als andere bin, und urteile nicht über mich.
- Ich bin imstande, mir Freude zu machen, auch ohne es unbedingt zu verdienen.
- Ich gestehe mir zu, menschlich zu sein (z. B. Ängste, Schwächen oder Grenzen zu haben).
- Ich verliere nie aus den Augen, dass es keine Fehler, sondern nur verschiedene Erfahrungen gibt, wodurch ich Selbstverurteilung meide.
- Ich lasse eher mein Herz entscheiden, als mich von der Vorstellung von Gut und Böse lenken zu lassen, die andere mir diktieren.
- Ich lerne aus jeder Erfahrung, anstatt mich dafür zu verurteilen.
- Ich höre auf meine Bedürfnisse, auch wenn die anderen mir etwas anderes raten.
- Ich fühle mich wohl in meiner Haut, auch wenn ich nicht meinen Erwartungen entspreche oder meine Versprechen mir oder anderen gegenüber halte.
- Ich beobachte, was geschieht, auch wenn eine Stimme in mir nicht damit einverstanden ist.
- Ich verliere nie aus den Augen, dass niemand anders für mein Glück zuständig ist. Ich bin allein für alles verantwortlich, was mit mir geschieht.

Für die anderen

- Ich gestehe ihnen das Recht zu, in jedem Augenblick so zu sein, wie sie sind, auch wenn sie gerade nicht so sind, wie ich es gern hätte (z. B. faul oder negativ)

- Ich akzeptiere, dass sie anders sind als ich, und urteile nicht über sie.
- Ich berate andere, ohne sie steuern zu wollen oder etwas dafür zu erwarten.
- Ich gestehe ihnen zu, menschlich zu sein (z. B. Ängste, Schwächen oder Grenzen zu haben).
- Ich verliere nie aus den Augen, dass jeder Erfahrungen nach seinem eigenen Lebensplan machen muss.
- Ich lasse sie diese Erfahrungen machen und selbst für die Konsequenzen aufkommen.
- Ich kann ohne Erwartungen um etwas bitten, d. h. ohne mich ungeliebt zu fühlen, wenn mir nicht entsprochen wird.
- Ich vergesse nicht, dass ich nur dann Erwartungen haben sollte, wenn diese auf einem klaren Abkommen basieren.
- Ich beobachte die anderen, anstatt sie zu beurteilen oder zu kritisieren.
- Ich weiß, dass ich andere nicht glücklich machen kann; jeder ist seines eigenen Glückes Schmied.

Interessanterweise halten viele auch heute noch eine solche Definition der wahren Liebe für egoistisch. Sie meinen, es sei EGOISMUS, vor den anderen zuerst an sich zu denken. Findet ihr das auch, dann will ich euch meine Definition nicht vorenthalten: Es ist egoistisch zu erwarten, dass andere sich zuerst um uns kümmern, und zu glauben, sie seien für unser Glück verantwortlich. Das ist nämlich das genaue Gegenteil von wahrer Liebe.

– Anna, könntest du mir ein Beispiel sagen, in dem du Mario einen Egoisten geschimpft hast?

– Das ist nicht schwer, antwortet Anna sofort. Ich finde ihn oft egoistisch, vor allem, wenn er früh von der Arbeit heimkommt. Ich komme abends um sieben müde von meinem Arbeitstag und der langen Fahrt mit Bus und U-Bahn nach Hause. Ich arbeite in einem Kinderbekleidungsgeschäft in der Innenstadt und stehe fast den ganzen Tag. Kaum bin ich zur Tür herein, sagt Mario: *„Ich habe großen Hunger. Dauert es lange, bis das Essen fertig ist?"* Kannst du dir vorstellen, wie frustrierend das ist? Er fährt mit dem Auto zur Arbeit. Er kommt manchmal zwei Stunden vor mir heim. Aber glaubst du, er würde daran denken, sich ums Essen zu kümmern? Aber ich glaube, was mich am meisten an dieser Geschichte aufregt, ist der Umstand, dass er mich das fragt, bevor er mich überhaupt begrüßt oder sich erkundigt hat, wie es mir geht.

– Sieh mal einer an, mein Schätzchen, erwidert Mario sofort. Du weißt doch ganz genau, dass ich das Auto brauche, weil ich oft an verschiedene Orte fahren muss. Außerdem hab ich nicht die geringste Lust zu kochen. Wenn ich aber um vier mit der Arbeit fertig bin, dann doch auch nur, weil ich sehr früh angefangen habe. Ich bin also auch müde, wenn ich heimkomme. Ich weiß nicht, worüber du dich beklagst. Du müsstest doch gar nicht arbeiten. Ich habe dir schon ein paar Mal gesagt, dass mein Gehalt für die ganze Familie reicht. Du bist es doch, die darauf besteht zu arbeiten.

– Du weißt ganz genau, dass es mich wahnsinnig machen würde, den ganzen Tag zu Hause bleiben zu müssen. Diese Arbeit ist wichtig für mich. Außerdem hast du immer gute Gründe, dich von mir bedienen zu lassen. Der größte Idiot kann doch kochen! Ich verlange ja kein Festmahl. Schon ein kleines Omelett würde mir Freude machen. Du willst mir doch nicht vormachen, dass du nicht einmal ein paar Eier in die Pfanne schlagen kannst. Du bist ein genialer Typ und ein ausgezeichneter Bastler. Ich bin mir sicher, dass du es könntest, wenn du nur wolltest.

Ich beobachte, wie sich die beiden in ihren Streit verzetteln, und kann mir gut vorstellen, dass solche Szenen häufig bei ihnen sind. Sie scheinen es gewohnt zu sein und darüber sogar meine Anwesenheit vergessen zu haben. Ich räuspere mich, um mich bemerkbar zu machen. Sie hören mit einem Schlag auf und sehen mich etwas betroffen an. Ich breche in Lachen aus, was sie zu beruhigen scheint. Nach einer Weile lachen sie mit.

– Euch zuzusehen gibt mir einen besseren Einblick in eure Geschichte. Ich habe nur nach einem Beispiel für Egoismus gefragt. Das scheint einen empfindlichen Punkt getroffen zu haben, nicht wahr, Anna? Jetzt bist du dran, Mario, mir ein Beispiel für ein egoistisches Verhalten von Anna zu geben.

– Da hätte ich viele. Hier ein Beispiel: Sie will immer, dass ich sie anrufe, wenn ich später nach Hause komme … Sie will ständig wissen, wo und bei wem ich bin und wann ich heimkomme. Ich bin Einkäufer für einen großen Betrieb und trage viel Verantwortung. Es kommt oft vor, dass ich einen Vertreter auf ein Glas oder zum Essen einlade. Da macht man bessere Geschäfte. Anna beschwert sich, dass ich nicht an sie denke. Sie sagt, für mich seien die Kunden wichtiger als sie, und schmollt, wenn ich heimkomme. Ich finde, da denkt sie wirklich nur an sich selbst. Sie sollte froh sein, dass ich ein so gutes Gehalt nach Hause bringe. Ja wirklich, manchmal habe ich die Nase gestrichen voll!

Je länger er redet, desto mehr steigert er sich in seine Emotionen und wird ganz rot dabei. Ich sehe ihm in die Augen, um ihm zu zeigen, dass ich ihm aufmerksam zuhöre. Schließlich hole ich tief Luft, was ihn dazu motiviert, es mir gleichzutun.

Anna neben ihm will schon mit einer Antwort loslegen, doch blickt sie mich an und zuckt dann nur die Schultern. Auch sie atmet nun tief durch und bekommt sich wieder unter Kontrolle, doch spüre ich, dass sie einiges dagegen einzuwenden hätte.

– Glaubt ihr, dass die von euch erläuterten Beispiele wirklich meiner Definition von Egoismus entsprechen?

Sie sehen sich beide an und wissen nicht recht, was sie darauf antworten sollen. Es ist mir klar, dass beide immer noch den anderen für den Egoisten halten.

– Ich wiederhole: Egoismus bedeutet, anderen etwas zu unserem eigenen Vorteil wegzunehmen und zu glauben, sie seien für unser Glück zuständig. Du, Anna, hättest gern, dass Mario sich um dein Bedürfnis kümmert, bei deiner Heimkehr von der Arbeit ein fertiges Gericht vorzufinden. In diesem Fall ist aber nicht Mario egoistisch, denn die Erwartungen hast ja du. Mario lehnt sie lediglich ab. Er nimmt dir nichts weg, er gibt dir nur nicht, was du gerne hättest. Andererseits willst du ihn um seine Ruhezeit zu Hause bringen …

… Wisst ihr, jeder hat das Recht dazu, so viele Erwartungen zu haben und um so viele Dinge zu bitten, wie er will. Aber das heißt noch lange nicht, dass ihnen deshalb entsprochen werden muss. Verstehen und akzeptieren wir, dass wir die Wünsche anderer nicht unbedingt erfüllen müssen, so fällt es uns auch leichter, wenn andere uns manchmal etwas abschlagen. Sehen wir ein, dass wir nicht auf dieser Erde sind, um den Bedürfnissen anderer zu entsprechen, so lernen wir, uns um unsere eigenen zu kümmern. Das nenne ich EIGENLIEBE. Brauchen wir andere, um unsere Wünsche zu erfüllen, so dürfen wir nie aus den Augen verlieren, dass sie das Recht haben, uns diese zu verweigern. Dann müssen wir eben Mittel und Wege finden, sie anders zu verwirklichen. In deinem Fall, Anna, wünschst du dir ein fertiges Essen, wenn du von der Arbeit heimkommst. Warum bittest du Mario nicht ganz direkt darum? Stimmt er zu, so macht er es vielleicht selbst oder bestellt es irgendwo. Vielleicht sagt er aber auch Nein. Dann denke daran, dass dieses Nein nur deinem Ansuchen, nicht aber deiner Person gilt …

… Und du, Mario, siehst du, dass auch du Erwartungen Anna gegenüber hast? Du willst, dass sie immer guter Laune ist, egal welche Entscheidung du triffst oder wann du nach Hause kommst. Du hast das Recht, das zu erwarten, aber auch ihr steht es frei, dieser Erwartung nicht zu entsprechen. Verstehst du, dass es ihre Grenzen überschreitet, deinen Wunsch zu erfüllen, ganz so wie es deine Grenzen zu überschreiten scheint, für sie am Abend zu kochen? Denkt also immer dran, dass der Egoist derjenige ist, der erwartet, dass der andere seinen Bitten entspricht. Tut jener es nicht, so hört er lediglich auf seine eigenen Bedürfnisse oder Grenzen. Er will damit keineswegs sagen, dass er den anderen deshalb nicht mehr mag. Ihr habt aber sicher beide bemerkt, dass der Vorwurf des Egoismus meist auf einen Mangel an klarer Kommunikation zurückgeht. Wir können dieses Thema gern bei späteren Treffen noch einmal zur Sprache bringen …

… Wisst ihr, warum so viele andere als Egoisten bezeichnen, wenn sie ihren Erwartungen nicht entsprechen? Sie verwechseln LIEBEN und GEFALLEN. Gefallen ist nicht lieben. Das ist sehr wichtig! Ist euch aufgefallen, dass es in den beiden Beispielen von vorhin immer darum ging, dass dem einen das Verhalten des anderen missfällt? Das ist aber auch schon alles! Gefallen bedeutet lediglich, dem anderen *Freude zu machen.* Das fällt in den Bereich des *Habens* und *Tuns* und nicht des *Seins.* Es ist ein Fehlschluss zu glauben, dass die Menschen, die uns lieben, uns immer dann Freude machen wollen, wenn wir es gerne hätten. Auf solchen Überzeugungen zu beharren kann nur zu Enttäuschung, Frustration und Zorn führen …

… Gefallen und lieben zu verwechseln hindert uns auch daran, Kritik zu akzeptieren. Sagt uns jemand, ihm gefalle nicht, was wir tun, denken, sagen oder anziehen, dann heißt das doch nicht, dass er uns deshalb nicht mehr mag! Er sagt lediglich, dass wir ihm in diesem Augenblick aus einem bestimmten Grund missfallen. Ist euch klar, wie wichtig es ist zu akzeptieren, dass es völlig UNMÖGLICH ist, immer und jedem zu gefallen? Versuchen wir es trotzdem, so ist das ein Zeichen dafür, dass wir uns selbst nicht genug lieben, weshalb wir daran zweifeln, wirklich von anderen geliebt werden zu können …

… Anna, bist du nun bereit, vor mir mit Mario über das Problem zu sprechen, von dem du mir letzte Woche erzählt hast? Konntest du meinen Vorschlag ausführen?

Sie wird wieder rot, ringt die Hände und blickt abwechselnd von mir zu Mario, der sich zu fragen scheint, was hier vor sich geht. Schließlich seufzt sie und erwidert:

– Na gut, dann packen wir den Stier bei den Hörnern und stellen uns der Situation. Ich bin so froh, dass Mario heute mitgekommen ist, und will davon profitieren. Um auf deine Frage zu antworten, Lise: Ja, ich habe meine Mutter getroffen, wie du es vorgeschlagen hattest. Sie war sehr überrascht von meinen Fragen. Sie hat mir geantwortet, dass sie lieber nicht über solche Dinge spricht und das Leben lieber von der guten Seite nimmt. Bei unserem Abschied sagte sie mir jedoch, dass sie sich das Ganze noch einmal durch den Kopf gehen lassen würde, wenn mir das helfen würde. Sie scheint zu glauben, eine Therapie sei nur für Menschen, die große Probleme haben, und war überrascht, als ich von meiner Persönlichkeitsarbeit erzählte. Aber sie hat gut zugehört, als ich ihr davon erzählt habe, worüber wir hier gesprochen haben. Ich habe das Gefühl, eine Tür hat sich in ihr geöffnet und das nächste Mal wird das Gespräch uns schon viel leichter fallen …

… Du hattest mir auch geraten, mit Mario zu sprechen, doch war ich außerstande, ihm zu erzählen, was ich dir erzählt habe. Es fällt mir leichter, wenn du dabei bist. Das macht mir Mut.

Sie wendet sich Mario zu, atmet tief ein, macht einen großen Seufzer und erzählt ihm, dass sie fürchtete, er habe eine Beziehung mit einer anderen Frau. Sie gesteht ihm ihre Angst, er liebe sie nicht mehr und würde sie sitzen lassen. Sie spricht so schnell, dass er sie manchmal bittet, das Gesagte zu wiederholen. Ich habe den Eindruck, sie habe das Ganze im Geiste einstudiert, um in der Lage zu sein, es ihrem Mann zu gestehen, und dass deshalb alles viel zu schnell aus ihr heraussprudelt. Schließlich antwortet er:

–Spinnst du? Wie kannst du nur so etwas von mir glauben? Ich bin so müde, dass ein Abenteuer das Letzte ist, was mir in den Sinn kommt. Wenn du immer noch nicht verstanden hast, dass ich dich liebe, dann frustriert mich das wirklich. Ich weiß nicht, was ich tun soll. Es ist, als ob etwas an meinem Inneren zehren würde. Ich hoffe nur, dass es nicht Krebs ist. Ich will keinen Arzt aufsuchen, da ich Angst habe, er könne mir genau das bestätigen …

Er blickt mich an und spricht weiter:

… Ich kann nicht glauben, wie viel Phantasie ihr Frauen habt. Warum tut ihr euch nur immer so weh? Anna, wie lange fürchtest du schon, dass ich dich betrüge?

Ich lasse die beiden ein paar Minuten miteinander reden und höre dann, dass Anna Mario sagt, sie wolle ein großes Geheimnis mit ihm teilen, das sie nicht mehr allein mit sich herumtragen möchte. Sie gesteht ihm, dass sie absichtlich schwanger wurde, damit er seine Frau für sie verlässt. Er blickt sie an, und die verschiedensten Gefühle zeichnen sich in seinem Gesicht ab: Staunen, Ungläubigkeit, Zorn, Trauer und wieder Zorn. Schließlich sagt er:

–Hattest du vor, mir das mein ganzes Leben zu verheimlichen? Wie konntest du nur all die Jahre mit dieser Lüge leben und mir überdies noch Vorwürfe machen, ich würde dich belügen? Das ist ja unglaublich! Ist dir klar, dass das, was du da gemacht hast, viel schlimmer ist als alles, was ich hätte tun können? In deinem Fall war das eine ganz absichtliche und bewusste Lüge. In meinem Fall hast du dir die Lüge lediglich vorgestellt. Wie kann ich ihr in Zukunft vertrauen?, fragt er mich schließlich.

– Möchtest du, dass ich dir helfe, diesen Vorfall mit den Augen des Herzens zu sehen? Um das geht es ja schließlich bei eurem Besuch: Ihr wollt lernen, besser und vor allem einfacher und angenehmer zu lieben, oder nicht?

– Ich höre. Aber ich sage dir gleich, dass ich dir nicht zuhören werde, wenn du ihre Partei ergreifst. Ich bin so wütend, dass ich nicht weiß, ob ich deine Meinung dazu hören kann, Lise, fügt er schließlich sehr eindringlich hinzu.

Er wendet sich Anna zu und wirft ihr zwischen den Zähnen zu:

– Du hast gut daran getan, mir das in ihrer Gegenwart zu sagen, weil ich mich nicht so sehr zurückgehalten hätte, wenn wir allein gewesen wären. *Anna senkt den Kopf und sagt kein Wort.*

– Zunächst, Mario, ist es wichtig, dass du dir das Recht zugestehst, wütend zu sein. Das ist einer der Schritte des Akzeptierens. Es ist völlig normal und menschlich, Emotionen zu empfinden, wenn eine unserer Wunden berührt wird. Nimm diesen Zorn an und mache dir dafür keine Vorwürfe. Um ihn besser beobachten zu können, kannst du mir sagen, was du in deinem Körper empfindest.

– Ich spüre ihn überall in meinem Bauch und in meinen Armen. Ich hätte Lust, auf jemanden oder etwas einzuschlagen.

– Visualisiere ihn jetzt und gib ihm zu verstehen, dass du ihm jetzt Platz verschaffst. Was du da in deinem physischen Körper spürst, ist das Abbild dessen, was in deinem Emotional- und Mentalleib vor sich geht. Eine vollständige Beobachtung berücksichtigt all diese drei Körper. Betrachten wir einmal, was in deinem Mentalleib, dem geistigen Körper, vor sich geht. Du beschuldigst Anna, dich belogen zu haben. Hast du sie am Anfang eurer Beziehung gefragt, ob sie absichtlich schwanger geworden ist? Nein? Dann hat sie wohl auch nicht wirklich gelogen. Sie hat dir eher die Wahrheit verschwiegen. Warte bitte kurz, bevor du antwortest. Ich möchte dir zuvor die Definition einer Lüge geben. Danach kannst du deine Fragen stellen …

… Eine Lüge ist die Inkohärenz zwischen dem, was ein Mensch sagt, denkt und tut. Niemand auf dieser Welt ist verpflichtet dazu, anderen seine Geheimnisse und Gedanken preiszugeben. Hättest du Anna die Frage gestellt und sie hätte verneint, dann hätte sie gelogen.

– Ich wusste, dass du ihre Partei ergreifen würdest. Ich bin einverstanden, dass niemand dazu verpflichtet ist, jedem alles zu sagen, doch betrifft mich dieses Geheimnis ganz direkt und sie hätte es mir nicht verheimlichen dürfen.

– Ich finde auch, dass es besser gewesen wäre, sie hätte dir all das von Anfang an gesagt. Den Mut aufzubringen, alles mit seinem Partner zu teilen, ist eine ausgezeichnete Grundlage für ein wunderbares Intimleben. Unser Partner sollte unser bester Freund sein, und wir sollten keine Angst davor haben, ihm unsere tiefsten Gefühle preiszugeben. Aber du weißt genauso wie ich, dass unsere Ängste uns manchmal daran hindern, so zu sein, wie wir gerne wollen. Ich konnte nicht umhin, dich vorhin zu beobachten, als du von deiner Angst erzähltest, vielleicht Krebs zu haben, und deshalb keinen Arzt aufsuchen willst. Hast du mit Anna darüber gesprochen?

– Nein, nie, aber das ist doch nicht dasselbe! Das betrifft sie nicht direkt. Es handelt sich hier immer noch um meinen Körper.

Anna wirft böse zurück:

– Wie kannst du nur sagen, dass mich das nicht betrifft? Ich habe mir all diese Zeit Sorgen gemacht. Ich weiß nicht mehr, was ich von unserer Ehe halten soll. Du bist nicht mehr derselbe; weder mit mir noch mit deinen beiden Kindern. Ich habe mich da nicht allein gesorgt. Alle, die dich gern haben, machen sich Sorgen um dich …

Mit einem Stoßseufzer fügt sie hinzu:

… Es nützt nichts, mich aufzuregen. Ich sehe, dass du bist wie ich. Du hattest zu große Angst, deine Sorgen zu teilen.

– Ist dir klar, Mario, dass du Anna nicht angelogen, sondern lediglich wegen deiner Ängste versäumt hast, mit ihr darüber zu sprechen? Deine Furcht vor einer tödlichen Krankheit ist ebenso berechtigt wie die von Anna, du könntest sie verlassen. Wir wissen, dass solche Ängste unserer Phantasie entspringen und meist ungerechtfertigt sind, weshalb sie aber dennoch existieren. Es hat keinen Sinn, sie zu leugnen. Ihr solltet euch beide zugestehen, auch nur Menschen zu sein und euch vor bestimmten Dingen fürchten zu können. Eine Angst anzuerkennen ist wie Balsam – eine wahre Zaubersalbe. Seht ihr, dass das Akzeptieren ein völlig neues Licht auf die Situation wirft, wenn man sie mit den Augen der Liebe betrachtet?

Anna lächelt mit Tränen in den Augen. Ihre Erleichterung, ihr Geheimnis offenbart zu haben, ist spürbar. Mario hat den Blick auf den Boden geheftet und atmet ein paar Mal tief durch. Langsam aber sicher entspannt er sich und seine Schultern. Er blickt mich an und sagt:

– Ich muss dir sagen Lise, dass ich mich besser fühle. Ich spüre nicht mehr diesen Schmerz in den Armen, nur noch im Sonnengeflecht. Aber ich atme schon wieder besser. Das ist doch ein gutes Zeichen, oder? Jetzt verstehe ich auch besser, warum Anna mir immer so viele Fragen zu meinem Tagesprogramm gestellt hat. Ich hatte nicht begriffen, weshalb sie all das wissen wollte. Ich nannte sie meine „Steuerfrau“, da ich den Eindruck hatte, dass sie mein Leben bis ins kleinste Detail steuern wollte. Was sollen wir jetzt tun?

– Vielleicht solltet ihr damit beginnen, euch zu fragen, ob ihr dem Elternteil des anderen Geschlechts in eurer Kindheit Dinge verheimlicht habt. In der Regel treten solche Situationen in unserem Erwachsenenleben auf, um unsere Aufmerksamkeit auf Dinge zu lenken, die wir in unserer Jugend nicht akzeptieren konnten. Es ist also durchaus möglich, dass ihr etwas verborgen habt, dass ihr euch in dieser Situation selbst nicht akzeptiert habt und euch immer noch schuldig fühlt. Höchstwahrscheinlich werft ihr diesem Elternteil auch vor, euch oder seinen Partner belogen zu haben. Ich brauche darauf nicht gleich eine Antwort. Lasst es euch nur etwas durch den Kopf gehen und sprecht wenn möglich mit euren Eltern darüber. Wir kommen dann bei unserem nächsten Treffen darauf zurück …

… Um unser heutiges Gespräch zu beenden, möchte ich, dass ihr versteht, dass die meisten von uns aus sehr verständlichen Gründen ein verkehrtes Bild von der wahren Liebe haben, da wir es nicht in unserer Erziehung mitbekommen haben. Wir könnten wahre Liebe in einem Wort zusammenfassen: Akzeptieren! Das gilt für alle Bereiche. Wir müssen lernen, uns selbst ebenso in allen Lebenslagen zu akzeptieren wie unsere Mitmenschen – und das auch, wenn wir nicht einverstanden sind oder es all dem widerspricht, was wir gelernt haben. Während das Akzeptieren ein spiritueller Begriff ist, gehört das Einverstandensein – wie das Wort schon sagt – in den Bereich des Verstandes. Deshalb will unser Ich nur jemanden oder etwas akzeptieren, wenn es damit einverstanden ist …

… Ich gebe euch gern eine Kopie der Definition der Eigenliebe und der Nächstenliebe, wie ich sie vorhin zusammengefasst habe. Werft so oft wie möglich einen Blick darauf, um diese Definition wirklich zu integrieren.

Was wir uns hier merken sollten

- Wir halten sehr viele verschiedene Haltungen und Verhaltensweisen fälschlich für wahre Liebe: Zuneigung, Mitleid, Selbstlosigkeit, Leidenschaft, Possessivität, Egoismus oder einfach anderen Freude machen.
- Steckt hinter der gezeigten Form der Zuneigung auch nur die geringste Erwartung, so handelt es sich um kein Geschenk der Liebe, sondern es wird vielmehr Liebe im Gegenzug vom anderen erwartet.
- Selbstlosigkeit kann in der Tat eine Form der wahren Liebe sein, auch wenn das nicht sehr häufig der Fall ist.
- Menschen, die wirklich wahre Liebe leben wollen, spüren dies ganz intuitiv, wenn die Leidenschaft langsam zurücktritt und ihr freie Bahn lässt.
- Frauen lieben aus Liebe, Männer lieben für die Liebe …
- Niemand kann einen anderen Menschen glücklich machen. Glück kann nur aus unserem eigenen Inneren kommen.
- Wahre Verantwortung heißt, die Folgen für unsere Entscheidungen zu tragen und den anderen zu überlassen, für die ihren aufzukommen.
- Ganz gleich, ob es sich um Eigen-, Eltern-, Geschwisterliebe, Partnerschaft oder Freundschaft handelt, bedingungslose Liebe kommt immer auf dieselbe Weise zum Ausdruck.

- Wir sind Egoisten, wenn wir wollen, dass andere sich zuerst um unsere als um ihre eigenen Bedürfnisse kümmern. Die Annahme, die anderen seien für unser Glück zuständig, ist das Gegenteil von wahrer Liebe. Egoisten nehmen anderen etwas zu ihrem eigenen Vorteil.

- Man kann bitten und erwarten, was man will, doch heißt das noch lange nicht, dass die anderen dazu Ja sagen müssen.

- Es ist ein Fehlschluss zu glauben, dass die Menschen, die uns lieben, uns immer Freude machen wollen, wenn wir es gerne hätten. Auf solchen Überzeugungen zu beharren kann nur zu Enttäuschung, Frustration und Zorn führen.

- Es ist unmöglich, immer und jedem zu gefallen. Versuchen wir es trotzdem, so ist das ein Zeichen dafür, dass wir uns selbst nicht genug lieben, weshalb wir daran zweifeln, wirklich von anderen geliebt werden zu können.

- Nicht diejenigen, die sich weigern, ihre Bedürfnisse und Grenzen zu missachten, sind Egoisten, sondern die, die erwarten, dass die anderen ihren eigenen Bedürfnissen entsprechen.

- Eine Lüge ist die Inkohärenz zwischen dem, was ein Mensch sagt, denkt und tut. Niemand auf dieser Welt ist verpflichtet dazu, anderen seine Geheimnisse und Gedanken preiszugeben.

- Den Mut aufzubringen, alles mit seinem Partner zu teilen, ist eine ausgezeichnete Grundlage für ein wunderbares Intimleben. Unser Partner sollte unser bester Freund sein, und wir sollten keine Angst davor haben, ihm unsere tiefsten Gefühle preiszugeben.

- Bestimmte Situationen treten in unserem Erwachsenenleben auf, um unsere Aufmerksamkeit auf Dinge zu lenken, die wir in unserer Jugend nicht akzeptieren konnten.

3. Kapitel

Die Entscheidungen unserer Nächsten akzeptieren

– Hallo, Anna und Mario. Ich freue mich, euch wiederzusehen. Hattet ihr eine gute Woche? Hat sich seit unserem Gespräch letzte Woche etwas in eurer Beziehung zum Guten verändert?

– Ja, antwortet Anna. Uns fiel mehrere Male auf, dass viele unserer Emotionen auf Erwartungen zurückgingen, die wir aneinander hatten. Jedes Mal, wenn es zu einer solchen Situation kam, rief der eine oder andere „Erwartung!" und wir brachen in Gelächter aus. Für uns ist das schon ein Riesenfortschritt. Aber sag mir, Lise, warum haben wir so viele Erwartungen? Ist das in allen Beziehungen so?

– Glaubt ihr die Antwort wirklich nicht zu kennen? Lest doch einmal die Definition der wahren Liebe und versucht die Antwort auf deine Frage da zu finden.

Ich lasse die beiden noch einmal den Text mit der Definition der wahren Liebe lesen. Mario findet die Antwort als Erster.

– Ich habe den Satz mit den Erwartungen gefunden: *ICH VERGESSE NICHT, DASS ICH NUR DANN ERWARTUNGEN HABEN SOLLTE, WENN DIESE AUF EINEM KLAREN ABKOMMEN BASIEREN.* Es stimmt, dass wir solche klaren Abkommen nie getroffen haben. Erinnerst du dich, Anna, als ich dich kritisierte, weil du mir das Hemd nicht gebügelt hattest, das ich brauchte? Du hast mir ziemlich laut an den Kopf geworfen, dass du doch nicht meine Sklavin seist und dass ich mir das Hemd gefälligst selbst bügeln solle.

– Eine halbe Stunde später hatte Mario begriffen, dass er hier Erwartungen hatte, und er hat sich sogar dafür entschuldigt. Das hat mich sehr berührt, fügt sie mit einem liebevollen Seitenblick auf ihn hinzu … Und es stimmt, ich hatte ihm nie versprochen, dass ich sein Hemd für Mittwoch bügeln würde. Ich kümmere mich immer ums Bügeln, doch jedes Mal nur ein paar Kleidungsstücke, weil es mir bald auf die Nerven geht.

– Bleiben wir bei den Erwartungen. Du sagst, dass du dich immer ums Bügeln kümmerst, Anna. Hast du dich am Anfang eurer Beziehung Mario gegenüber verpflichtet, oder ist das im Lauf der Zeit einfach zur Gewohnheit geworden, die er heute für selbstverständlich hält?

– Du hast recht, Lise, ich kümmere mich ums Bügeln, weil ich der Meinung bin, dass Männer das nicht richtig können. Doch haben wir das nie wirklich vereinbart. Willst du sagen, dass wir in allen Bereichen solche Abkommen treffen sollten?

– Was meint ihr? Stellt euch eine Familie vor, in der alle Alltagsaufgaben von vornherein klar aufgeteilt sind. Dabei geht es nicht darum, einen starren Rahmen zu entwickeln oder sich prinzipiell zu weigern, dem anderen zu helfen, wenn er uns um Hilfe bittet. Ich habe es immer eigenartig gefunden, dass die Leute eine klare Aufgabenteilung in der Arbeit für selbstverständlich ansehen, aber nicht zu Hause.

– Die Idee gefällt mir, erwidert Mario. Aber ich habe das Gefühl, dass es ein ganz schönes Stück Arbeit ist, all die Aufgaben im Haushalt festzulegen. Glaubst du, wir schaffen das, Anna?

– Du weißt doch, dass ich gerne Listen schreibe. Ich könnte ohne Weiteres eine über alle in einer Woche anfallenden Aufgaben erstellen, und dann setzen wir uns mit Sandra zusammen und diskutieren darüber. Wir drei werden uns sicher einig.

– Bravo, Anna! Besser geht's nicht! Ich bin mir sicher, dass jeder von euch schon einige Dinge tut. So spart ihr euch viele Frustrationen im Familienleben.

– Ja, aber der Haushalt erledigt sich auch nicht von alleine, nur weil es dann eine Liste gibt. Ich fürchte, dass Mario, der sehr unregelmäßige

Arbeitszeiten hat, gute Gründe finden wird, seine Aufgaben an andere abzutreten. Was Sandra betrifft, so ist es wahrscheinlich sogar noch schlimmer. Sie sagt immer Ja, Ja, aber rührt dann keinen kleinen Finger. Sie verschwindet immer in den wichtigsten Momenten. Ich bin mir ziemlich sicher, dass das mit ihr nicht funktionieren wird. Vielleicht sollte ich gleich darauf verzichten, ihr Aufgaben zuzuteilen.

– Die Entscheidung liegt bei dir, Anna. Was bereitet dir am wenigsten Kummer? Du kannst dir eine Skala von 1 bis 10 vorstellen. Wie stark sind deine Gefühle, wenn du alles für sie machst? Du könntest aber auch einen Versuch unternehmen: Sag ihr, dass sie Teil der Familie ist und das Haus genauso benutzt wie ihr. Sie müsste nachvollziehen können, dass der Haushalt also nicht nur eure, sondern auch ihre Sache ist …

– Sie wird mir antworten, dass ja wir ein Kind haben wollten und dass wir nun mit den Folgen unserer Entscheidungen leben müssen. Sie hat uns ja nicht darum gebeten, auf die Welt zu kommen. Ich finde die heutige Jugend ziemlich unverschämt! Manchmal verschlagen mir ihre Antworten die Sprache. Schließlich hat sie dann doch die Oberhand in unseren Diskussionen.

– Es stimmt, dass die Jugendlichen uns heute ihre Meinung sehr direkt sagen. Aber weißt du, Anna, das hat auch etwas Gutes. Die früheren Generationen – unsere eingeschlossen – hätten ebenso viel zu sagen gehabt, trauten sich aber nicht. Wenigstens lassen die jungen Leute von heute all diese Dinge raus. Sie stauen wesentlich weniger in sich auf als wir. Das ist sicher eine gute Seite dieser „Unverschämtheit", wie du es nennst. Ich will damit nicht sagen, dass ich respektloses und freches Verhalten billige, doch dürfen wir Eltern auch nie außer Acht lassen, dass unsere Kinder viele Verhaltensweisen letztendlich zu Hause gelernt haben. Außerdem haben sie eine sehr ausgeprägte Intuition. Sie scheinen immer sehr genau zu wissen, was sich ihre Eltern nie zugestanden haben. Da sie absolut anders sein wollen als ihre Eltern, beschließen sie das Gegenteil zu tun. Dazu gehört zum Beispiel auch, alles zu sagen, was ihnen auf der Zunge liegt. Das mag euch jetzt unverschämt erscheinen, da es sich um eine Reaktionshaltung handelt. Ihr werdet sehen: Je mehr ihr euch selbst akzeptiert, desto mehr wird auch eure Tochter euch akzeptieren, und umso weniger wird sie ein konträres Verhalten an den Tag legen, um euch zu provozieren …

… Um mit eurer Tochter zu einem Einverständnis zu kommen, müsst ihr bestimmt sein, wenn ihr ihr sagt, dass ihr einen neuen Haushaltsplan für größere Harmonie entwerfen möchtet. Seid so klar und offen wie möglich mit ihr. Junge Leute mögen ehrliche Eltern. Sie muss sich klar darüber sein, dass sie sich entscheidet, ob sie Teil dieser Familie sein möchte oder nicht. Wenn sie sich weigert, dann soll sie sich auch um ihre Dinge kümmern; soll ihre Sachen selbst kochen, waschen oder bügeln, ihr Zimmer alleine aufräumen und selbst verdienen, was sie braucht, um auszugehen oder einzukaufen …

… Aber sie kann sich auch dazu entscheiden, Teil der Familie zu sein. In diesem Fall teilt ihr die Aufgaben auf euch drei auf. Nehmen wir an, dass sie das zwar akzeptiert, aber im Endeffekt nicht dazu steht, wie du es befürchtest, Anna. Auch hier solltest du auf der Gefühlsskala von 1 bis 10 überprüfen, welchen emotionalen Aufwand es dich kostet, wenn du sie ständig an ihre Engagements erinnern oder sie die Folgen dafür tragen lassen musst. Danach kannst du entscheiden, welche der beiden Haltungen du ihr gegenüber einnehmen willst: alles selbst tun oder sie bitten, auch mitzumachen, obwohl du sie öfter daran erinnern oder die Konsequenzen tragen lassen musst, wenn sie es nicht tut.

– Du sprichst von Konsequenzen. Was willst du damit sagen? Was für Folgen?

– Treffen zwei Personen ein Abkommen, dann sollte zugleich auch ganz klar und präzise vereinbart werden, welche Folgen es hat, wenn der eine oder andere es nicht respektiert. Erledigt im Beruf jemand nicht das vereinbarte Arbeitspensum, dann muss er es z. B. in Überstunden aufholen oder sein Chef übergibt die Arbeit jemand anderem und zieht die Kosten dafür von seinem Lohn ab. Zu Hause kann man ähnliche Maßnahmen vereinbaren. Habt ihr einmal eure Liste erstellt und seid euch einig geworden, wer wofür zuständig ist, dann nehmt euch noch ein paar Minuten Zeit, um euch darauf zu einigen, was geschieht, wenn einer von euch seine Aufgaben nicht erledigt oder erledigen will …

… So wie ihr euch anschaut, seht ihr nicht gerade aus, als wärt ihr davon überzeugt, dass das funktioniert. Versucht es doch einfach in den nächsten Wochen. Stoßt ihr dabei auf Schwierigkeiten, dann reden wir darüber. In Ordnung?

– OK, stimmt Anna zu. Aber ich muss gestehen, dass ich wirklich Angst habe, dass alles nur schlimmer wird, wenn ich anfange, sie auch noch zu bestrafen. Ich würde mir wie ein Polizist vorkommen. Sie ist doch erst vierzehn. Glaubst du wirklich, dass sie versteht, worüber wir gerade sprechen?

– Ich habe nicht von Strafen gesprochen, Anna, sondern von Konsequenzen. Jugendliche kennen den Unterschied sehr genau. Mach dir keine Sorgen! Außerdem, wenn ihr eure Liste macht und zusammen über die Folgen bei „Vertragsbruch" entscheidet, so gilt das auch für euch beide, nicht nur für Sandra. Ich finde, ihr solltet ohnehin zuerst eure Tochter fragen, was ihrer Meinung nach die geeignetsten Konsequenzen wären …

… Ich wollte dich noch etwas fragen, Anna. Hat sich deine Mutter um alles gekümmert, als du vierzehn warst?

– Um Himmels Willen, nein! Ich musste mich um meine beiden Brüder kümmern, ihr beim Haushalt helfen und passte überdies noch auf Kinder aus der Nachbarschaft auf, um mir etwas Taschengeld zu verdienen. Bilde ich mir lediglich ein, dass die Jugend von heute nicht so reif ist, wie wir es damals im selben Alter waren?

– Ja, das ist lediglich deine Phantasie. Ist dir nicht klar, dass Jugendliche mit vierzehn heute Alkohol und Drogen konsumieren, Sex haben und wesentlich besser ausgebildet sind als die Generation davor im selben Alter? Warum sollten sie zu jung sein, um im Haushalt mit anzupacken? Das hängt einzig und allein von ihrer Erziehung und der Bestimmtheit der Eltern ab. Damit wir uns nicht missverstehen: Regeln aufzustellen bedeutet, bestimmt und mit gesunder Autorität aufzutreten, aber nicht starr und gebieterisch zu sein. Bestimmte Menschen treten für ihre Bedürfnisse ein, ohne jedoch deshalb anderen Vorwürfe zu machen. Sie hören andere Meinungen an, ohne aber sich ihnen bedingungslos zu unterwerfen. Man kann eine Autorität in einem Bereich sein, ohne dass man deswegen steif und totalitär ist …

… Andere stellen starre Regeln auf, von denen sie um keinen Preis abweichen wollen. Sie weigern sich, andere Meinungen oder Vorschläge auch nur anzuhören, wenn sie sich für ein bestimmtes Verhalten entschlossen haben. Ihre Regeln dienen ihnen in Wirklichkeit vor allem dazu, Macht über andere auszuüben. Sie bestehen auf ihnen, auch wenn sie dem gesunden Menschenverstand widersprechen. Solche Leute nähmen sich nie die Zeit, eine Liste zu verfassen und mit den anderen Familienmitgliedern zu besprechen, wie sie am besten die Aufgaben verteilen könnten. Sie würden ihre Entscheidungen einfach erzwingen.

– Meine Mutter war so, antwortet Anna. Es war mir völlig unmöglich, meine Wünsche auszudrücken, und ich hatte nie das Gefühl, dass sie mich akzeptiert. Da sind wir auch schon bei einer anderen meiner Ängste. Sandra sagt mir oft, dass ich sie so akzeptieren würde, wie sie ist, wenn ich sie wirklich lieb hätte. Was soll ich dem entgegenhalten? Wenn ich so handle, wie du es gerade vorgeschlagen hast, dann hätte ich das Gefühl, sie nicht zu akzeptieren. Das ist es, Lise, was ich bei unserem ersten Treffen meinte, als ich vom Akzeptieren sprach. Ich habe den Eindruck, überrollt zu werden, wenn ich alle anderen akzeptiere.

– Sag mir, Anna, hast du das Gefühl, das Verhalten deiner Mutter dir gegenüber als Jugendliche akzeptiert zu haben? Wie hast du sie beurteilt?

– Ich fand sie sehr ungerecht. Meine Freundinnen hatten alle mindestens 5 $ Taschengeld pro Woche. Sie mussten nur arbeiten gehen, wenn sie mehr wollten. Einer von ihnen gelang es sogar, ihrem Vater auch diese Draufgabe noch aus der Tasche zu ziehen – wie Sandra manchmal bei Mario, fügt sie mit einem etwas vorwurfsvollen Blick auf ihn hinzu.

– Könnte es einen besseren Grund dafür geben, dass du heute Angst hast, Sandra eine schlechte Mutter zu sein und deshalb versuchst, das Gegenteil deiner Mutter zu sein? Ich möchte dir einen Vorschlag machen, Anna. Wenn du den Mut dazu aufbringst, dann frage deine Tochter, wann sie dich ungerecht findet. Es ist traurig, aber viele Menschen leiten alles in die Wege, um nicht auf eine bestimmte Art beurteilt zu werden, und werden es trotzdem …

… Um auf deine Frage bezüglich des Akzeptierens zurückzukommen: Jemanden akzeptieren bedeutet, ihn so SEIN zu lassen, wie er will, aber nicht, ihm zu erlauben, alles in deinem Raum zu TUN, was er will. Zurzeit lebt eure Tochter noch BEI EUCH! Wenn sie in ein paar Jahren ihr eigenes Zuhause hat, dann kann sie die Regeln aufstellen, die in diesem Haus zu befolgen sind. Das aber habt ihr dann auch wirklich ihr zu überlassen. Es kann durchaus sein, dass sie mit einigen Anweisungen eures Haushalts nicht einverstanden ist, doch ist es wichtig, dass ihr ihr erklärt, was ich gerade dargelegt habe. Ihr habt absolut das Recht dazu zu beschließen, was ihr in eurem Haus wollt, damit euch das Leben darin angenehmer ist …

… In der Regel ist es am besten, Jugendliche zu Wort kommen zu lassen. Frag deine Tochter, was sie machen würde, wenn es ihr Haus wäre, und welche Regeln sie aufstellen würde. Diese werden sich wahrscheinlich nicht mit euren decken. Aber ich bin mir sicher, dass ihr auf einen gemeinsamen Nenner kommt, wenn jeder etwas kompromissbereit ist. Seid ihr bereit für einen Test in den nächsten Wochen?

Die beiden sehen sich an, seufzen und nicken mir schließlich zu.

–Danke für deine Vorschläge. Ich habe noch eine Frage an dich, Lise. Wie kann ich lernen zu akzeptieren, wie Sandra sich anzieht? Wenn sie alleine mit dieser Art von Kleidung wäre, dann wäre es leichter, ihr klarzumachen, dass es zu provokant ist, doch all ihre Freundinnen haben denselben Stil. Ich weiß nicht recht, wie ich dem begegnen soll. Mario gefällt ihr Stil auch nicht. Ich glaube sogar, dass ihm das noch mehr gegen den Strich geht als mir, aber er will lieber, dass ich mich um diese Angelegenheit kümmere. Ich habe deine Liste und die Sätze noch einmal durchgelesen, die mich diesbezüglich betreffen könnten, aber ich weiß immer noch nicht, was ich tun soll …

… Du sagst, wir sollen den anderen das Recht zugestehen, so zu sein, wie sie sein wollen – vor allem, wenn sie nicht so sind, wie wir es gerne hätten; dass wir sie ihre eigenen Entscheidungen treffen und auch die Konsequenzen dafür tragen lassen sollen. Außerdem sagst du, dass wir ihnen Rat und Anleitungen ohne jegliche Erwartungen geben sollten. Puh! Das ist schwierig! Geht das allen Eltern so?

–Ein schönes Beispiel für ein Verhalten, das euch stört. Diese Situation betrifft jedoch ausschließlich eure Tochter, da sie damit nicht in euren Freiraum eindringt. Eure Tochter will SEXY SEIN. Wenn das eure Sphäre beträfe, könntet ihr euch weigern, das zu akzeptieren. Wenn sie zum Beispiel deine Kleidung ohne deine Erlaubnis anziehen würde, Anna, dann könntest du einschreiten und dich verteidigen. Dann ist das etwas anderes, nicht wahr? Was befürchtest du, wenn deine Tochter sich so kleidet?

– Ich habe Angst, dass jemand über sie herfallen könnte und alle sie für eine Nutte halten.

– Erinnert ihr euch an den Kurs „Hör auf deinen Körper“? Da hieß es, dass wir in Wirklichkeit nie Angst um andere, sondern immer um uns selbst haben.

Mario schüttelt den Kopf. Anna versichert, sich dessen noch recht gut zu entsinnen, doch dass das ja wohl nicht auf diesen Fall zutreffen könne.

– Danke, Anna, für deine Offenheit. Das ist eine völlig nachvollziehbare Reaktion. Erinnerst du dich noch daran, gelernt zu haben, dass unser Ich sich gegen alles Neue sträubt? Deshalb ist deine Reaktion auch normal. Je mehr du lernst, dir die richtigen Fragen zu stellen, desto klarer werden dir auch deine Ängste in den verschiedenen Umständen werden, in denen du meinst, Angst um andere zu haben. Was Sandra betrifft, was könnten deine Ängste sein, wenn ihr zustieße, was du befürchtest?

Kaum habe ich meine Frage ausgesprochen, stehen ihr schon Tränen in den Augen. Ich sage ihr, sie soll zuerst tief durchatmen, und gebe ihr ein Taschentuch und ein Glas Wasser. Langsam beruhigt sie sich wieder.

– Da kommt eine Erinnerung an meine eigene Jugend hoch. Ich war gerade fünfzehn, als meine Freundin Nicole, die nebenan wohnte, von einem wesentlich älteren Mann vergewaltigt wurde, der allein im letzten Haus unserer Straße wohnte. Wir hatten schon bemerkt, dass er uns Mädchen alle schief ansah, doch schenkten wir dem keine Beachtung. Ach du meine Güte! Da fällt mir auf, dass sie genau vierzehn war, als das passierte! Das Schlimmste daran war aber, dass unsere Mütter, beide sehr gläubige Katholikinnen, die ganze Geschichte sehr schlecht verkrafteten …

… Danach hat meine Mutter mir verboten, Nicole zu sehen, weil sie sagte, sie wäre sicher mit schuld, weil sie mit ihrer provokanten Nuttenmanier dem Mann den Kopf verdreht hätte. Nicoles Mutter warf mir dagegen vor, schlechten Einfluss auf ihre Tochter zu haben, da ich ja die Ältere war. Auch sie wollte nicht mehr, dass wir uns sehen. Wir mussten uns also heimlich treffen. Doch als ihre Mutter uns einmal erwischte, wurde sie schwer bestraft. Mir ging es nicht besser, als meine Mutter davon erfuhr. Ich durfte einen Monat lang weder das Haus verlassen noch Anrufe entgegennehmen. Danach erfuhr ich, dass Nicole im vierten Monat schwanger war, dass sie aus ihrer Privatschule genommen und zu einer Tante geschickt worden war, wo sie ihr Kind zur Welt bringen sollte. Du kannst dir vorstellen, dass ihre strenggläubige Mutter ihr nie erlaubt hätte, das Kind abzutreiben. Ich habe Nicole nie mehr wiedergesehen. Das war sehr hart für mich. Im Jahr darauf zogen wir um, und ich habe später erfahren, dass das Kind zur Adoption freigegeben wurde …

… Wie oft hörte ich meine Mutter sagen: *„Wehe, du wirst einmal schwanger, bevor du heiratest! Das könnte ich dir nie verzeihen! Ich könnte kein Kind zur Adoption freigeben und wäre gezwungen, es aufzuziehen. Aber nein danke, ich möchte keinen Bastard im Haus!"* Wie kommt es, dass mir der Zusammenhang nie aufgefallen ist? Ja, genau davor habe ich am meisten Angst: dass Sandra schwanger wird, dass ich für das Kind verantwortlich bin und ihr Ruf beschmutzt wird. Jetzt verstehe ich auch, warum diese Situation gerade jetzt aktuell wird, wo meine Tochter vierzehn ist. Diese Geschichte hat auch meine Mutter sehr geprägt. Sie bewachte mich danach regelrecht und vertraute mir nicht mehr wie zuvor. Ich musste ihr immer genau Rechenschaft ablegen, mit wem ich wohin ging. Es ist interessant, diese Verbindung entdeckt zu haben, doch was mache ich jetzt damit? Glaubst du, dass allein der Umstand, sie bemerkt zu haben, die Sache so verändert, dass Sandra sich nicht mehr so provokant kleidet?

– Du siehst also, dass ich recht hatte, dass sie sich wegen dir so anzieht, fällt Mario ein und zeigt mit dem Finger auf sie. Deswegen wollte ich auch, dass du dich um diese Sache kümmerst. Ach, wie schwierig es ist, eine Tochter zu erziehen, vor allem in diesem Alter! Jungen sind da viel leichter. Da haben wir Eltern uns wenigstens keine Sorgen in Bezug auf Sex zu machen. Mit meinem Sohn hatte ich nie solche Probleme. Was Sandra betrifft, so hoffe ich auch, dass unser heutiges Gespräch etwas ändert, da ich mit Anna einverstanden bin, dass unsere Tochter mit ihrem Kleidungsstil übertreibt. Ich denke mir immer wieder, dass ein Mann mit sexuellen Entzugserscheinungen beim Anblick all dieser zur Schau gestellten, schönen, jungen Körper in Versuchung geraten muss.

Ich ergreife schnell das Wort, weil ich sehe, dass Anna drauf und dran ist, vehement auf die Anschuldigungen ihres Mannes zu reagieren.

–Mario, du sprichst von Männern mit sexuellem Mangel. Erwähnst du das, weil dich das selbst betrifft?

Er errötet etwas, blickt auf Anna und antwortet mir schließlich nach einem tiefen Atemzug.

–Wenn wir schon hier sind, will auch ich in allen Bereichen ehrlich sein. Ja, das stimmt schon. Auch ich kenne solchen sexuellen Mangel. Um genau zu sein, fühlte ich mich in der letzten Zeit nicht sehr gut und hatte zu nichts wirklich Lust, auch nicht auf Sex. Trotzdem fühle ich, dass er mir fehlt. Manchmal stelle ich mir tagsüber vor, dass wir uns lieben wie früher, doch wenn ich abends heimkomme, habe ich nicht mehr die geringste Energie. Kannst vielleicht du mir erklären, warum mir so oft die Kraft fehlt, Lise?

–Sprechen wir ein andermal über deine Energie und kommen wir zum Thema zurück, OK? Du sagst, dir fehlt Sex und tagsüber denkst du daran. Wenn du in diesen Augenblicken eine provokante Jugendliche siehst, hättest du dann Lust, über sie herzufallen?

–Aber nicht doch, solche Sachen kommen mir nicht in den Kopf. Ich finde sie vielleicht hübsch und sexy, aber das ist auch schon alles. Mehr als das käme mir nie in den Sinn.

–Warum denkst du dann, dass andere Männer mit sexuellem Mangel da nicht genauso denken wie du? Natürlich wird es immer unreife Männer geben, die sich Sex mit jungen Mädchen und manchmal auch mit Jungen wünschen. Die meisten halten sich zurück, doch schreiten manche tatsächlich zur Tat, wie der Mann, der Annas Freundin Nicole vergewaltigte. Dabei handelt es sich um Männer, die in ihrer Jugend selbst missbraucht wurden und das heute noch nicht verkraftet haben. Je mehr sich jemand sagt, dass er nie wie dieser oder jener wird, desto mehr geschieht genau das. Das ist Teil des Gesetzes der Anziehung: Je mehr wir unsere Energie auf einen Gedanken konzentrieren, desto stärker werden unsere Gefühle in Bezug auf diesen Gedanken, und desto wahrscheinlicher wird er wahr. Dieses Gesetz ist wunderbar, wenn wir es dazu nutzen, Dinge zu schaffen, die wir uns wünschen …

… Kommen wir aber auf Sandra zurück. Ist dir klar, Anna, dass du in deinem Elterndasein eine junge Tochter „angezogen" hast, die sich so provokant kleidet, um dir zu helfen, deine eigene Mutter zu akzeptieren, die dieselben Ängste wie du in Bezug auf Sexualität hatte?

– Willst auch du mir sagen, dass es meine Schuld ist, dass unsere Tochter so ist?

… Hmm, tut mir leid, Lise. Da hat mein Ich die Oberhand gewonnen. Wenigstens ist es mir heute schnell genug aufgefallen! Ich weiß, dass Verantwortung bedeutet zu akzeptieren, dass wir bestimmte Verhaltensweisen unserer Nächsten provozieren, um uns bestimmter Dinge bewusst zu werden, die wir in unserem Leben zu regeln haben. Ich las vor ein paar Tagen wieder das Kapitel über die Verantwortung und tue mich schwer, das zu akzeptieren. Nach dem, was du soeben erklärt hast, verstehe ich jetzt, dass wir uns schuldig fühlen, wenn wir unsere eigene Verantwortung nicht übernehmen. Genau das ist mir gerade passiert. Ich hatte das Gefühl, Mario und du machtet mir Vorwürfe, als ihr sagtet, dass Sandras Haltung etwas mit mir zu tun hat. Gut, ich bin einverstanden. Was tue ich jetzt?

– Ich hatte dir zuvor geraten, dass du versuchst, deine Mutter zu akzeptieren. Das ist ein längerer Lernprozess. Was hast du ihr vorgeworfen, weil sie Angst hatte, du könntest schwanger werden oder man könnte dich für eine Hure halten?

– Ich fand sie wieder ungerecht, aber warf ihr vor allem vor, mich nicht zu verstehen, ja schlimmer noch, mir nicht einmal zuzuhören. Es war, als sagte sie mir, ich sei eine Nutte wie meine Freundin. Sie vertraute mir nicht mehr.

– Na, dann weißt du ja, was du jetzt zu tun hast. An dem Tag, an dem du nachvollziehen kannst, dass deine Mutter so aus Liebe zu dir handelte, so wie du dir aus Liebe Sorgen um deine Tochter machst, wirst du inneren Frieden finden …

… Wir haben jetzt nicht nur die Angst gesehen, die du um Sandra hast, sondern auch die, die ihr wirklich zugrunde liegt. Du fürchtest, dass deine Tochter schwanger wird und du die Konsequenzen dafür tragen musst. Und du, Mario, hast Angst, jemand könne Sandra sexuell missbrauchen. Aber ich habe noch nicht gehört, was du für dich befürchtest, wenn das deiner Tochter zustoßen würde. Weißt du es?

– Ich soll also nicht Angst um sie, sondern um mich haben? Das Einzige, was mir dazu in den Sinn kommt, ist, dass ich so wütend wäre und meine Tochter rächen wollte. Ich glaube, ich könnte handgreiflich werden, wenn ich dem Vergewaltiger meiner Tochter gegenüberstünde. Ich weiß nicht, ob ich mich dann unter Kontrolle hätte.

– Dann würde ich dir vorschlagen, dass du dich fragst, woher diese Gewalt in dir kommt, die dir da Angst macht. Sei dir des Umstands bewusst, dass sie etwas in deiner Kindheit oder Jugend repräsentiert, was du damals nicht akzeptiert hast. Wenn du ein andermal darüber sprechen möchtest, so ist das kein Problem. Im Augenblick möchte ich auf euer Problem mit Sandra zurückkommen. Ihr wisst jetzt, dass das wahre Problem jeder Situation auf den Ängsten basiert, die ihr zugrunde liegen. Was wollt ihr jetzt in dieser Situation, wo das klar ist?

Anna antwortet sofort:

– Das ist ganz einfach: dass Anna nicht schwanger wird und sich nicht mehr so sexy anzieht. Das würde alles regeln!

– Da muss ich lachen, Anna, weil ich solche Antworten sehr häufig höre. Ist dir klar, wie sehr deine Wünsche von deiner Tochter abhängen? Ein „Ich will" sollte immer nur von uns allein abhängen. Ich werde dir ein bisschen helfen. Möchtest du imstande sein, dich geliebt zu fühlen, wenn das Schlimmste eintreten würde? Möchtest du die Situation mit deiner Tochter klären, als wäre sie eine gute Freundin? Oder möchtest du vielleicht lieber an den Lösungen als an Problemen arbeiten?

– Hmm. Eigentlich möchte ich das alles. Aber ich möchte mich vor allem wohl in meiner Haut fühlen und aufhören, mir Sorgen um sie zu machen. Ich möchte sichergehen, dass ich in der Lage bin, mit jeder Situation, die daraus entsteht, fertig zu werden.

– Bravo! Weißt du, dass es sehr wichtig ist zu wissen, was du wirklich willst? Wie soll es sonst wirklich werden? Was glaubst du, wirst du essen, wenn du in einem Restaurant sitzt und nicht weißt, was du essen willst? Gar nichts, oder? Das gilt für alle Bereiche! Am wichtigsten ist zu erkennen, dass alles, was du mit deiner Tochter erlebst, Teil deines eigenen Erfahrungsprozesses ist. Sie ist nicht in deinem Leben, damit du leidest …

… Warum erzählst du Sandra nicht von deiner Freundin Nicole und all dem, was du mit fünfzehn durchstehen musstest. Erzähle ihr vor allem, was du empfunden hast, als deine Mutter dich überwachte, und man dir Vorwürfe machte, ein schlechter Einfluss für deine Freundin zu sein. Erzähle ihr davon, was du den Beteiligten vorgeworfen hast. Es wäre vielleicht nicht schlecht, wenn du dich auf dieses Gespräch vorbereitest, indem du dir ein paar Dinge notierst …

… Erkläre ihr, dass du deshalb so zu ihr bist und dass es dir aus diesem Grund auch schwerfällt, ihre Kleidung zu akzeptieren. Frage sie dann, ob sie dir gegenüber ähnliche Gefühle hat bzw. dir ähnliche Vorwürfe macht wie du deiner Mutter. Erinnere dich daran, dass jede Generation Ähnliches erlebt. Lebenserfahrungen wiederholen sich mit Personen desselben Geschlechts. Machst du z. B. deinem Vater Vorwürfe für etwas, so wird ein Mann dir einmal dieselben Dinge vorwerfen. In deinem Fall fürchtete deine Mutter, dass du schwanger werden könntest wie deine Freundin Nicole, der sie vorwarf, sich wie eine Hure zu benehmen. Du hast ihr vorgeworfen, ungerecht zu sein, dir nicht zu vertrauen, dich nicht zu verstehen und vor allem dir nicht zuzuhören. Daher bringt dich deine Tochter in dieselbe Situation, die deine Mutter mit dir durchlebte. Es wäre interessant zu wissen, unter welchen Umständen sie dir dieselben Dinge vorwirft.

– Und wenn Sandra nicht darüber reden will?

– Am Anfang sagst du nur, dass du ihr etwas erzählen willst, was dir in deiner Jugend passiert ist. Ich kann dir versichern, dass sie dir weiter zuhören wird, wenn sie sich im Laufe eures Gesprächs nicht angeklagt fühlt. Meint sie aber, Vorwürfe zu hören, wird sie sich jedoch dagegen sperren. Dieses Gespräch soll dir helfen festzustellen, was du akzeptierst oder nicht. Nachdem du ihr von den Vorwürfen deiner Mutter erzählt hast, wird es leichter sein herauszufinden, ob deine Tochter dir dieselben Vorwürfe macht. Akzeptierst du, deine Mutter dafür verurteilt zu haben, wird sie das fühlen, und es wird ihr nicht so schwerfallen, mit dir über sich selbst zu sprechen. Das Endziel ist jedoch nicht, dass Sandra sich anders kleidet. Das kann sie nur selbst entscheiden. Das ist ihr Leben, und auch die Folgen ihrer Handlungen gehören dazu.

– Ja, aber apropos Folgen: Nehmen wir an, sie will ihren Kleidungsstil nicht ändern und wird tatsächlich schwanger. Schließlich werden Mario und ich doch die Konsequenzen tragen müssen. Das ist meine größte Angst.

– Wenn du ihr erzählst hast, worüber wir heute gesprochen haben, dann kannst du ihr ruhig auch sagen, dass es dir lieber wäre, sie würde sich nicht mehr so provokant anziehen, da es dir helfen würde, mit deinen Ängsten fertig zu werden. Doch muss sie auch wissen, dass es keineswegs ihre Aufgabe ist, die Folgen deiner Ängste zu tragen. Entscheidet sie sich tatsächlich dazu, sich anders anzuziehen, dann soll das aus freiem Willen geschehen und weil sie dir damit Freude machen will. Frag sie, wie sie mit einer Schwangerschaft fertig werden würde, und nicht nur unbedingt mit einer durch eine Vergewaltigung bedingten. Nehmt euch Zeit, alle möglichen Konsequenzen durchzugehen, sie aufzuschreiben und zu besprechen, wie ihr jede davon bewältigen würdet – vor allem die schwierigsten.

– Soll Mario auch dabei sein?

Bevor ich auch nur den Mund aufmache, beeilt er sich schon zu antworten.

– Sicher nicht! Das kommt gar nicht in Frage, dass ihr mich da mit hineinzieht! Du weißt ganz genau, dass ihr das viel zu unangenehm wäre, um vor mir darüber zu sprechen. Das sind Frauenangelegenheiten, findest du nicht? fügt er schließlich mit einem Blick auf mich hinzu.

– Es stimmt schon, dass das Frauenangelegenheiten sind, doch würden sie auch dich betreffen, wenn deine Tochter schwanger wäre. Ich bin mir sicher, dass dir das keineswegs gleichgültig wäre. Trotzdem ist es wohl besser, wenn du bei diesem Gespräch zwischen Anna und Sandra nicht dabei bist. Die Angst, deiner Tochter könne deine Anwesenheit dabei unangenehm sein, ist vor allem ein Zeichen dafür, dass du dich nicht wohl dabei fühlst, mit ihr über solche Dinge zu sprechen. Vor allem dieser Umstand würde die Gesprächsatmosphäre beeinflussen …

… Aber was hieltest du davon, wenn du dabei wärst, wenn die beiden die Liste der Folgen verfassen? Als Mann und Vater fallen dir da sicher noch weitere Punkte ein. Lass dir das doch einmal durch den Kopf gehen. Wenn du lieber unter vier Augen mit Sandra über dieses Thema sprechen willst, wenn du gesehen hast, wie das Gespräch mit Anna verlaufen ist, so ist das auch kein Problem. Dabei wäre es gut, wenn auch du ihr von deinen diesbezüglichen Ängsten erzählen könntest und wie das für dich wäre, wenn sie plötzlich schwanger wäre. Es wäre schön, wenn du dir bis zu unserem nächsten Gespräch überlegen könntest, weshalb du fürchtest, sie könnte vergewaltigt werden und du würdest darauf mit Gewalt reagieren. Versuche herauszufinden, worauf diese Angst in deiner eigenen Geschichte zurückgeht …

… Da wir uns erst in zwei Wochen wiedersehen, hast du genug Zeit für dieses Gespräch mit deiner Tochter, Anna. Ich sehe an deinem Blick, dass du Zweifel hegst, dass diese Diskussion gut verläuft. Aber wenn du nicht zur Tat schreitest, dann weißt du ebenso gut wie ich, dass sich nichts an der augenblicklichen Situation ändern wird. Bist du bereit, dich ihr zu stellen?

Mit Tränen in den Augen sieht sie Mario an, der beruhigend ihre Hand in die seine nimmt. Dann nickt sie mir zustimmend zu.

–Mario, du hattest mir erzählt, dass du Schwierigkeiten mit deinem Sohn hattest. Willst du jetzt darüber sprechen?

–Ja, gern. Danke, Lise. Mein aktuelles Problem mit David raubt mir in der letzten Zeit den Schlaf. Ich weiß nicht, warum mir diese Geschichte so zu Herzen geht. Ich habe ihm ein Buchhaltungsstudium finanziert und große Opfer geleistet, um es überhaupt möglich zu machen. Nach seiner Ausbildung fand er sofort eine Anstellung in einer großen Firma, was mich sehr freute. Mein Vater hatte mir kein Universitätsstudium bezahlt, und ich hatte mir geschworen, dass mein Sohn eine bessere Ausbildung als ich haben sollte. Deshalb war ich wirklich glücklich über diese Entwicklung. Ich hatte das Gefühl, mein Ziel für ihn erreicht und meine Rolle als Vater erfüllt und abgeschlossen zu haben. David war nun erwachsen, hatte eine feste und gut bezahlte Anstellung. Kurzum, das Leben schien es gut mit uns zu meinen …

… Doch wissen wir nie, welche Überraschung das Schicksal für uns bereithält, nicht wahr? Ein Jahr später hatte er beschlossen, dass ihm dieser Beruf nicht gefiel, und hing ihn an den Nagel, ohne zu wissen, was danach aus ihm werden sollte. Sein Sohn war gerade ein Jahr alt und seine Frau war wieder arbeiten gegangen. Er hat mir nicht einmal von seiner Entscheidung erzählt. Ich habe es von einem Kollegen erfahren, als ich im Büro anrief, um mit ihm zu reden. Kannst du dir vorstellen, was ich empfunden habe, mir von einem Fremden sagen lassen zu müssen, dass mein eigener Sohn schon seit zwei Monaten nicht mehr in diesem Betrieb arbeitete? Ich konnte es nicht glauben und bestand darauf, dass der junge Mann die Information überprüfte. Ich sagte mir, dass es ein neuer Angestellter sein müsste, der noch nicht alle im Unternehmen kannte. Doch erwiderte er mir etwas gereizt: *„Mein Herr, ich sehe keinerlei Anlass, das zu überprüfen. Ich kenne David recht gut, und Sie können mir glauben. Er hat seine Kündigung selbst eingereicht. Er war immer unglücklicher hier. Dieser Bereich liegt ihm einfach nicht. Das ist alles.“* …

… Ich stand zwei Tage lang unter Schock. Ich rief meinen Sohn an und fragte ihn, ob das wirklich alles wahr sei. Er sagte Ja und dass er nicht den Mut dazu aufgebracht hatte, es mir mitzuteilen, weil er fürchtete, mich damit zu verletzen. Ich setzte ihm ziemlich wütend entgegen: *„Ich verstehe nicht, dass dir nicht schon während des Studiums auffiel, dass dir die Buchhaltung nicht liegt. Ist dir klar, wie viel Zeit du investiert hast, um Buchhalter zu werden, und was mich das alles gekostet hat?“* Gott sei Dank war er nicht in meiner Nähe, da ich nicht weiß, wie ich ihm gegenüber reagiert hätte. Er versicherte mir, dass es ihm wirklich leid tue, aber den ganzen Tag den Kopf in Buchhaltungsunterlagen stecken zu haben sei nun wirklich nicht dasselbe wie das Studium an der Uni. Schließlich unterbrach er unser Gespräch, weil er fand, ich sei nicht in der richtigen Verfassung dazu. Er bat mich, mich zu beruhigen, und versprach mir, zwei Tage später zu uns zu kommen, um darüber zu diskutieren …

… Als er dann kam, hörte ich ihm gut zu und fühlte, dass auch er recht unglücklich in dieser Situation war. Das alles, hat sich vor etwa vier Jahren zugetragen. Weißt du, Lise, was er jetzt macht? Er bedient in einem Restaurant! Er sagt, er sei glücklich, möge seinen Chef und seine Kollegen und hätte ein gutes Gehalt. Neulich sagte er zu mir: *„Papa, warum kannst du nicht akzeptieren, dass das der Beruf ist, den ich augenblicklich ausüben möchte? Ich arbeite nur am Donnerstag, Freitag und Samstag und verdiene dabei genug, damit meine Familie davon leben kann. Es ist ein gutes Restaurant und ich bekomme schönes Trinkgeld. Diese Arbeit* *ermöglicht mir, viel Zeit mit Nicolas zu verbringen, sodass wir uns so auch das Geld für einen Kinderhort sparen können. Auch Michelle findet meine Entscheidung richtig. Warum kannst du nicht glücklich sein, wenn ich dir sage, dass ich es bin?"* …

… Ich weiß, dass er recht hat. Ich sollte glücklich sein, wenn er es ist, aber es will mir einfach nicht gelingen. Wenn man mich fragt, was mein Sohn tut, bringe ich es nicht übers Herz zu sagen, dass er Kellner ist. Ich sage, er ist Buchhalter, und wechsle schnell das Thema. Wie kann man sich nur so einen Job aussuchen? Das kann doch jeder Idiot. Ich finde das entwürdigend! Ehrlich gesagt schäme ich mich für ihn …

… Wir sehen uns immer seltener, da ich ihn jedes Mal fragen muss, ob er nun weiß, welchen Beruf er in Zukunft ausüben möchte. Als wir uns das letzte Mal vor zwei Wochen sahen, antwortete er mir: *„Jetzt ist es genug, Papa. Je mehr du darüber redest, desto weniger habe ich Lust dazu, meinen Beruf zu wechseln. Wann lässt du mich endlich mit dieser Geschichte in Ruhe? Du übst doch auch den Beruf aus, den du möchtest, und ich rede nicht jedes Mal davon. Wenn du dieses Thema noch einmal ansprichst, dann schwöre ich dir, sehen wir uns nie mehr wieder. Das war jetzt das letzte Mal, dass wir von dieser Geschichte gesprochen haben, OK? Sollte ich mich zu einem anderen Beruf entscheiden, dann erzähle ich dir schon davon. Ist das jetzt ein für alle Mal klar?"* Wie kann ich nur seine Entscheidung akzeptieren? Ich kann mir auch noch so oft sagen, dass ich all das vergessen sollte, aber es will mir einfach nicht gelingen.

– Du hast also große Opfer auf dich genommen, um deinem Sohn ein Studium zu bezahlen, während er schließlich einen anderen Beruf wählt. Dabei scheinen dir mehrere Dinge gegen den Strich zu gehen: der Umstand, Geld für nichts bezahlt zu haben, der Umstand, dass er keinen Beruf gewählt hat, von dem du geträumt hast, sondern einen, der in deinen Augen entwürdigend und beschämend ist, und schließlich der Umstand, dass er diese Entscheidung getroffen hat, obwohl er wusste, dass sie dir missfallen würde. Was stört dich an diesen Punkten am meisten?

– Sie stören mich alle.

– Wenn du jedem einen Note von 1 bis 10 auf deiner inneren „Störskala" geben würdest, welcher hätte dann die höchste Note? Sag mir einfach ohne zu überlegen eine Note, während ich die Liste wiederhole.

–Es tut mir leid, dass ich so lange überlege, aber ich bin es nicht gewohnt, mir solche Fragen zu stellen. Ich glaube, am meisten stört mich, dass er kein wahrer Profi ist, sondern einen Beruf ausübt, der keinerlei Ausbildung bedarf.

–Was empfindest du bei diesem Problem?

–Ich habe das Gefühl, als Vater versagt zu haben. Ich habe sicher irgendeinen Fehler gemacht, weshalb er heute so wenig Ehrgeiz zeigt, obwohl ich ihm pausenlos wiederholt habe, dass das Studium wichtig für einen Mann ist, um eine schöne Karriere machen zu können.

–Ich werde dir dieselbe Frage stellen wie zuvor Anna. Was wünscht du dir für dich selbst, jetzt, wo wir die Wurzel des Problem erkannt haben?

–Ich werde dir dieselbe Antwort geben wie Anna. Ich möchte fähig sein, mich mit meinem Sohn wohl zu fühlen, auch wenn er sein ganzes Leben Kellner bleiben sollte. Ich möchte mich nicht mehr für ihn schämen. Außerdem wüsste ich gern, warum es mir so schwerfällt, diese Situation zu akzeptieren. Wo fange ich an?

–Du weißt vielleicht, dass ich viel mit den Wunden der Seele arbeite.

–Ja, ja, Anna hat mir lange davon erzählt, als sie dieses Seminar besuchte. Seit ihrem ersten Treffen mit dir vor ein paar Wochen hat sie das Buch noch einmal gelesen, um sich an alle Details zu erinnern. Nach unserem ersten gemeinsamen Treffen habe auch ich mich entschlossen, es zu lesen. Ich glaube, ich muss es noch einmal lesen, weil ich mich in allen Wunden wiedererkenne. Ist das normal?, fragt er lachend.

–Ja, das höre ich oft. Weißt du, unser Ich tut sich recht schwer, die Unterschiede zwischen den einzelnen Seelenwunden auszumachen. Jede Art von Selbsthinterfragung erscheint unserem Ich gefährlich. Es ist also völlig normal, dass uns das am Anfang etwas verwirrt. Welche Wunde berührt diese Situation mit deinem Sohn deiner Meinung nach? Die des Verlassenwerdens oder eher die der Ungerechtigkeit?

–Ich dachte, es sei eher die der Erniedrigung, weil ich mich für ihn schäme.

– Dein Körper sagt mir, dass du nicht an der Wunde der Erniedrigung leidest. Wenn du dieses Kapitel noch einmal nachliest, wirst du sehen, dass diese Wunde eher mit den fünf Sinnen zusammenhängt. Aber im Buch steht auch, dass die Wunden des Verlassenwerdens und der Ungerechtigkeit in Bezug zum Elternteil desselben Geschlechts stehen. Das ist auch der Grund dafür, weshalb ich nur diese beiden Wunden erwähnt habe. Welche dieser beiden Wunden betrifft dich da am meisten?

– Ich habe das Gefühl, dass mein Sohn mich zurückweist, indem er meinen Rat missachtet und nicht so sein will wie ich. Das hat er mir schon mehrmals gesagt. Außerdem finde ich es ungerecht, dass er so lange dazu brauchte, sich darüber klar zu werden, dass ihm die Buchhaltung nicht wirklich liegt. Er hätte zumindest anbieten können, mir einen Teil der Studiengebühren zurückzuzahlen, die ja verschwendetes Geld waren. Er hat sich gerade ein sehr teures Auto gekauft, woraus ich schließe, dass es ihm finanziell gut geht. Außerdem finde ich, dass er und seine Frau über ihre Verhältnisse leben. Ich hoffe, er verschuldet sich nicht maßlos, sodass ich ihm eines Tages aus der Patsche helfen muss. Ich wage das Thema nicht anzuschneiden, es ist nur ein weiterer Punkt an seinem Beruf, der mich stört.

– Mario, dann ist das also das wahre Problem, an dem du arbeiten musst, nicht die Frage, ob er jetzt Kellner oder Buchhalter ist, sondern vielmehr die Zurückweisung und Ungerechtigkeit, die du dabei empfindest. Erinnerst du dich daran, was wir vorhin sagten? Machen wir jemandem Vorwürfe, dann wirft uns die betreffende Person dasselbe vor. Das heißt, dass dein Sohn sich ebenfalls von dir zurückgewiesen und ungerecht behandelt fühlt. Ich bin mir sicher, dass auch du deinem Vater genau dieselben Vorwürfe gemacht hast. Bist du bereit dazu, dass wir tiefer in dieses Thema vordringen?

– Ich hätte nie gewagt, so mit meinem Vater zu sprechen, wie mein Sohn es mit mir tut. In einer ähnlichen Situation hätte ich meinem Vater angeboten, ihm zumindest die Hälfte der Ausgaben zurückzuzahlen. Das wäre gerechter!

– Bist du sicher, deinem Vater nie vorgeworfen zu haben, von ihm zurückgewiesen oder ungerecht behandelt worden zu sein? Erzähle mir doch ein bisschen von ihm. In deinem Fragebogen hast du geschrieben, er sei gestorben, als du vierzehn warst. Wie war es bei dir, vor allem in deiner Jugend?

Mario zögert. Ich habe das Gefühl, er ist sehr aufgewühlt. Es scheint sich um ein schwieriges Thema für ihn zu handeln. Nach einer guten Minute des Zögerns rückt er ganz nach vorn an die Kante seines Stuhls, beugt seinen Oberkörper nach vorn und stützt seine Ellbogen auf seine Knie, blickt zu Boden und beginnt zu sprechen.

– Ich habe nie gern über dieses Thema gesprochen. Es war eine sehr schwere Zeit für mich und die ganze Familie. Ja, das war eine wirkliche Ungerechtigkeit! Ich fand es wahnsinnig ungerecht von ihm, so von uns zu gehen und meine Mutter allein mit vier Kindern zurückzulassen. Ich bin der Älteste und war vierzehn, als er starb. Meine jüngste Schwester war erst sechs Jahre alt. Mein Vater hatte zwar eine Lebensversicherung abgeschlossen, aber meine Mutter musste immer knapp kalkulieren, um über die Runden zu kommen. Ich musste mit siebzehn meine Schullaufbahn beenden, um meine Mutter zu unterstützen, und nahm den erstbesten Job an, solange er etwas Geld ins Haus brachte …

… Weißt du, was ich werden wollte? Rechtsanwalt! Im Jahr vor seinem Tod erzählte ich ihm von diesem Traum, aber er hat mich nur ausgelacht. Dieses Lachen tat mir so weh, dass ich ihm am liebsten an die Gurgel gesprungen wäre.

– Hast du dich in diesem Augenblick zurückgewiesen gefühlt?

– Natürlich! Er nahm kein Blatt vor den Mund, um mir klarzumachen, dass ich ein überheblicher Träumer sei und außerdem nicht gut genug in der Schule, um einen solchen Beruf anstreben zu können. Dann unterstrich er sehr deutlich, dass er dieses Hirngespinst nie finanziell unterstützen würde, weil alle Rechtsanwälte seiner Ansicht nach Gauner seien. Ich habe nie wieder mit ihm über dieses Thema gesprochen, doch hatte ich mir geschworen, es auch ohne ihn zu schaffen …

… Warum musste er nur so jung sterben? Er war fünfzig und LKW-Fahrer. Im Winter hatte er einmal an einem Tag wegen starken Schneetreibens achtzehn Stunden lang fahren müssen. Er brachte den LKW in den Betrieb zurück und kam um vier Uhr morgens nach Hause. Wegen all des Schnees konnte er den Wagen nicht auf dem Parkplatz vor dem Haus parken. Aber es war wegen der Schneeräumung um acht Uhr morgens auch untersagt, das Auto auf der Straße stehen zu lassen. Da mein Vater jedoch etwas schlafen wollte, ohne aufstehen zu müssen, um den Wagen wegzufahren, aß er schnell ein belegtes Brot und sagte meiner Mutter, dass er die Einfahrt freischaufeln wollte. Mama schlief wieder ein, doch als sie wieder aufwachte, war mein Vater nicht im Haus. Als sie hinausging, um nachzusehen, lag er tot neben dem Auto. Er hatte gerade die Einfahrt freigeschaufelt und das Auto geparkt, als er daneben zusammengebrochen war.

Mario richtet sich auf und sieht uns beide mit Tränen in den Augen an. Ich gebe ihm ein Taschentuch und ein Glas Wasser. Er bekommt sich wieder in den Griff und erzählt weiter.

– Du hast mich gefragt, ob ich Ungerechtigkeit erlebt habe. Und ob, ich denke dieses Beispiel genügt. Ich musste nie wieder eine so harte Periode durchmachen wie damals. Auf einmal brachen all meine Träume zusammen. Warum musste ich außerdem der Älteste von uns Kindern sein? Damals beschloss ich, nicht mehr zur Messe zu gehen. Von einem Gott, der die Menschen auf diese Weise bestraft, wollte ich nichts mehr wissen. Mit Gott habe ich mich erst wieder nach dem Seminar von „Höre auf deinen Körper" versöhnt. Erst da begriff ich, dass es keinen bestrafenden Gott gibt. Das hat mir sehr geholfen, um meinen Zorn zu überwinden, den ich seit jenem Alter hegte.

– Dann bist du also einverstanden damit, Mario, dass auch du deinem Vater vorgeworfen hast, dich zurückgewiesen und ungerecht behandelt zu haben? Schade, dass er verstorben ist, denn du hättest interessante Dinge von ihm lernen können, die seinen eigenen Vater betreffen.

– Er hat nie viel von seinem Vater erzählt. Ich kann mich nur noch erinnern, dass auch er noch jung war, als sein Vater an den Folgen einer Bauchfellentzündung starb. Mein Vater erzählte von seinem Vater vor allem, dass dieser gerne las, nicht viel im Haus tat und seine Mutter sich allein um Haus und Kinder kümmern musste, und dass er nie so sein wollte wie sein Vater. Ach du meine Güte! Da ist ja schon die Verbindung! Wollte mein Vater deshalb nicht, dass ich zur Hochschule ging, und wurde aus diesem Grund auch LKW-Fahrer? …

… Ich habe es ihm zwar nie gesagt, doch wollte ich nie so sein wie er. Ich fand ihn ungehobelt, ja vulgär. Seine Lastwagenkollegen und er erzählten sich oft derbe Witze, wenn sie sich trafen. Sie fraßen wie die Schweine und tranken viel Bier dazu. Der Vater einer meiner Freunde war Arzt. Ich ging gerne zu ihm nach Hause, weil ich fand, dass seine Eltern Klasse hatten. Das fand ich toll. Ich sagte mir, dass ich eines Tages einen vornehmen und anerkannten Beruf ausüben würde, dass auch ich Klasse hätte und meine Kinder stolz auf mich sein würden.

Mario unterbricht sich. Ein Kloß scheint ihm im Hals zu stecken. Dann kann er sich nicht mehr zurückhalten und bricht in Tränen aus. Anna steht auf, stellt sich hinter ihn, umarmt seinen Nacken und weint mit ihm.

–Mein Schatz, ich bin so froh, dass du von deinem Vater erzählen kannst. Ich weiß, dass dir das nicht leichtfällt. Sonst hättest du dich nicht immer geweigert, als ich dich nach ihm fragte. Möchtest du, dass ich hinausgehe, damit du allein mit Lise reden kannst? Wäre das leichter für dich?

Mario weint weiter, beruhigt sich aber immer mehr. Er schüttelt den Kopf und drückt fest Annas Hand. Ich gehe aus dem Büro und lasse sie ein paar Minuten allein. Als ich zurückkomme, fährt Mario fort.

–Als ich von ihm sprach, fiel mir erst so richtig auf, wie sehr ich mich dagegen sträubte, so wie mein Vater zu sein. Du hast recht, Lise, die Geschichte wiederholt sich von einer Generation zur anderen. Jetzt verstehe ich auch, warum mein Sohn mir nicht ähneln will. Ach, warum ist eine gute Beziehung zwischen Eltern und Kindern nur so schwer? Wie viele Generationen braucht es, damit das möglich ist?

–Du kennst die Antwort, nicht wahr?

–Willst du sagen, dass alles besser wird, wenn wir akzeptiert haben? Wer muss dann was akzeptieren? Mein Sohn oder ich? Was meinen Vater betrifft, so kann er es nicht mehr tun, da er tot ist. Was soll man in so einem Fall tun?

–Es ist keineswegs notwendig, dass alle an einer gewissen Situation Beteiligten den Prozess des Akzeptierens zugleich durchlaufen. Eines aber ist wunderbar: Gelingt einer Person die bedingungslose Liebe des Akzeptierens, so bekommen die anderen Beteiligten dadurch die nötige

Energie, um es ihrerseits zu schaffen. Ein Mensch, der sich selbst akzeptiert, strahlt dermaßen viel Licht aus, dass es sich über andere ergießt. Auch wenn sich all das meist im Unsichtbaren abspielt, so ist es doch ungeheuer stark …

… Kümmere dich also weder um deinen Sohn noch um deinen Vater oder gar Großvater. Es genügt, wenn du selbst es versuchst. Du wirst die Kettenreaktion sehen. Auch wenn deine Vorfahren nicht mehr von dieser Welt sind, so erhält ihre Seele dennoch die Information. Das hilft ihnen in jedem Fall, ob sie sich nun noch im Reich der Seelen befinden oder schon wiedergeboren sind. Mehr noch, diese große Versöhnung hat auch Auswirkungen auf die kommenden Generationen. Schließt du Frieden mit deinem Sohn, so hat dies direkten Einfluss auf seine Beziehung zu seinem eigenen Sohn …

… Besonders wichtig ist, wie gesagt, bei dir selbst zu beginnen. Das heißt, zunächst musst du dir zugestehen, deinen Vater und deinen Sohn zurückgewiesen und ihnen Unrecht getan zu haben. Vergiss nicht, dass die anderen uns genau dieselben Vorwürfe machen wie wir ihnen. Am schwierigsten ist es jedoch, uns einzugestehen, dass auch wir selbst uns diese Dinge vorwerfen. Unser Ich will auf keinen Fall wahrhaben, dass wir in bestimmten Situationen genau das tun, was wir an anderen kritisieren. Deshalb sind wir uns unserer Selbstvorwürfe auch nicht unbedingt bewusst.

– Das ist alles sehr interessant, Lise, doch wie setzt man das in die Tat um? Ich wusste immer schon, dass es mir lieber wäre, mich nicht von den Entscheidungen meines Sohnes aus der Ruhe bringen zu lassen. Ich versuche mit allen Mitteln, die Methode des Verzeihens anzuwenden, wie du sie unterrichtest, doch ist es so, als ob ein kleiner Dämon mich daran hindert. Er überzeugt mich, dass mein Sohn unrecht hat und nicht ich meine Ansichten zu ändern habe. Ich will damit nicht sagen, dass deine Methode schlecht ist. Ich habe sie mit meinem Nachbarn ausprobiert, und sie hat funktioniert. Aber mit meinem Sohn ist das etwas anderes.

– Es stimmt, dass uns das Verzeihen mit bestimmten Menschen schwerfällt, besonders, wenn sie uns nahestehen. Aber weißt du, dass die größte Hürde darin besteht, uns selbst zu akzeptieren? Können wir uns wirklich nicht mit einer bestimmten Person versöhnen, dann deshalb, weil sie uns sehr unangenehm an etwas erinnert, das wir an uns selbst nicht akzeptieren. Deshalb sollten wir zuerst versuchen, Frieden mit den anderen zu stiften, bevor wir es mit uns selbst versuchen. Du solltest diesen Friedensprozess mit deinem Sohn mit denselben Schritten versuchen, die ich zuvor Anna vorgeschlagen habe. Hier habt ihr die Liste mit den sechs Schritten zu Verzeihen und Versöhnung.[1] Das wird euch bei der Vorbereitung helfen. Du wirst sehen, Anna, dass der letzte Schritt die Beziehung zu deinem Vater betrifft. Alles wird ins Lot kommen.

Ich lasse Ihnen etwas Zeit, um die Liste zu lesen, und merke, dass sie recht bewegt sind.

– Mario, wie fühlst du dich bei dem Gedanken, diese Schritte mit deinem Sohn auszuprobieren?

– Ich weiß nicht recht, was ich in diesem Augenblick darauf antworten soll. Alles, was ich will, ist, dass diese Situation sich ändert, da ich keine Kraft mehr dafür habe. Glaubst du, Lise, dass vielleicht dieses Problem mir meine Energie raubt?

– Diese Frage kann ich dir nicht beantworten. Dafür können mehrere Faktoren verantwortlich sein. Eines aber ist sicher: Jede Art von Groll raubt uns Energie. Alles, was wir in der Körper-, Gefühls- und Geisteswelt gegen die Gesetze der Liebe tun, reduziert unsere Energie. Genauer gesagt, wenn wir nicht auf unsere Bedürfnisse in diesen drei Bereichen hören und ihnen nicht entsprechen, dann unterbrechen wir den natürlichen Energiefluss und schöpfen aus unseren Reserven. Es scheint offensichtlich, Mario, dass deine Energiereserven in der letzten Zeit sehr gering sind. Vielleicht findest du eine Antwort auf deine Frage, wenn du den Prozess des Akzeptierens vollendet hast. Es würde mich nicht im Geringsten überraschen, wenn du dich danach wieder wohler fühlst. So geht es vielen Menschen nach einer Versöhnung. Ich kenne sogar viele Fälle, in denen Menschen von Krankheiten geheilt wurden, nachdem sie bestimmte Probleme völlig akzeptiert haben. Aber davon sprechen wir ein andermal …

… Ich möchte gern auf meine Frage von vorhin zurückkommen. Wie fühlt ihr euch bei dem Gedanken, eure Kinder zu akzeptieren, du

[1] Siehe Anhang.

deine Tochter, Anna, und du, Mario, deinen Sohn? Versucht euch vorzustellen, was dieser Gedanke in euch bewirkt.

– Ich wäre begeistert, antwortet Anna sofort, auch wenn ich zugeben muss, dabei ein flaues Gefühl im Bauch zu haben. Irgendwie habe ich Angst davor, obwohl ich gar nicht recht sagen kann, wovor. Sandra ist schließlich meine Tochter und will mir sicher nicht wehtun. Allein der Gedanke, es könnte uns gelingen, öffnet mir das Herz, als würde mein ganzer Brustkorb aufblühen. Das ist ein sehr angenehmes Gefühl. Ich bin mir sicher, dass meine Ängste nicht dagegen ankommen werden. Ich fühle, den nötigen Mut zu haben, es zu schaffen.

– Was mich betrifft, fährt Mario fort, so weiß ich lediglich, dass ich mich im Augenblick ziemlich leer, aber zugleich auch besser fühle. Ich bin vor allem erleichtert, dass ich nun weiß, weshalb ich diese Situation mit meinem Sohn erlebe. Ich würde nicht sagen, dass ich deshalb begeistert bin, aber ich weiß, dass ich etwas zu tun habe. Ich habe nichts zu verlieren, wenn ich deine Methode ausprobiere. Allein der Gedanke daran, mich mit David wohl fühlen zu können, ohne dass immer diese Spannung zwischen uns steht, wenn wir uns sehen, macht mich glücklich. Ich hoffe, auch er ist bereit dazu! Ja, ja, Lise! Ich habe schon verstanden, was du vorhin gesagt hast: Wenn ich ihm keine Vorwürfe mache, wird er bereit sein, mir zuzuhören. Aber was wird passieren, wenn ich ihm trotzdem unabsichtlich etwas vorwerfe? Habe ich dann wieder einmal alles verpatzt?

– Hörst du dir manchmal zu, wenn du redest? *„Habe ich dann wieder einmal alles verpatzt?“* Vielleicht solltest du manchmal etwas achtsamer mit der Sprache umgehen … Du könntest z. B. damit beginnen, deinem Sohn zu sagen, dass du Angst hast, als Vater zu versagen, aber hoffst, einmal anders zu denken. Weißt du, wie du deine Ängste am besten akzeptierst? Du integrierst sie. Das heißt nicht, dass du einverstanden mit ihnen bist, sondern dass du deine aktuelle Angst als solche anerkennst, aber zugleich auch davon überzeugt bist, eines Tages ein besserer Vater sein zu können und nach bestem Wissen und Gewissen zu handeln. Je mehr du diese Angst akzeptierst, desto mehr wird sie schwinden. Wir glauben meist das Gegenteil. Doch werden Ängste nicht mehr, wenn wir sie akzeptieren. Es ist unmöglich, dieses Phänomen intellektuell zu verstehen, weil das Gesetz des Akzeptierens spirituell und nicht mental ist …

… Hat dein Sohn also in eurem Gespräch das Gefühl, von dir angeklagt zu werden, dann heißt das, dass du noch nicht alles akzeptiert hast und noch bestimmte Schritte in diesem Prozess fehlen. Meist handelt es sich dabei um den Schritt des Selbstverzeihens. Es ist sehr schwer zu akzeptieren, anderen genau das angetan zu haben, was wir ihnen so sehr vorwerfen. In deinem Fall wirst du voll und ganz akzeptiert haben, wenn du dir eingestehst, ungerecht gewesen zu sein, und deinen Vater ebenso zurückgewiesen zu haben wie deinen Sohn, so wie beide ihrerseits auch dich abgewiesen haben. Und wenn es dir jetzt noch nicht gelingen sollte, dann ist die Sache lediglich aufgeschoben. Dann kannst du deinem Sohn sagen, dass du dir noch nicht verziehen hast und dass ihr ein andermal darüber redet. Manche Situationen sind so schmerzhaft, dass es lange dauert, sie voll und ganz zu akzeptieren. Verliere aber nie aus den Augen, dass das Wichtigste daran deine Absicht ist. Dann werden deine Wünsche schließlich auch wahr werden. Vergiss aber nie, was du dir wünschst …

… Mit diesen Worten möchte ich unser heutiges Treffen beenden. Ich wünsche euch viel Glück bei euren Vorhaben. Wir sehen uns dann wieder in zwei Wochen.

Was wir uns hier merken sollten

- Wir haben negative Gefühle, weil wir Erwartungen ohne Abmachungen hatten.
- Erwartungen sind nur dann vertretbar, wenn ihnen klare Abkommen zwischen zwei Personen zugrunde liegen.
- Zu Hause ist es ebenso wichtig wie bei der Arbeit, dass der Aufgabenbereich jedes Familienmitglieds eindeutig definiert ist.
- Fällt uns die Entscheidung zwischen zwei Möglichkeiten besonders schwer, dann vergleichen wir beide auf einer Skala von 1 bis 10 und wählen die, an der wir am wenigsten leiden müssen.

- Je mehr Eltern sich so akzeptieren, wie sie sind, desto mehr akzeptieren sie auch ihre Kinder und werden weniger konträre Verhaltensweisen an den Tag legen, mit denen sie diese provozieren wollen.
- Werden klare Abmachungen getroffen, so sollten zugleich auch die Konsequenzen für Zuwiderhandeln vereinbart werden. Regeln zu erstellen bedarf einer gewissen Bestimmtheit, nicht jedoch Starrheit oder Autoritarismus.
- Andere Personen zu akzeptieren bedeutet, ihnen das Recht zuzustehen, so zu sein, wie sie sein wollen, aber nicht unbedingt, sie alles tun zu lassen, was sie wollen, vor allem, wenn solches Handeln unseren persönlichen Freiraum betrifft.
- Wir haben nie Angst um andere, sondern immer nur um uns selbst.
- Das wahre Problem jeder Situation ist die Angst um uns, die diese in uns weckt.
- Das Gesetz der Offenbarung besagt, dass die Dinge sich umso mehr offenbaren, je mehr wir unsere Energie in sie kanalisieren. Je mehr Energie wir aufwenden, um nicht so zu sein wie ein bestimmter Mensch, desto mehr werden wir genauso. Wir sollten lernen, dieses Gesetz zu unserem Vorteil anzuwenden.
- Alle unangenehmen Ereignisse mit unseren Nächsten sollen uns bewusstmachen, dass wir bestimmte Situationen unserer Jugend nicht akzeptiert haben, jetzt als Erwachsene aber die Gelegenheit dazu bekommen. Unsere Nächsten sind keineswegs dazu da, uns leiden zu lassen, sondern sollen uns vielmehr ermöglichen, wahre Liebe zu lernen. Wir ziehen schwierige Ereignisse mit Personen desselben Geschlechts wie der Elternteil an, mit dem wir ähnliche Situationen in unserer Jugend erlebten und nicht akzeptierten.
- Machen wir jemandem Vorwürfe, so wirft er uns dieselben Dinge vor. Außerdem werfen wir uns selbst genau das vor, was wir dem Elternteil desselben Geschlechts wie dieser Person vorwerfen. Es fällt uns sehr schwer, das zu erkennen, da unser Ich nicht wahrhaben will, dass wir selbst so gehandelt haben.

- Gelingt es uns zu akzeptieren, so profitieren alle in das Problem verwickelten Personen von diesem Prozess – und das über mehrere Generationen. Sie bekommen dadurch die nötige Energie, das Problem ihrerseits zu akzeptieren. Dieser Prozess ist jedoch erst dann abgeschlossen, wenn wir imstande sind, uns selbst zu verzeihen, und uns das Recht zugestehen und nicht dafür verurteilen, selbst anderen das zugefügt zu haben, was wir ihnen verwerfen.

- Uns Ängste einzugestehen hilft uns, sie zu akzeptieren. Je mehr wir sie akzeptieren, desto geringer werden sie, auch wenn unser Ich vom Gegenteil überzeugt ist.

- Fällt es uns besonders schwer, uns mit einem Menschen zu versöhnen, dann einfach deshalb, weil er uns sehr unangenehm an Dinge erinnert, die wir selbst nicht an uns akzeptieren können.

4. Kapitel

Praktisches Akzeptieren

– Du hast ein schönes Lächeln heute Morgen, Anna. Es sieht aus, als hättest du gute Nachrichten. Schade, dass Mario dieses Mal nicht dabei ist, doch verstehe ich, dass er – wie er mir am Telefon erklärt hat – mehr Zeit braucht, um den Akzeptierungsprozess mit seinem Sohn zu vollenden. Aber aufgeschoben ist ja nicht aufgehoben. Ich bin ganz Ohr. Wie lief das Gespräch mit Sandra?

– Es dauerte mehrere Tage, bis ich endlich den Mut dazu aufbrachte. Ich ging es einige Male im Geiste durch. Schließlich machte mich diese Sache so nervös, dass ich mir sagte, es sei besser, sie endlich hinter mich zu bringen – egal, was dabei herauskommen würde. „Gott wird's schon richten", wie du es einmal formuliertest. Als ich Sandra sagte, dass ich gerne mit ihr reden würde, versteifte sie sich völlig und ging gleich in die Defensive. Erst als ich ihr erklärte, dass ich ihr eigentlich von mir und meiner Jugend und von den Verbindungen zu ihr erzählen wollte, entspannte sie sich langsam ...

... So genossen wir das schöne Wetter am letzten Sonntag, frühstückten auf der Terrasse hinter dem Haus und hatten viel Zeit zum Plaudern. Mario ließ uns allein und gab vor, Dinge erledigen zu müssen. Ich bin genauso vorgegangen, wie du es mir geraten hattest, und zu meiner größten Verwunderung hat sie mir zugehört. Ich merkte, dass meine Jugend sie wirklich interessierte. Einige ihrer Fragen haben mich sehr überrascht ...

... Ich erklärte ihr, gelernt zu haben, dass sie mir sicher ebenso vorwarf, ungerecht zu sein, wenn ich ihr solche Vorwürfe machte. Da bekam sie große Augen und ein Lächeln begann sich auf ihrem Gesicht abzuzeichnen. Ich fragte sie, ob es ihr etwas ausmache, mir zu sagen, wann sie mich ungerecht finde, worauf sie antwortete: *„Bist du dir sicher, das wirklich wissen zu wollen? Glaubst du nicht, dass dich das vor den Kopf stoßen könnte?"* Ich bestand darauf und versicherte ihr, dass ich wirklich alles hören wolle und fest entschlossen sei, dem Problem auf den Grund zu gehen …

… Sie gab mir einige Beispiele, bei denen mir die Luft wegblieb. Es fiel mir nicht leicht, sie nicht zu unterbrechen. Doch schließlich gelang es mir, mich zu entspannen und mich in die Rolle einer Jugendlichen zu versetzen. Am meisten überraschte mich, dass sie es ungerecht fand, dass ich ihre Ernährung überwachte und ihr sagte, sie solle auf ihre Gesundheit und vor allem ihre Linie achten. Sie sagte: *„Einerseits willst du, dass ich eine gute Figur habe, und andererseits willst du nicht, dass ich sexy bin. Aber das Absurdeste ist wohl, dass du selbst nicht aufpasst, was du isst, und dabei jedes Jahr ein bisschen dicker wirst. Du musst zugeben, dass das nicht ganz zusammenpasst."* Es war mir keineswegs klar gewesen, so auf ihre Ernährung zu achten. Diese Sache ging mir seither nicht mehr aus dem Kopf, und ich würde gern mit dir darüber sprechen, wenn ich dir das Gespräch mit Sandra fertig erzählt habe …

… Alles in allem ist es sehr gut verlaufen. Ich sagte ihr, wie sie es mir erleichtern könnte, mit meinen Ängsten fertig zu werden, verlangte aber keinerlei Versprechen ihrerseits. Ich war sehr erstaunt festzustellen, dass ich wesentlich mehr dazu bereit war, sie zu akzeptieren, als ich gedacht hatte. Seitdem sind fünf Tage verstrichen, und die Atmosphäre zu Hause hat sich sichtlich verbessert. Sandra zieht sich an wie zuvor, doch ist das wirklich eigenartig: Ich finde sie wesentlich natürlicher und nicht mehr so provokant wie vorher …

… Als ich ihr von meiner Angst erzählte, sie könne schwanger werden und ich müsse für die Konsequenzen aufkommen, schien sie das wirklich zu schockieren. *„Aber Mama, ich bin doch kein Vollidiot! Ich habe noch nie mit jemandem geschlafen, und wenn es so weit ist, dann weiß ich, wie man verhütet. Ich habe dir doch erzählt, dass wir in der Schule Filme darüber gesehen haben und sogar in einem Vortrag von einer sehr interessanten Frau waren. Du brauchst dir da also wirklich keine Sorgen um mich zu machen!"* Ich antwortete ihr, dass meine Sorgen leider sicher nicht von heute auf morgen auf Wunsch verschwinden würden und dass ich keine Ahnung hätte, ob und wann das einmal der Fall sein würde …

… Dem fügte ich hinzu: *„Auch wenn du nicht glaubst, eines Tages gegen deinen Willen schwanger zu werden, würde es dir etwas ausmachen, mit mir eine Liste möglicher Folgen zu erstellen, falls das doch einmal eintreten sollte. Der Umstand, dass du dir all der Folgen bewusst bist, beruhigt mich, doch würde es mir helfen, mir weniger Sorgen zu machen, wenn wir darüber reden könnten, wie wir mit einer solchen Situation fertig werden würden."* Zuerst zögerte sie ein wenig, doch dann war sie einverstanden, wenn sie ihre Liste allein erstellen durfte, um sie danach mit meiner zu vergleichen …

… Glaub mir oder nicht, Lise, aber gestern Abend zeigte sie uns die lange Liste, die sie aufgeschrieben hatte. Sie hat dabei auch an Dinge gedacht, die mir gar nicht in den Sinn gekommen waren, wie z. B., dass sie ihre schlanke Taille aufgeben müsste oder sich schämen würde. Es war sehr angenehm, so unbefangen zu dritt über dieses Thema sprechen zu können. Sie sagte uns, dass sie es toll finde, dass wir mit ihr wie mit einer Erwachsenen sprechen und uns Zeit nehmen würden, ihr zuzuhören. Am Abend sind Mario und ich sehr erleichtert zu Bett gegangen. Ich hoffe, das wird meine Sorgen beschwichtigen. Ich finde sie so aufgeschlossen und bewusst, dass es mir unmöglich scheint, dass ihr so etwas zustoßen könnte. Ich bin ja so glücklich! …

… Heute Morgen dachte ich noch einmal an unser gestriges Gespräch. Erst jetzt wurde mir wirklich klar, wie verantwortungslos es von mir war zu glauben, ich könne die Folgen einer Schwangerschaft meiner Tochter übernehmen. Und ich hielt mich immer für verantwortungsbewusst! Mir war zwar klar, dass Verantwortung bedeutet, die Konsequenzen meiner Handlungen zu übernehmen, aber ich habe endlich auch begriffen, dass es zugleich auch heißt, die anderen für ihre eigenen Handlungen einstehen zu lassen. Auch als ich sie bat, sich anders anzuziehen, war ich nicht sonderlich verantwortungsbewusst. Ich wollte ja eigentlich nichts anderes, als dass sie die Konsequenzen meiner Ängste trägt …

… Ich kann dir gar nicht sagen, wie sehr es mir hilft, endlich verstanden zu haben, was Verantwortung wirklich bedeutet. Isst sie z. B. schlecht oder zu viel, dann ist das ihre Sache. Meine Rolle als Mutter muss sich darauf beschränken, ihr die verschiedensten Dinge beizubringen und sie über die Folgen gewisser Verhaltensweisen zu informieren. Die Entscheidungen kann aber nur sie allein treffen. Dann muss ich loslassen. Mensch, tut das gut! Allein der Umstand, mir all dessen bewusst zu werden, nimmt mir meine Schuldgefühle. Dadurch bin ich viel weniger gestresst in meiner Rolle als Mutter. Ich verstehe jetzt, was du in deinen Kursen meintest, Lise, als du mehrmals erwähntest, dass uns im Leben die Wahl offenstehe, uns verantwortlich oder aber schuldig zu fühlen. Es macht aber einen gewaltigen Unterschied aus, diese Begriffe wirklich integriert zu haben! Es wäre schön, wenn wir solche Dinge schon in unserer Kindheit lernen könnten!

– Was du mir hier erzählst, habe ich nun schon viele Hundert Male gehört. Es nützt nichts, das nachträglich zu bedauern, da wir nie wissen, warum wir bestimmte Dinge erst zu einem gewissen Zeitpunkt integrieren. Wir tun besser daran, dankbar und glücklich zu sein, dass es schließlich doch geschehen ist. Aber ich bin ganz deiner Meinung, dass das den Kindern schon im frühesten Alter beigebracht werden sollte. Ich hoffe mit Zuversicht, dass das eines Tages geschehen wird. Siehst du die Fortschritte, die du in dieser kurzen Zeit mit deiner Tochter gemacht hast? Du hast ihr die Erfahrung übermittelt, was es heißt, selbst Verantwortung zu übernehmen und sich zu versöhnen. Da hat sie, zeitlich gesehen, schon einen großen Vorsprung dir gegenüber, findest du nicht auch? Wenn das von Generation zu Generation so weitergeht, dann können wir tatsächlich hoffen, eines Tages in Harmonie zu leben …

… Aber kommen wir nun zu etwas anderem. Du hattest vorhin erwähnt, über Ernährung sprechen zu wollen. Was ist da dein Problem?

– Na ja, ich wollte nicht wirklich über die Ernährung, sondern vielmehr über mein Gewicht sprechen. Als Sandra das erwähnte, wurde ich ganz rot, weil ich mich so schämte. Ich hatte das Gefühl, meine Brust würde sich zusammenziehen, und mein Herz begann zu rasen. Ich muss mich also damit abfinden: Zunehmen stört mich mehr, als ich es mir eingestehen möchte. Ich bin doch erst achtunddreißig. Wenn ich weiter so zulege, sehe ich mit sechzig aus wie ein Elefant. Mein Gott! Mir wird plötzlich klar, dass meine Mutter dieses Jahr sechzig wird und ich sie viel zu dick finde. Auch sie nimmt seit Jahren regelmäßig zu. Doch sagt sie pausenlos, dass mein Vater sie wegen ihres eigentlichen Wesens und nicht wegen ihres Körpers liebe und dass ihn das nicht störe. Aber ich verstehe nicht, wie sie sich so akzeptieren kann. Als ich noch jünger war, sagte ich mir immer, dass ich nie so dick wie meine Mutter werden wollte. Ich war so schlank, dass ich sicher war, das würde mir nie passieren. Wenn ich an diese Zeit zurückdenke, dann war meine Mutter damals wohl auch nicht dicker, als ich es heute bin.

– Ist dir aufgefallen, wann du begonnen hast zuzunehmen?

– Vor etwa zehn Jahren wurde mir die Gebärmutter entfernt. Ich war danach sechs Monate im Krankenstand. Da habe ich die ersten Kilo zugelegt. Ich dachte, das sei wegen der mangelnden Bewegung, doch habe ich dieses überschüssige Gewicht nie wieder wegbekommen. Als ich wieder arbeitete, nahm ich nicht mehr so schnell zu, doch wiege ich heute zwanzig Kilo mehr als damals. Ich traue mich mit niemandem über dieses Thema zu sprechen und verstecke meine Rundungen unter meiner Kleidung. Ich trage sogar Schlankheitshosen. Seitdem Sandra diese Bemerkung in Bezug auf mein Übergewicht machte, habe ich mir eingeredet, dass das nicht so schlimm sei und dass viele Frauen viel dicker seien als ich. Und wieder ertappe ich mich dabei, so zu sein wie meine Mutter. Ist es möglich, dass auch sie nicht glücklich mit ihrem Gewicht ist, aber es sich nicht eingesteht?

– Bevor wir von deiner Mutter sprechen, sag mir doch, was du bei dem Gedanken daran empfindest, zugenommen zu haben. Was wäre das Schlimmste, was dir in dieser Situation passieren könnte?

Kaum habe ich meine Frage ausgesprochen, stehen ihr Tränen in den Augen. Ihre Unterlippe beginnt zu zittern und sie ringt mit den Händen. Sie sackt in sich zusammen und antwortet mit erstickter Stimme:

– Das Schlimmste wäre, dass Mario mich nicht mehr begehrenswert findet, eine andere Frau findet und mich für sie verlässt.

Bei diesen Worten bricht sie in Schluchzen aus. Ich rate ihr, ein paar Mal tief durchzuatmen und zu versuchen zu identifizieren, wo in ihrem Körper diese emotionalen Schmerzen zum Ausdruck kommen.

– Im Unterleib, erwidert sie.

Ich helfe ihr, diesen Schmerz in ihrem Bauch mit der Technik für die Seelenwunde des VERLASSENWERDENS zu beobachten. Dabei beruhigt sie sich zusehends und kann besser beschreiben, was sie empfindet.

– Mein Gott! Ich fasse es nicht! Wir sind wieder zurück am Ausgangspunkt, nicht wahr? Erinnerst du dich daran, Lise, als ich dir bei unserem ersten Treffen meine Angst gestand, Mario könne mich betrügen und verlassen? Als ich dir von meinen Gewichtsproblemen erzählen wollte, war ich mir hier aber keines Zusammenhangs bewusst. Wie wir uns doch selbst an der Nase herumführen können! Jetzt wird mir vieles klar: Ich nehme zu und habe deshalb Angst, Mario zu verlieren und so dick wie meine Mutter zu werden. Was soll ich nun damit anfangen?

– Du bist wie viele andere Leute, die ich kenne. Sobald sie sich eines Problems bewusst werden, wollen sie schon etwas „machen"" um es loszuwerden.

– Ist es nicht normal, sich zu wünschen, dass es aufhört? Ich will nicht mehr so leben. Wenn du wüsstest, wie oft ich mir schon vorgenommen habe, keine Kekse mehr zu essen oder keinen Kakao zu trinken. Aber es ist einfach stärker als ich. Ich kann dem nicht widerstehen. Davon bin ich überzeugt! Vielleicht wirst du mir entgegenhalten, dass ich das alles einfach nicht mehr kaufen solle. Aber das kann ich auch nicht, weil ich es ja Mario und Sandra auch nicht vorenthalten will, die das gern haben. Warum werde ich dick dabei und sie nicht? Das ist doch auch ungerecht!

Sie blickt mich überrascht an, als ich in Gelächter ausbreche.

– Nein, Anna, ich mache mich nicht über dich lustig. Ich lache nur darüber, dass deine Reaktion so vorhersehbar ist. Wenn du wüsstest, wie oft ich das zu hören bekomme. Glaubst du wirklich, dass du wegen Keksen und Kakao zunimmst? Du weißt sicher auch, dass es Leute gibt, die wie drei essen können und trotzdem nicht dicker werden. Ein Arzt wird sagen, sie haben einen schnellen Stoffwechsel, im Gegensatz zu Menschen, die leicht zunehmen …

… Ich untersuche den menschlichen Körper nun schon seit vierzig Jahren und bin heute überzeugt davon, dass jede Körperfunktion vom Geistes- und Gefühlsleben beeinflusst wird. Nehmen wir zum Beispiel das Herz. Es kann nicht von allein schneller schlagen, doch es genügt ein geistiger oder emotionaler Anstoß, um es zum Rasen zu bringen. Warum glaubst du, dass bestimmte Leute leichter zunehmen als andere oder einen langsameren Stoffwechsel haben? Alles liegt in ihrer Haltung zur Ernährung. Fühlst du dich schuldig, wenn du Kekse isst?

– Natürlich! Vor allem, wenn ich beim fünften angelangt bin und mir beim sechsten wieder sage, dass das aber jetzt der letzte ist. Ich versuche aufzuhören, doch finde ich sofort ein Argument dafür, um weiterzuessen: Ich habe ja kein Brot zum Essen gegessen, diese Kekse sind nicht so süß wie die anderen, oder morgen esse ich dafür keine … Aber ich habe dir noch nicht das Schlimmste erzählt. Mario, der meine Schwäche für Kekse kennt, bringt immer neue Sorten mit nach Hause. Manchmal schimpfe ich deswegen mit ihm und werfe ihm vor, er wolle mich dick machen. Ich frage mich jetzt sogar, ob er es nicht vielleicht sogar absichtlich tut, um einen besseren Grund zu haben, mich zu verlassen.

– Jetzt weißt du wenigstens, warum dich Kekse dick machen! Ist dir klar, welche Ängste und Schuldgefühle das Keksessen bei dir auslöst? Sie dir zu verbieten ist auch keine Lösung. Jetzt wissen wir, dass das eigentliche Problem weder die Gewichtsfrage oder das Keksessen, sondern die Angst ist, deinen Mann zu verlieren, und können all unsere Aufmerksamkeit diesem Punkt zuwenden…

… Dem Fragebogen, den du anfangs ausgefüllt hast, entnehme ich, dass deine Eltern noch zusammenleben, dass dein Vater deine Mutter also nie wegen ihres Übergewichts verlassen hat. Woher, glaubst du, stammt also diese Angst deiner Meinung nach? Hat deine Mutter dir erzählt, dass sie Angst hatte, verlassen zu werden, oder hast du etwas zwischen den beiden bemerkt, um heute zu glauben, dass ein Mann seine Frau betrügt und verlässt, wenn sie zu dick wird?

– Ich weiß, dass meine Mutter den Männern nicht traut. Sie hat mir oft gesagt, dass Männer nur an Sex denken und dass wir Frauen ihnen so viel davon geben sollen, wie sie wollen, wenn wir sie behalten möchten. Aber meine Mutter ist so dick, dass ich mich oft gefragt habe, wie sie das überhaupt anstellen. Ich sage das nicht gern, aber ich glaube schon lange, dass Papa kein Verlangen mehr nach Mama hat und besser daran täte, sich anderweitig zu befriedigen. Immerhin lag es doch an ihr, die Taille ihrer Jugend zu wahren. Ich habe noch nie mit ihr darüber gesprochen, weil ich mich schäme.

– Nun, meine hübsche Anna, jetzt weißt du, was du zu tun hast, nicht wahr? Du bist ja nun in Übung, nachdem du dich mit deiner Tochter versöhnt hast. Warum versuchst du dasselbe nicht auch mit Mario und deiner Mutter? Nimm dir zuerst Zeit, dich allein darauf vorzubereiten. Schreibe alles auf, was du den beiden in Bezug auf unser heutiges Gesprächsthema vorgeworfen hast und immer noch vorwirfst. Frage sie dann, wann sie dir dieselben Vorwürfe gemacht haben. Dabei ist es sehr wichtig, nicht aus den Augen zu verlieren, dass alles, was wir bekommen, sich nach unserer anfänglichen Absicht richtet. Das heißt, dass du herausfinden solltest, welche Motivationen bei dir in den Situationen zugrunde lagen, in denen deine Mutter oder dein Mann dir diese Vorwürfe machten. Du wirst feststellen, dass sie in den von dir angeprangerten Situationen recht ähnliche Absichten hatten. Glaubst du zum Beispiel, dass deine Mutter dir schaden wollte, als sie dir riet, einen Mann sexuell zu befriedigen? …

… Vergiss außerdem nicht: Wenn du deiner Mutter vorwirfst, sie sei zu dick, dann heißt das, dass auch sie sich so nicht akzeptiert und dass ihr also beide in derselben Situation steckt. Es hilft ihr zu überleben und den Schmerz zu vertuschen, das zu leugnen. Sie streitet es also nicht ab, weil sie dumm oder begriffsstutzig ist, sondern einfach, weil sie nicht leiden will. War ihre Mutter auch dick?

– Ja, aber sie lebte auf einem Bauernhof, und eine dicke Bäuerin war damals eher normal. Meine Mutter erzählt, dass alle Frauen unserer Familie dick gewesen seien. Sie sagte mir einmal mit einem spitzbübischen Seitenblick auf meinen Vater, dass er ihr am Anfang ihrer Ehe einmal versprochen habe, sie auch zu lieben, wenn sie einmal dick werde. Mein Vater schien sich in dieser Situation nicht recht wohl zu fühlen, erwiderte jedoch nichts. Man kann sagen, dass er sein Versprechen gehalten hat, aber ich habe nicht das Gefühl, dass sie glücklich miteinander sind. Es ist eher so, als würden sie einander dulden. Ich möchte keine solche Ehe.

– Ich würde dir vorschlagen, im Gespräch mit deiner Mutter zuerst von dir und deinem Leben zu sprechen. Erwarte nichts von ihr: Sie muss gar nichts sagen. Da es das zweite Mal ist, dass du sie in diesem Zusammenhang triffst, wird die Sache schon viel leichter sein, und sie wird wohl weniger Widerstand leisten. Hast du das Gefühl, dass sie sich öffnet, dann solltest du dich darauf vorbereiten, dass dir ihre Antworten auf deine Fragen vielleicht nicht gefallen werden. Erinnere dich daran, dass du in diesem Gespräch mit deiner Mutter herausfinden willst, was ihr beide erlebt, dass ihr euch einander anvertraut und Dinge von der Seele redet, ohne das Verhalten der anderen zu verurteilen. Ich kann dir versichern, dass deine Mutter sich dir öffnen wird, wenn sie das Gefühl hat, dass du ihr ohne Vorurteile zuhörst. Wir alle brauchen solches Vertrauen, weil es sehr schwer ist, alles auf Dauer für sich zu behalten. Menschen reden leichter über sich selbst, wenn sie sich akzeptiert fühlen und man ihnen ohne Urteil zuhört. Wie fühlst du dich bei dem Gedanken, mit deiner Mutter zu reden?

– Eigentlich recht gut. Auch ich bin mir sicher, dass sie dieses Mal offener sein wird. Aber mit Mario wird das schwieriger werden. Ich fasse es nicht, wie sehr ich Angst davor habe, dass ich ihm missfallen oder er mich verlassen könnte. Je mehr ich mit dir darüber spreche, desto mehr habe ich den Eindruck, dass diese Angst größer wird. Ist das möglich?

– Ängste werden nicht größer, weil wir von ihnen sprechen. Du wirst dir ihrer lediglich bewusster. Du hattest sie so gut versteckt und so tief verdrängt, um sie bloß nicht zu fühlen. Jetzt, wo du in dieser Schublade herumstöberst, in der du sie verborgen hattest, fühlst du sie immer stärker, je mehr du diese Lade öffnest. Diese Angst, von Mario verlassen zu werden, zeigt dir, wie stark die entsprechende Seelenwunde bei dir ist. Je tiefer die Wunde, desto größer sind die mit ihr zusammenhängenden Ängste. Außerdem werden auch unsere Entscheidungen von den auf unseren Seelenwunden basierenden Ängsten bestimmt. Anstatt Entscheidungen aufgrund deiner wahren Bedürfnisse zu treffen, entscheidet dein Ich für dich …

… Ist dir klar, dass du mit einem Mann verheiratet bist, der seine Frau für dich verlassen hat? Siehst du, wie stark dieses Ich sein muss? Es muss folglich auch davon überzeugt sein, dass es möglich ist, dass Mario auch dich verlässt. Die Überzeugungen, die unser Ego nähren, sind ungeheuer stark.

– Da verlangst du viel von mir. Ja, ja, ich weiß, dass diese Gespräche notwendig sind, wenn ich ein anderes Leben führen will. Wenn du davon sprichst, scheint das alles so einfach. Doch wenn ich allein mit meinen

Gedanken bin, dann übermannt mich die Angst und ich stelle mir die verschiedensten Geschichten vor. Vorhin hast du von der Macht unseres Ich gesprochen, aber das ist nicht alles. Ich finde, meine Phantasie ist ebenso stark. Manchmal spreche ich mit meiner Freundin Nicole darüber, und sie hat mir bestätigt, dass ich dabei nicht allein bin. Das geht ihr und mehreren ihrer Arbeitskolleginnen, mit denen sie darüber gesprochen hat, ebenso …

… Ich kann dir nicht garantieren, dass ich bis zu unserem nächsten Treffen mit Mario und meiner Mutter sprechen werde, aber ich werde tun, was ich kann. Es ist wie mit Sandra, ich habe es eilig, doch zugleich auch Angst davor.

– Du hast recht Anna. Viele Menschen haben eine rege Phantasie. Du bist nicht die einzige, die sich davon beeinflussen lässt. Kannst du dir vorstellen, was auf der Welt geschehen würde, wenn alle ihre Phantasie dazu benutzen würden, sich nur die Dinge vorzustellen, die sie sich wünschen, und nicht mehr die, die sie fürchten. Könntest du dir vor deinen Gesprächen mit Mario und deiner Mutter etwas Zeit nehmen, um zu visualisieren, dass sie sehr harmonisch, problemlos und liebevoll ablaufen werden? Du wirst sehen, wie viel Mut dir das verleihen wird, um zur Tat zu schreiten.

– Danke, dass du mich daran erinnerst, Lise. Ich kenne diese Technik nun schon seit langem, doch vergesse ich oft, sie anzuwenden. Gut, es ist beschlossen. Ich schreite zur Tat! Im Grunde tue ich es ja für mich und werde als Sieger aus dieser Prüfung hervorgehen. Ich weiß nicht, warum ich zögern sollte, fügt sie lachend hinzu …

… Bevor ich gehe, wollte ich dich noch etwas anderes fragen, und zwar in Bezug auf Sandras Hautprobleme. Sie bat mich, mit dir darüber zu sprechen. Seit ihrer ersten Regel vor etwa zwei Jahren hat sie viele Pickel im Gesicht und auf dem Rücken, was ihr unangenehm ist, wenn sie einen Bikini trägt. Sie versteckt diese Hautunreinheiten mit Schminke, damit man sie nicht so sieht, aber sie würde das gern vermeiden.

– Weißt du, Anna, ich spreche ungern über Probleme einer dritten Person, vor allem, wenn sie nicht dabei ist, denn meine Arbeitsmethode basiert auf den Antworten, die ich auf meine Fragen erhalte. Erst sie ermöglichen es mir, die Person auf den Weg zu führen, auf dem sie die Antworten selbst findet. Glaubst du, deine Tochter wäre einverstanden, einmal zu mir zu kommen? Ich glaube eine halbe Stunde würde dafür genügen.

– Gut, einverstanden, ich werde es ihr sagen. Vielen Dank für dieses Gespräch, das mir wieder einmal viel zu denken gegeben hat.

Ein paar Tage später kommt Mario alleine. Er geht recht langsam, so als würde er zögern, mich aufzusuchen, oder Zweifel über das Gesprächsthema hätte. Er setzt sich nicht gleich nach unserer Begrüßung.

– Du scheinst heute nicht ganz da zu sein, Mario. Bist du sicher, dass du hier sein möchtest? Damit unser Treffen zu etwas führt, solltest du aus freiem Willen hier sein und wissen, was du von mir in diesem Gespräch erwartest. Hast du eine Ahnung?

– Ja, ja, ich bin schon hier, weil ich es will. Aber in meinem Kopf überstürzen sich die Gedanken, und ich weiß nicht recht, wo ich anfangen soll. Vielleicht hast du es schon erraten: Die Sache mit meinem Sohn ist nicht ganz so leicht verlaufen, wie ich es mir gewünscht hätte. Zuerst konnte ich ihn einfach nicht anrufen und fand zahlreiche Ausreden. Ich weiß nicht, warum ich so große Angst davor hatte, ihm ein Treffen vorzuschlagen. Manchmal setzte ich mich allein ins Wohnzimmer, um dahinterzukommen, was mit mir los war und warum ich solche Angst vor unserem Gespräch hatte. Aber nicht einmal das wollte mir gelingen: Entweder schlief ich ein oder wurde so nervös, dass ich aufstehen musste. Ich musste also etwas unternehmen …

… Zwei Wochen später fasste ich endlich den Mut, ihm ein Treffen vorzuschlagen. Ich sagte ihm, dass ich gerade Dinge über mich erfahren hätte, über die ich gern mit ihm reden wollte. Zu meiner großen Überraschung war er sofort einverstanden und schlug vor, dass wir an einem freien Abend zusammen in ein italienisches Restaurant in seiner Nähe gingen. Ich war wirklich glücklich festzustellen, dass ich mir alles nur eingebildet hatte. Ich weiß nicht, warum ich angenommen hatte, er würde mich nicht mehr sehen wollen. Ich dachte, meine Initiative würde ihm Angst machen. Heute weiß ich, dass eigentlich ich mich davor fürchtete, ihn zu sehen. Aber später gestand auch er mir, dass er ebenso Angst vor unserem Treffen hatte, aber dass sein Wunsch, Frieden mit mir zu schließen, einfach größer war und er deshalb zugestimmt hatte …

… Als wir dann an unserem Tisch saßen und bestellt hatten, erzählte ich ihm von unserem Gespräch und davon, was ich da über meinen Vater erfahren hatte und von meiner Angst, die Situation mit ihm zu bereinigen. Ich fühlte eine gewisse Zurückhaltung seinerseits, als ich von Versöhnung sprach, doch ich versicherte ihm zugleich, dass mir klar war, dass da eine Verbindung zwischen den Erfahrungen mit meinem Vater und mit ihm bestehe. Deshalb begann ich von der Beziehung zu meinem Vater in meiner Jugend zu erzählen. Er unterbrach mich ein paar Mal, um mir Fragen zu stellen. Ich fühlte mich wirklich gut, als ich sah, dass ihn das alles interessierte. Dadurch fiel es mir auch viel leichter, darüber zu sprechen …

… Dann holte ich die Liste der Vorwürfe heraus, die ich meinem Vater gemacht hatte, und fragte David, was davon auch er mir vorwerfe oder welche Charakterzüge er hier an mir wiedererkenne. Augenblicklich wirkte er unangenehm überrascht und antwortete: *„Was du mit deinem Vater erlebt hast, hat doch nichts mit mir zu tun. Warum fragst du mich das also?“* Dabei sah er mich an und hatte eine Stimme, als wäre er gerade zwölf Jahre alt. In diesem Augenblick war mir plötzlich klar, dass auch er Angst hatte, mit mir zu sprechen und mich zu verletzen. Ich fühlte zugleich aber auch, wie sehr ich fürchtete, als herzloser Vater behandelt zu werden. Ich erinnerte mich an deinen Rat, wie wichtig es sei, bestimmte Eingebungen zu überprüfen, und erzählte ihm von den Ängsten, die mich in jenem Augenblick überkamen. Ich fragte ihn, ob vielleicht auch er sich Sorgen mache, ein schlechter Sohn oder selbst ein schlechter Vater zu sein …

… Ich sah sofort, dass ich ins Schwarze getroffen hatte, da er kein Wort sagte und sehr betroffen schien. Er nickte nur und konnte mir nicht einmal in die Augen sehen. Schließlich streckte er die Hand aus, legte sie über den Tisch auf die meine und gestand mir, wie sehr er sich dafür schuldig fühle, mir mit seiner Berufswahl wehzutun, dass er aber keine andere Wahl habe und sich im Augenblick außerstande sehe, seinen Beruf aufzugeben …

… Ich brachte das Gespräch wieder auf die Liste mit Vorwürfen zurück und bestand darauf, dass er mir sagte, welche davon auch auf mich zuträfen. Ich möchte jetzt nicht allzu sehr ins Detail gehen. Jedenfalls warf auch er mir vor, undankbar, ungerecht und verständnislos zu sein, ihn fallen zu lassen und ihn nicht zu ermutigen. Aber am meisten staunte ich, als wir an dem Punkt anlangten, wo ich meinem Vater vorwarf, roh und vulgär zu sein. Er gestand mir, dass es ihm oft peinlich gewesen war, als Jugendlicher Freunde mit nach Hause zu nehmen, weil er sich dafür schämte, dass ich mich immer als Snob gebärdete und mit Geschichten aus meinem Beruf protzte. Dann hätte ich von wichtigen Persönlichkeiten und vor allem all den tollen Frauen erzählt, die ich traf, während er genau wusste, dass all diese Geschichten maßlos übertrieben waren. Weißt du, was er dann sagte? Er meinte, dass ich trotz all meiner Bemühungen, die anderen zu beeindrucken, eher vulgär wirkte. Denn wenn ich schimpfte, waren sich auch seine Freunde darüber klar, dass ich nicht wirklich die Klasse hätte, die ich vorgab. Er sagte mir: *„Papa, ich weiß, dass du gern eine ehrbare Karriere gemacht und Stil hättest, doch will dir das einfach nicht gelingen. Man merkt einfach, dass du es zu erzwingen versuchst.“* …

… Das verschlug mir nun wirklich die Sprache! Ich wusste nicht mehr, was ich sagen sollte. Ich, der ich glaubte, viel besser als mein Vater zu sein … Damit hatte ich sicher am meisten zu kämpfen. Ich hätte ihn fast gefragt, ob er meinte, als Kellner in einem Restaurant mehr Klasse zu haben als ich. Es fiel mir nicht leicht, mich zurückzuhalten! Er muss es gespürt haben, da die Atmosphäre sich schlagartig änderte. Es war, als wäre ein Vorhang zwischen uns gefallen. Ich wollte ihm erklären, was ich in Bezug auf seinen Beruf empfand und wie sehr ich ihn akzeptieren wollte, doch kam das alles viel zu ungeschickt heraus. Er blickte auf die Uhr und stand mit der Bemerkung auf, dass er noch etwas zu erledigen habe, und ob es mir etwas ausmache, dieses Gespräch ein andermal fortzuführen. Und hopp, weg war er. Ich blieb noch ein paar Minuten verdutzt sitzen und sagte mir schließlich, dass wenigstens der erste Schritt getan sei und er zumindest nicht gleich alles abgeblockt habe. Wir haben uns für morgen wieder verabredet.

– Weißt du, weshalb er dir trotz all deiner Bemühungen, ein Mann mit Stil zu sein, vorgeworfen hat, vulgär zu sein?

–Nein, nicht wirklich. Es stimmt schon, dass ich ab und zu schimpfe, doch ist das eher selten. Ich habe immer ein neues Auto und wechsle es spätestens nach zwei Jahren. Das ist sehr wichtig für mein Image als Verkäufer, der es zu etwas gebracht hat. Außerdem lege ich jährlich große Strecken zurück und mag es, wenn mein Wagen in Schuss ist. Ich bin immer gut gekleidet gewesen, um mich von meinem Vater zu unterscheiden. Ich kann nicht fassen, dass ich trotzdem das Gegenteil ausstrahle. Kannst du mir das erklären?

–Mein lieber Mario, es gibt da eine grundlegende Wahrheit, die wir oft vergessen: **Wir können nicht werden, was wir wollen, solange wir nicht akzeptiert haben, was wir nicht sein wollen.** Verstehst du, was das heißt?

–Ja. Ich soll akzeptieren, roh und vulgär zu sein wie mein Vater. NIE und nimmer!

–Weißt du, Mario, nicht du, sondern dein Ich antwortet mir hier. Es ist dein Ich, das da meint, roh und vulgär zu sein sei schlecht, und dass man NIE so sein sollte. Glaubst du, dass dein Vater schlecht war oder dir absichtlich etwas Böses wollte, als er so mit seinen Freunden umging?

–So gesehen, nein, ich glaube nicht, dass er es absichtlich getan hat. Ich glaube eher, dass er wahnsinnig viel arbeitete, und wenn er beschloss, sich zu amüsieren, verlor er jegliche Kontrolle über sich und seinen Wortschatz.

–Und du, verlierst du nie die Beherrschung oder Kontrolle über dich?

Er bricht in Gelächter aus und sagt:

–Da hast du mich erwischt! Ich verliere die Beherrschung beim Einkaufen. Wenn ich gut gearbeitet und mir etwas dazuverdient habe, dann kaufe ich mir viel Zeug, was nicht immer notwendig ist, vor allem Kleidung. Mensch, da fällt mir ein, dass Anna mir manchmal sagt, dass ich bei meinen Klamotten manchmal einen schlechten Geschmack hätte. Ich weiß nicht, warum ich manchmal Lust dazu habe, mir Sportkleidung in schreienden Farben zu kaufen. Sie sagte mir sogar, sie würde sich mit mir schämen, wenn ich diese Sachen trage. Am meisten stört sie jedoch, dass ich mich immer schick zur Arbeit anziehe, ihr diese Freude aber nicht mache. Auch das ist ein Grund für Streit zwischen uns. Auch für meine Pornomagazine schämt sie sich. Sie versteckt sie, so gut sie kann, weil sie fürchtet, unsere Tochter oder andere Personen könnten sie sehen.

–Willst du irgendjemandem schaden, wenn du bei deinen Einkäufen übertreibst?

–Natürlich nicht, das meinst du doch nicht im Ernst? Was könnte das den anderen denn ausmachen, was ich mir kaufe? Ich bezahle mit ehrlich verdientem Geld. Habe ich denn nicht das Recht dazu, anzuziehen und zu lesen, was mir gefällt? Ich rede Anna und meinen Kindern in dieser Beziehung doch auch nicht herein …

… Jetzt verstehe ich! Als mein Vater über die Stränge schlug, wenn er Bier trank, schlecht aß oder ausfällig wurde und derbe Geschichten erzählte, dann ging das eigentlich auch nur ihn etwas an. Das war auch nichts anderes als SEIN wohlverdientes Geld und SEIN Körper, den das betraf. Es ist unglaublich, was man nicht so alles entdeckt, wenn man beginnt, etwas in seinem Inneren zu graben! Aber auch, wenn mir das guttut, all diese Dinge zu entschleiern, so ist es mir sehr unangenehm zu sehen, dass ich andere oft ungerecht verurteilt habe. Es ist wirklich schwer, den Zorn und all die anderen Emotionen zu akzeptieren, die ich in Bezug auf meinen Vater erlebt habe, während es eigentlich genügt hätte, ihn so sein zu lassen, wie er wollte.

–Bravo, Mario! Das ist eine ausgezeichnete Schlussfolgerung. Du bist dabei zu akzeptieren, was du nicht sein willst. Dieser Prozess ist unumgänglich, um den nächsten Schritt machen zu können, und zwar das zu sein, was du sein willst. Dazu musst du dir nicht einmal mehr vorsagen, was du sein willst. Du weißt es in deinem tiefsten Inneren. Das wird ganz von allein passieren. Langsam, aber sicher wird das Derbe oder Vulgäre nicht mehr schlecht oder böse für dich sein. Vergiss nicht, dass die Arbeit an dir zugleich denselben Prozess für deinen Sohn in Gang setzt, der sicher ebenso wie du fürchtet, derb zu wirken. Es wäre interessant, wenn ihr beide morgen über dieses Thema sprechen könntet.

- Machen wir anderen Vorwürfe, so fehlt es uns an Verantwortungsbewusstsein, denn wir erwarten von ihnen, dass sie die Folgen unserer eigenen Ängste tragen.
- Verantwortliches Handeln bedeutet nicht nur, die Konsequenzen unserer eigenen Entscheidungen zu übernehmen, sondern auch den anderen die Folgen für die ihren zu überlassen.
- Überlassen wir anderen die Verantwortung für ihr eigenes Handeln, so heißt das nicht, dass wir nichts mehr für sie tun dürfen. Wir können ihnen zwar mit Rat und Tat zur Seite stehen, müssen zugleich aber auch akzeptieren, dass sie wirklich selbst für alle Konsequenzen aufkommen müssen und es ihnen absolut freisteht, unseren Ratschlägen zu folgen oder nicht. Das ist ein ausgezeichnetes Mittel, um Schuldgefühle zu überwinden.
- Unsere sämtlichen Körperfunktionen werden von unserem Verstand und unseren Gefühlen beeinflusst.
- Alle Ergebnisse hängen von der ursprünglichen Absicht ab. Das bedeutet zugleich, dass wir versuchen sollten zu erkennen, welche Motivationen bei uns in Situationen zugrunde liegen, in denen andere uns Vorwürfe machen. Schließlich werden wir erkennen, dass ihre ursprünglichen Absichten den unseren gar nicht so unähnlich sind.
- Leugnen wir eine offensichtliche Situation, so tun wir das, um nicht leiden zu müssen.
- Menschen vertrauen sich uns leichter an, wenn sie das Gefühl haben, dass wir ihnen ohne Vorurteile zuhören und sie akzeptieren.
- Wir sollten uns unserer Vorstellungskraft bedienen, um zu visualisieren, was wir in unserem Leben möchten, und nicht das Gegenteil.
- Wir können nicht werden, was wir wollen, solange wir nicht akzeptiert haben, was wir nicht sein wollen.
- Wir müssen nicht pausenlos wiederholen, was wir wollen, da wir es in unserem tiefsten Inneren sehr genau wissen. Es wird langsam aber

sicher eintreten, wenn wir aufgehört haben, die unerwünschten Haltungen als schlecht zu beurteilen.

5. Kapitel

Akzeptieren, mehr oder weniger als andere zu haben

Mario blickt auf die Uhr und fährt lächelnd fort:

– Ich bin sehr glücklich zu sehen, dass wir noch eine halbe Stunde miteinander haben. Ich habe seit unserem letzten Treffen noch etwas anderes über meinen Sohn erfahren. Das hat mich ziemlich aufgewühlt, weshalb ich vor unserem morgigen Treffen gern mit dir darüber gesprochen hätte. Die Mutter meiner Schwiegertochter Michelle verstarb letztes Jahr ganz unerwartet. Ich habe schon immer gewusst, dass ihre Eltern ziemlich wohlhabend waren, doch wusste ich nicht, dass sie jetzt ziemlich viel Geld geerbt hat. Weder sie noch mein Sohn haben Anna und mir je davon erzählt. Besonders störte mich jedoch, dass ich es über die Frau meines Chefs erfahren musste, die zum selben Friseur geht wie Michelle. Offenbar kennen die beiden sich recht gut und reden viel miteinander. Als mein Chef mir von diesem Erbe erzählte, von dem ich nicht die geringste Ahnung hatte, musste ich mich sehr zusammenreißen, um meine Überraschung zu verstecken. Ich kann einfach nicht glauben, dass sie das vor uns verborgen haben. Ob sie wohl Angst hatten, dass wir Geld von ihnen verlangen würden? Aber sie wissen doch, dass ich gut verdiene und wir alles haben, was wir brauchen.

– Was stört dich am meisten an dieser Situation und inwiefern betrifft sie dein Leben?

– Es stimmt schon, dass das mein Leben nicht direkt betrifft, doch finde ich diese Haltung einfach beleidigend. Mich stört einfach dieses Versteckspielen und der Mangel an Vertrauen uns gegenüber.

–Wie erlebst du eine Situation, in der jemand versucht, etwas vor dir zu verbergen?

–Schlecht natürlich! Das ist doch völlig normal, oder? Kennst du denn Leute, die das mögen?

–Du hast recht, die meisten Leute mögen nicht, dass man ihnen Dinge verheimlicht. Aber du weißt wie ich, dass es keine zwei Menschen gibt, die dieselbe Situation auf dieselbe Weise erleben. Deshalb frage ich dich ja, was du in dieser Situation empfindest. Wir können uns in einer unangenehmen Situation nie wohl fühlen, solange es uns nicht gelingt zu wissen, was wir in unserem tiefsten Inneren dabei empfinden. Daher also meine Frage: Was empfindest du in Bezug auf die Dinge, die du erfahren hast und die dein Sohn dir verheimlicht hat?

–Ich habe das Gefühl, unterlegen zu sein und ignoriert zu werden, antwortet er ziemlich wütend. Du solltest sie sehen! Jetzt verstehe ich auch, warum sie so leben. Ich machte mir wirklich unnütze Sorgen, als ich sah, wie sie das Geld ausgaben, vor allem seitdem sie ihr neues Auto gekauft haben. Außerdem wurde Michelle gerade befördert. Sie arbeitet bei Bell Canada und bekam vor kurzem den Posten der Vizepräsidentin. Ich hatte nur mit halbem Ohr zugehört, als David mir das erzählte, als er letzten Sonntag kurz mit seinem Sohn bei uns vorbeikam. Wozu muss sie überhaupt noch arbeiten, wenn sie so viel Geld hat? In einem Beruf mit so viel Verantwortung wird sie sicher noch mehr arbeiten müssen. Ich finde das nicht gut für eine Frau mit einem kleinen Kind. Aber das ist noch nicht alles. Wie kann mein Sohn nur eine Frau akzeptieren, die mehr verdient als er? Das könnte ich nie! Er muss sich wirklich unterlegen fühlen. Wäre er bei seiner Anstellung als Buchhalter geblieben, wäre es nicht so weit gekommen und er hätte sicher ein besseres Gehalt als sie.

–Du sagst also, dass du es ungerecht findest, wenn eine Frau mehr als ihr Partner verdient?

–Ich weiß nicht, ob das ungerecht ist, aber ich finde es nicht normal. Ist es denn nicht die Rolle des Mannes, das Geld zu verdienen, und die der Frau, die Kinder zu erziehen?

–Ach, Mario! Das scheint dir ziemlich zuzusetzen. Ist dir klar, dass deine Ansichten etwas überholt sind? Das ist ein gutes Beispiel dafür, wie Meinungen von einer Generation an die nächste weitergegeben werden. Willst du das wirklich auch heute noch glauben? Schau dich doch um. Du wirst feststellen, dass junge Paare, die so leben wie dein Sohn, heute immer häufiger werden. Für sie bedeutet eine Ehe eine Form der Partnerschaft. Es ist ihnen dabei ziemlich egal, wer das bessere Gehalt hat und welche Aufgabe verrichtet. Ihnen ist viel wichtiger, dass sie sich gut verstehen, dass die Aufgaben und Ausgaben gut verteilt sind und jeder die Grenzen und Möglichkeiten des anderen respektiert. Diese neue Haltung ist eine der Veränderungen, die das anbrechende Wassermannzeitalter mit sich bringt. Es ist einfach der Lauf der Dinge. Wer sich diesen neuen Gegebenheiten nicht anpassen kann, wird zahlreiche Emotionen dabei erfahren, wie du …

… Rekapitulieren wir also: Der Umstand, dass weder dein Sohn noch deine Schwiegertochter dir vom Erbe ihrer Mutter erzählt haben, bereitet dir Probleme. Du leidest unter ihren Heimlichkeiten und dem Mangel an Vertrauen, aber auch daran, dass deine Schwiegertochter mehr verdient als dein Sohn, was du für abnormal hältst. Was stört dich an all diesen Punkten am meisten?

–Hmm … Ich mag diese Heimlichtuerei überhaupt nicht, doch glaube ich, am meisten stört mich, dass sie reich ist und trotzdem weiterarbeitet, aber vor allem, dass sie dabei mehr verdient als mein Sohn. Es ist, als ob er dadurch noch mehr als Versager dasteht als ohnehin schon. Es fiel mir schon sehr schwer, seinen neuen Beruf zu akzeptieren, doch ist diese neue Information noch schwerer zu verdauen.

–Ist dir aufgefallen, dass du deine Stimme gesenkt hast und dein Hals ganz rot wurde, als du *Versager* sagtest?

–Ja, erwidert er und wird noch röter. Ich spüre, wie mir die Hitze vom Hals ins Gesicht steigt. Das ist sicher der Punkt, der mich am meisten verletzt. Ich weiß nicht, ob ich es eines Tages übers Herz bringen werde, den Leuten stolz zu erzählen, dass mein Sohn Kellner ist und sich von seiner Frau aushalten lässt. Glaubst du wirklich, dass ein Vater das akzeptieren kann?

–Aber es verlangt ja gar keiner, dass du stolz auf seinen Kellnerjob sein sollst. Deinen Sohn zu akzeptieren bedeutet lediglich, seine Entscheidungen anzunehmen, auch wenn sie dir nicht entsprechen und du nicht mit ihnen einverstanden bist. Du hast ein Recht auf deine eigene Meinung, wie alle anderen auch. Hast du schon einmal in Erwägung gezogen, dass es sicher auch viele Menschen gibt, die deinen Beruf uninteressant finden? Diese Vielfalt macht die Welt doch erst wirklich interessant …

… Deinen Sohn zu akzeptieren heißt auch anzuerkennen, dass er seine eigenen Erfahrungen machen muss. Erst durch die Folgen seiner Handlungen wird er erkennen können, ob letztere gut für ihn waren und seinen Bedürfnissen entsprechen. Niemand kann ihm seine Entscheidungen abnehmen, nicht einmal seine Eltern, auch wenn sie ihn noch so sehr lieben…

… Als du vorhin vom Versagen sprachst, ist es möglich, dass es dir am schwersten fällt, dass du dich selbst für den Vater eines VERSAGERS hältst, weil dein Sohn nicht Karriere macht und nicht mehr verdient als seine Frau?

Ihm stehen Tränen in den Augen. Er schluckt und scheint schwer zu atmen. Er nickt und fixiert wortlos einen Punkt über mir. Nach einigen Augenblicken atmet er tief durch und antwortet voller Enttäuschung.

–Ich fasse es nicht. Mir wird klar, wie sehr ich meinem Vater vorgeworfen habe, kein guter Vater zu sein, und fürchte nun, mein Sohn könne mir dieselben Vorwürfe machen. Es ist gut, dass ich ihn morgen sehe, weil ich das gern mit ihm abklären möchte. Nach allem, was ich in den letzten Wochen gelernt habe, würde es mich nicht überraschen, dass auch er mich für einen schlechten Vater hält. An seiner Stelle würde ich genauso urteilen, vor allem nach dem, was er mir neulich im Restaurant an den Kopf warf.

–Was willst du jetzt, wo wir das wahre Problem für dich erkannt haben?

–Ich hätte fast geantwortet, dass ich gerne hätte, dass meine Schwiegertochter aufhört zu arbeiten, doch da fiel mir ein, was du uns bei unserem ersten Gespräch erwidert hast. Ich kann mir lediglich Situationen wünschen, die ich selbst beeinflussen kann. Will ich andere kontrollieren, so erzeuge ich dadurch lediglich Erwartungen, die nur zu Enttäuschungen führen können. Was will ich also? Hmm … Ich würde mich gern um meine Angelegenheiten kümmern können, ohne mir Sorgen um das Leben meines Sohns zu machen. Ich würde mich gern wohl mit ihm fühlen, auch wenn er sein ganzes Leben Kellner bleiben will. Puh! Das sage ich so dahin, aber in meinem tiefsten Inneren zweifle ich wirklich, eines Tages dazu fähig zu sein.

– Ich schätze deine Aufrichtigkeit. Zumindest bist du dir deiner augenblicklichen Grenzen bewusst. Auch wenn du heute Zweifel hegst, eines Tages zu erreichen, was du möchtest, ist dir trotzdem klar, wie wichtig es ist herauszufinden, was du wirklich willst?

– Ja, absolut! Ich fühle mich jetzt schon viel besser, weil ich verstehe, warum diese Situation mich so stört, und ich finde es befreiend, es zu wissen. Das allein macht mir schon Hoffnung. Jetzt habe ich ein Ziel und brenne darauf, es anzupeilen.

– Was fühlst du bei dem Gedanken, morgen mit David über unser heutiges Gespräch zu reden und ihm zu sagen, was seine Verheimlichungen in dir ausgelöst haben und was du gern einmal mit ihm erreichen würdest?

– Das macht mir zwar Angst, aber ich weiß, dass ich da durch muss. Ich fühle mich so unwohl bei dem Gedanken, unsere Beziehung könnte nun noch jahrelang so weitergehen. Ich habe diese Treffen satt, bei denen wir über das Wetter und irgendwelche oberflächlichen Dinge reden. Es ist so, als ob wir beide lediglich versuchten, die Zeit zu überbrücken. Mir ist auch aufgefallen, dass seine Besuche immer seltener und kürzer werden. Und wenn er dann da ist, schauen wir beide häufig auf die Uhr. Wie ist es möglich, dass mir das nicht schon viel früher aufgefallen ist? Je mehr ich davon spreche, desto mehr Details fallen mir dazu ein. Ist das normal?

– Aber ja, erwidere ich lächelnd. Was dir da widerfährt, ist absolut normal. Ist es nicht wunderbar, dass dir all das auffällt, bevor es allzu großen Schaden angerichtet hat? Du und dein Sohn habt noch genug Zeit vor euch, um all das beizulegen. Der Umstand, dass du hier bei mir sitzt, ist der Beweis für deine guten Absichten. Wenn du jetzt mit deinem Sohn sprichst, wirst du die Früchte dieser guten Absichten ernten.

– Danke, Lise, dass wir uns so kurz nach unserem letzten Treffen wieder sehen können. Aber ich wollte dir unbedingt von meinem Gespräch mit David erzählen. Außerdem hatte ich die Gelegenheit dazu, mit Michelle zu reden. Ich kann dir gar nicht sagen, wie gut es mir tut, Ordnung in all diese Dinge zu bringen. Ich kann gar nicht mehr nachvollziehen, warum ich solche Angst davor hatte. Aber ich nehme an, viele Männer sind wie ich und haben Angst, von dem zu sprechen, was wirklich in ihnen vorgeht, aber vor allem ihre Gefühle preiszugeben. Wir haben das einfach nie gelernt. Was mich betrifft, so hat man mir eher beigebracht, dass es ein Zeichen von Schwäche ist, Gefühle zu zeigen, und dass Frauen keine schwachen Männer mögen. Stimmst du dem zu?

– Es stimmt schon, dass sensible oder gar weinende Männer erst in der letzten Zeit von der Gesellschaft akzeptiert werden. Aber vielleicht ist dir aufgefallen, dass wir immer mehr weinende Männer in Filmen gezeigt bekommen. Frauen weinen vielleicht öfter als Männer, doch fällt es auch ihnen schwer, sich wirklich zu enthüllen. Auch wenn sie glauben, von ihren Gefühlen zu sprechen, so reden sie in Wirklichkeit doch öfter von ihren Emotionen: Sie klagen, machen Vorwürfe und hoffen, dass die anderen sich ändern. Sie teilen nicht, sondern klagen an. Männer neigen dagegen eher dazu zu verdrängen und schlucken alles hinunter. Oft hören sie gar nicht mehr, was ihre Frau ihnen an den Kopf wirft …

… Die ganze Menschheit sollte lernen, mehr zu empfinden, sich ihrer Gefühle bewusst zu werden, zu entdecken, was sie wirklich will, und dies zum Ausdruck zu bringen, indem sie sich selbst offenbart. Uns allen steht noch ein großes Programm bevor. Aber welches Glück entdecken wir nicht auch auf dem Weg zu dieser neuen Lebensweise! Ich sehe, auch du machst gerade diese Erfahrung. Ist dir aufgefallen, wie deine Augen zu leuchten begonnen haben? Du scheinst viel jünger als bei unserem ersten Treffen. Sogar dein Gang ist leichter. Wie wunderbar und nützlich unser Körper doch ist! Findest du nicht auch? Er ist wirklich der Spiegel unseres Innenlebens.

– Du hast recht, Lise. Ich fühle mich wesentlich besser. Gestern fragte mich mein Chef sogar, ob ich vielleicht im Lotto gewonnen hätte. Er sagte, ich sei nicht mehr derselbe und mache den Eindruck, aufgeregt und glücklich zugleich zu sein. Ich habe ihm geantwortet, dass ich tatsächlich glücklich sei, aber dass das nichts mit Geld zu tun hätte, sondern eher mit meiner Familie. Er warf mir einen eigenartigen Blick zu und wechselte das Thema. Er schien sich nicht recht wohl in seiner Haut zu fühlen, weil er große Probleme mit seinen beiden drogenabhängigen Kindern hat. Aber er will nicht darüber reden …

… Ich habe also David gesehen. Vor drei Tagen lud er mich zu sich nach Hause ein. Michelle arbeitete an diesem Abend und der kleine Nicolas war mit seinem anderen Großvater ins Kino gegangen. Es war ein lauer Abend und wir saßen auf der Terrasse hinter dem Haus. Ich möchte dir unser Gespräch erzählen, als ob es hier stattfände:

– „Weißt du, Papa, unser letztes Treffen hat mich ziemlich aufgewühlt. Ich habe seither viel darüber nachgedacht. Erst danach wurde mir klar, wie viel Mut du aufbringen musstest, um mit mir über all diese Dinge zu sprechen. Ich bin recht überstürzt aufgebrochen. Weißt du warum?

– Weil du meintest, ich sei wütend?

– Nein, nicht wirklich. Vielmehr, weil die ganze Stimmung plötzlich umgeschlagen war. Ich fühlte mich nicht mehr wohl. Es war so, als wäre ich wieder ein kleiner Junge mit seinem Vater. Ich musste mir eingestehen, dass ich unglaubliche Angst davor hatte, dir wehzutun, und dass du mich deshalb nicht mehr mögen könntest. Es hat ein paar Tage gedauert, bis ich das begriffen habe. Ich hätte nie geglaubt, dass ich Angst vor dir hatte. Ich wusste, dass ich dir keine Sorgen bereiten wollte und dass ich dir gegenüber Schuldgefühle hatte, aber diese Angst war mir völlig unbewusst.

– Willst du, dass auch ich dir etwas gestehe, David? Ich hatte auch Angst vor meinem Vater. Ich brauchte sehr lange, um mir einzugestehen, wie sehr ich nach seiner Liebe suchte. Ich nahm eine arrogante Haltung ein, um zu verstecken, wie sehr ich wollte, dass er mir mehr Liebe entgegenbrachte. Jetzt erst verstehe ich, dass ich wollte, dass er mich auf meine Weise liebte. Und du, David, du willst wahrscheinlich auch, dass ich dich anders liebe, nicht wahr?

– Ich fühle mich überhaupt nicht von dir geliebt, vor allem, seit ich meinen Job habe, der dir nicht gefällt. Davor stellte ich mir diese Frage gar nicht. Ich könnte dir nicht sagen, ob ich mich geliebt fühlte oder nicht. Aber ich weiß, dass ich dieses Studium nur abgeschlossen habe, um dir eine Freude zu machen. Daraus schließe ich eigentlich, dass ich kaum das Gefühl haben konnte, von dir geliebt zu werden, wenn ich dieses Studium dir zuliebe gemacht habe. Bei unserem letzten Gespräch dachte ich, dass du wieder auf das Thema meines Berufs zurückkommen wolltest und bekam Angst …

… Als ich das Ganze schließlich überdachte, sagte ich mir, dass es besser wäre, diese Sache ein für alle Mal vom Tisch zu bekommen, indem wir offen darüber redeten, denn auch für mich ist es schwierig, dass unsere Treffen immer so gespannt sind und ich immer nur hoffe, dass sie bald vorbei sind. Ist dir aufgefallen, dass unsere Treffen immer kürzer werden? Sogar Nicolas sagte mir nun schon ein paar Mal, dass er dich nicht mehr viel zu sehen bekäme. Ich hatte ihm geantwortet, dass du sicher viel zu tun hättest. Später erst wurde mir klar, dass ich es offenbar vorzog, meinem Sohn diesen Unfug zu erzählen, als mir die Zeit zu nehmen, mich zu fragen, was eigentlich wirklich los war. Warum können wir nur so schwer miteinander reden? Hast du eine Ahnung?

– Ich bin ganz deiner Meinung, David. Auch mir fällt es schwer, von meinen Gefühlen zu sprechen. Ich bin sehr froh, dass du unser Gespräch von neulich fortsetzen willst. Weißt du, als du mir sagtest, dass du als Jugendlicher fandest, ich hätte keinen Stil, da fühlte ich, wie die Wut in mir hochstieg. Aber ich wollte dich nicht verletzen und hielt mich zurück. Weißt du, was ich da sagen wollte?

– Ja, das war genau der Moment, als die Stimmung umschlug. Da wolltest du mir sicher sagen, dass der Beruf eines Kellners noch weniger Klasse hat als der eines Großeinkäufers. Man sagt, es gebe keinen schlechten Beruf, aber offensichtlich siehst du das nicht so. Sag mir doch bitte ein für alle Mal, warum du diesen Beruf denn so erniedrigend findest? Wenn du essen gehst, bist du doch auch froh, dass es Leute wie mich gibt, die dich bedienen. Ohne all die Menschen, die diese Berufswahl getroffen haben, hättet ihr wohl Probleme in einem Restaurant.

– Weißt du, ich glaube, ich kann dir nicht einmal auf deine Frage antworten. Ich glaube, ich hätte bei allen Berufen, die du gewählt hättest und die nicht meinen Traumberufen entsprechen, ebenso reagiert. Diese Reaktion wurzelt sicher darin, dass ich gern gewollt hätte, dass mein Vater mir ein Studium finanziert. Ich war mir nie klar gewesen, wie böse ich ihm deswegen war, dass das nie geschehen ist. Aber angesichts meiner Reaktion auf deine Berufslaufbahn muss mich das sehr verletzt haben. Ich weiß, dass ich deine Entscheidung wohl erst dann akzeptieren kann, wenn ich mit mir selbst Frieden geschlossen habe.

– Warum mit dir selbst? Du sagst doch, du bist böse auf deinen Vater gewesen. Solltest du da nicht mit ihm Frieden schließen?

– Diesen Schritt habe ich schon vor ein paar Wochen getan. Ich habe verstanden, wie sehr mein Vater nicht so sein wollte wie der seine, und dass er alles in seiner Macht Stehende für mich getan hat. Heute weiß ich, dass er mich geliebt hat. Er war einfach davon überzeugt, dass ich eine bessere Zukunft hätte, wenn ich nicht zur Uni ginge. Für ihn waren alle Anwälte Gauner, und er wollte um jeden Preis vermeiden, dass ich einer davon würde. Ich mache mir heute noch Vorwürfe, dass ich nicht begriffen habe, dass er mich liebte, aber vor allem, dass ich dir dasselbe Los beschert habe. Ich muss also mit mir selbst und nicht mit ihm Frieden schließen. So weit bin ich nun. Aber ich weiß, dass ich das Schlimmste schon hinter mir habe, da ich weiß, was ich will. Scheinbar fällt es den meisten Menschen schwerer, sich selbst zu akzeptieren als die anderen. Auch für mich ist das so, denn sobald ich glaube, dass ich diesen Prozess abgeschlossen habe, taucht wieder etwas auf, das mir zeigt, dass dem keineswegs so ist.

– Wie merkst du das?

– Zuerst musste ich feststellen, welches eigentliche Problem dahintersteckte, dass ich deinen Beruf einfach nicht akzeptieren konnte. Mit Lise Bourbeaus Hilfe habe ich entdeckt, dass es sich dabei um die Zurückweisung und die Ungerechtigkeit handelte, die ich mit meinem Vater erlebt hatte. Solange ich mich also dir gegenüber ungerecht oder zurückweisend fühle, weiß ich, dass ich mich selbst noch nicht ganz akzeptiert habe. Machen wir anderen Vorwürfe, so deutet das nämlich darauf hin, dass wir uns selbst genau dieselben Dinge vorwerfen oder vorwerfen würden, wenn wir so handelten. Ich weiß auch wegen eines anderen Vorfalls, dass ich mich noch nicht selbst akzeptiere. Auch darüber wollte ich heute mit dir sprechen."

Mario vertraut mir an, dass es ihm an dieser Stelle schwerfiel, weiterzusprechen. Er hatte immer noch dieselbe Angst im Bauch vor der Reaktion seines Sohnes. Er musste tief durchatmen und trank einen großen Schluck Bier, bevor er weitersprach.

– „Du meine Güte, Papa. Ist es denn so ernst, was du mir jetzt sagen willst? Du hast ja das halbe Glas in einem Zug ausgetrunken. Ist es wirklich so schlimm?

– Schlimm? Ja, in jenem Moment fand ich es sehr schlimm und war wirklich zornig. Ich merke überdies, dass ich wieder Angst habe, ich könnte dir Vorwürfe machen, und fürchte deine Reaktion. Na ja, ich leg einfach los. Ich habe von einem Außenstehenden erfahren, dass Michelle letztes Jahr ziemlich viel Geld geerbt hat. Kannst du dir vorstellen, wie ein Vater sich fühlt, wenn er eine solche Neuigkeit auf diese Art erfährt? Es ist doch eigenartig, dass wildfremde Leute vor deiner Mutter und mir davon erfahren. Kannst du mir erklären, warum du und Michelle nie davon erzählt habt? Ich hätte geglaubt, dass man eine so gute Nachricht von den Dächern schreit.

– OK, Papa, deshalb brauchst du jetzt doch nicht so zu schreien, dass die ganze Nachbarschaft uns hört. Beruhige dich doch! Du hast schon recht, wütend darüber zu sein. Ich wollte dir seit Monaten davon erzählen, doch wollte Michelle das absolut nicht. Sie meinte, das würde dich nur eifersüchtig machen, weil du nie akzeptieren würdest, dass deine Schwiegertochter reicher als dein Sohn sei. Für dich wäre das keine gute Nachricht. Zuerst gab ich ihr recht, doch nach ein paar Monaten war mir immer weniger wohl dabei – vor allem, als du mich zu fragen anfingst, ob wir uns bestimmte Ausgaben denn wirklich leisten könnten. Ich wollte dir alles erzählen, doch bat Michelle mich immer, noch ein wenig zu warten. Schließlich ist es ihr Geld und ich fühlte mich verpflichtet, auf sie zu hören.

– Da stimme ich dir nicht zu. Wenn du mir wirklich davon hättest erzählen wollen, hättest du mich ja auch bitten können, ihr nichts davon zu sagen. Ich habe eher das Gefühl, dass auch du nicht davon reden wolltest und das jetzt auf deine Frau schiebst.

– Wenn das so ist, Papa, wenn du mir nicht glauben willst, dann sollten wir diese Diskussion vielleicht hier beenden. Ich merke, dass ich langsam wütend werde, und es wäre schade, wenn ich später meine Worte bedauern müsste. Ich finde, dass dieses Gespräch viel zu wichtig ist, um in unsere alten Gewohnheiten zu verfallen. Bist du einverstanden, dass wir hier unterbrechen und nächste Woche weiterreden?

– Donnerwetter, mein Sohn, du wirst ja weise! Da hast du völlig recht. Danke, dass du mich hier in die Schranken weist. Es stimmt, dass ich dir hier einen Vorwurf machen wollte. Ich sehe, dass mir das doch noch recht wehtut. Zuerst dachte ich, dass ich wegen der Heimlichtuerei böse war, entdeckte dann aber, dass es mir tatsächlich gegen den Strich ging, dass Michelle reich ist und trotzdem noch arbeitet, vor allem sie aber dabei mehr verdient als du. Da SCHÄME ich mich für dich. Ich weiß nicht, wie du das ertragen kannst. Wenn ich an deiner Stelle wäre, würde ich wahrscheinlich sieben Tage in der Woche arbeiten, nur um sagen zu können, dass ich genauso viel verdiene wie meine Frau.

– Ist dir klar, Papa, dass das wirklich ein überholter Standpunkt ist? Warum ist es so schwer zu akzeptieren, dass auch Frauen manchmal mehr verdienen können als ihre Männer? Für Michelle und mich ist das absolut in Ordnung. Ich verstehe nicht, wie dir so nebensächliche Details so zu Herzen gehen können. Michelle muss gespürt haben, wie sehr dich das stört. Jetzt verstehe ich auch besser, weshalb sie dir nicht davon erzählen wollte.

– Hat sie wirklich geglaubt, ich würde nie davon erfahren? Hält sie mich denn für einen Idioten?

– Da hat dein Ego eine stattliche Ohrfeige bekommen, nicht wahr? Beruhige dich doch, Papa, du bist ja ganz rot vor Zorn. Im Grunde genommen verstehe ich dich ja. Das ist sicher nicht leicht für dich. Aber glaub mir, dass Michelle dir wirklich nicht wehtun wollte damit. Im Gegenteil, sie wollte eher vermeiden, dass du all diese Emotionen durchmachen musst. Als ich ihr sagte, es sei nun wirklich an der Zeit, dass wir dir und Mama von dem Erbe erzählten, meinte sie, wir sollten noch ein wenig warten, da sicher noch ein besserer Zeitpunkt kommen werde. Jetzt ist mir klar, dass das keine gute Idee war. Aber was willst du? So ist das nun einmal abgelaufen. Es ist IHR Erbe, weshalb ich ihre diesbezügliche Entscheidung auch respektiert habe …

… Du hattest mich vorhin gefragt, warum ich dir das nicht erzählt habe, ohne Michelle etwas davon zu sagen. Das hätte ich nie getan, weil ich sie ja dann belogen hätte. Ich würde meine Frau nie belügen, um anderen eine Freude zu machen. Ich würde nicht mögen, dass sie dasselbe mit mir tut, und so halte auch ich es.

– Gut, David. Jetzt verstehe ich deinen Standpunkt besser. Gib mir nur ein wenig Zeit, all das zu verdauen. Ah, wie gut das tut, endlich normal miteinander sprechen zu können. Findest du nicht auch? Ich bin so froh, diese Sache mit Anna angepackt zu haben. Das hilft uns wirklich sehr. Als sie mir das erste Mal davon erzählte, war ich nicht sonderlich motiviert. Ich glaube, ich hatte Angst, dass unsere Beziehung aus den Fugen geraten würde, wenn sie sich zu sehr damit beschäftigt. Das war einer der Gründe, warum ich zu dem zweiten Gespräch mitgegangen bin. Aber ich muss sagen, ich war schon auch neugierig, weil das erste Treffen mit Lise Bourbeau ihr so gut getan hatte."

Mario blickt mich mit leuchtenden Augen an und scheint noch ganz von dem schönen Gespräch mit seinem Sohn erfüllt zu sein. Ich fühle vor allem, dass er sehr stolz auf sich ist. Er beschreibt, wie ihr Gespräch zu Ende ging, und freut sich, mir erzählen zu können, wie sie sich zum Abschied ganz spontan und problemlos fest umarmt haben.

– Mario, ich freue mich, dass du es so weit mit deinem Sohn gebracht hast. Ist dir aufgefallen, dass du ihm und seiner Frau geholfen hast, sich ihrer eigenen Ängste bewusst zu werden, mehr als andere zu besitzen?

– Ich glaube, da hast du recht. David hat diese Angst zwar nicht erwähnt, aber als wir später am Abend noch bei einem Bier zusammensaßen, kam Michelle heim. Ich packte die Gelegenheit beim Schopf und fasste für sie zusammen, was ich vorher David gesagt hatte, und bat sie um ihre Version der Geschichte. Ich wollte vor allem wissen, warum sie Angst hatte, mir von ihrem Erbe zu erzählen …

… Da gestand sie mir, dass auch ihre Mutter viel Geld beim Tod ihrer kinderlosen Patin geerbt hatte. Die Geschwister dieser Patin waren sehr eifersüchtig gewesen und wollten nicht mehr mit ihrer Mutter reden. Sie waren der Ansicht, sie sollte das Geld in der Familie aufteilen.

Die Beziehung zu ihnen kam nie wieder ins Lot. Michelle kennt kaum ihre eigenen Onkel, Tanten und Cousins. Sie hat sie nicht einmal zu ihrer Hochzeit eingeladen, unter dem Vorwand, sie sei ein Einzelkind und würde gern im kleinsten Kreise nur mit ihren Eltern heiraten. Sie wollte nie davon sprechen und hat die ganze Geschichte verdrängt. Vor ein paar Tagen fielen ihr diese Zusammenhänge auf und sie wollte mit David darüber reden. Sie hatte schon beschlossen, auch uns davon zu erzählen …

… Lise, so langsam wird mir klar, dass es wirklich stimmt, was du neulich zu Anna sagtest, wie sehr die Arbeit an uns selbst unser ganzes Umfeld beeinflusst. Während Anna, mein Sohn und ich dabei waren, diese Situation zu lösen, tat Michelle ihrerseits dasselbe. Kannst du mir erklären, warum wir in derselben Familie so ähnliche Ängste haben?

– Erinnerst du dich daran, dass jemand dieselbe Angst vor dir hat wie du vor ihm? Am besten beginnt man die Arbeit mit dieser Person. In der Folge wird man jedoch feststellen, dass alle Menschen, die mit dir oder dieser Person in Verbindung stehen, an genau denselben Ängsten leiden. Unser Planet wird vom Gesetz der Anziehungskraft bestimmt. So werden auch wir von den Menschen angezogen, die dieselben Probleme wie wir zu regeln haben. Wie du nun auch selbst feststellen konntest, werden auch diejenigen, die sich dieser Ängste gar nicht bewusst sind, zur gleichen Zeit zur Arbeit an ihnen bewegt. Es ist sicherlich die größte Kraft des Akzeptierens, sich auf all unsere Mitmenschen auszuwirken. Weißt du, woher die Angst kommt, mehr oder weniger zu besitzen als die anderen?

– Nach dem, was ich gerade gehört habe, würde ich sagen, sie geht auf den Einfluss unserer Familie zurück und wäre demnach vererbt.

– Nein, nicht wirklich. Wir erben weder Ängste noch Probleme von unseren Eltern. Wir haben uns vor unserer Geburt vielmehr Eltern ausgewählt, die dieselben Dinge in diesem Leben zu regeln haben wie wir. Da wären wir wieder beim Gesetz der Anziehungskraft.

– Auch Michelle hat einmal erwähnt, dass sie der Ansicht ist, dass wir unsere Eltern selbst gewählt haben, aber ich muss gestehen, dass ich mir das nur schwer vorstellen kann. Ich beginne mich gerade erst mit der Idee anzufreunden, dass wir mehrere Leben haben und nicht wirklich sterben. Für mich ist die Vorstellung der Elternwahl nur schwer nachvollziehbar. Wie kannst du dir da so sicher sein? Hast du denn irgendwelche Beweise dafür?

– Ich weiß, dass dieses Prinzip nicht leicht zu akzeptieren ist. Doch fällt uns das leichter, wenn wir das Gesetz der Anziehungskraft wirklich integriert haben und wahres Verantwortungsbewusstsein an den Tag legen können. Lass dir Zeit damit, Mario, dir diese Vorstellungen anzueignen …

… Was die Reinkarnation betrifft, so habe ich keine greifbaren Beweise dafür außer z. B. den Zeugnissen von Menschen, die davon erzählen, ganz unerwartet fremde Länder wiederzuerkennen. Bestimmte Orte, die sie nie zuvor gesehen haben, scheinen ihnen vertraut, und sie beherrschen in kürzester Zeit die ihnen fremde Sprache. Ich kenne eine Frau, die von Geburt an blind war. Mit drei Jahren setze sie sich an ein Klavier und spielte problemlos. Woher kommt diese Erinnerung? Weißt du, Mario, je mehr du lernst, deinen Gefühlen anstatt deinen Emotionen zu vertrauen, desto besser wirst du auch auf deine Eingebung hören können, die dir genau sagt, was wann wahr und richtig für dich ist und was nicht. Du wirst es in deinem tiefsten Inneren einfach wissen. Dann weißt du, dass etwas wahr ist, ohne zu wissen, warum. So weiß auch ich, dass das Leben nie aufhört. Sollte mir jemand eines Tages jedoch ein anderes Konzept vorstellen, das mir dann wahrer erscheint als die Reinkarnation, so würde ich keinen Augenblick zögern, es anzunehmen …

… Glauben heißt, *etwas für wahr erachten.* Die Wahrheit ist nicht nur relativ, sondern anders für jeden von uns. Wir sollten daher immer versuchen, unserem Gefühl zu vertrauen. Fühlst du dich wohl mit einem neuen Konzept, so ist es in diesem Augenblick stimmig für dich. Hast du ein schlechtes Gefühl dabei, so solltest du versuchen festzustellen, ob es aus deinem Herzen kommt. Ist das der Fall, so weißt du, dass es sich hierbei nicht um Angst handelt, sondern dass das Konzept nicht deinen Bedürfnissen entspricht. Hindert dein Ego dich jedoch daran, ein neues Konzept zu integrieren, so lässt du dich von deinen Ängsten lenken. Unser Ich versucht pausenlos, neue Dinge und Vorstellungen zu boykottieren, was uns sehr daran hindert, bestimmte Menschen oder Situationen zu akzeptieren.

– Aber warum sollte unser Ego etwas gegen etwas Neues haben?

–Weil es nur eines will: Es will GENÄHRT werden, um nicht unterzugehen. Die beste Nahrung für das Ich besteht darin, serviert zu bekommen, was es bereits kennt. Deshalb wiederholen wir auch immer wieder dieselben Lebenserfahrungen, auch wenn sie unangenehm sind. Daran nährt sich unser Ich und wird dadurch immer stärker. Wird es jedoch mit neuen Vorstellungen konfrontiert, so fürchtet es, in Frage gestellt zu werden und keine Macht mehr über seinen Ernährer zu haben …

… Hört ihr also auf zu glauben, es sei schlecht, reicher oder ärmer als andere zu sein, so wird euch das helfen, zu euch selbst zu finden, indem ihr euer Ego nicht mehr mit dieser Ansicht nährt. Nur so rückt das Ich immer mehr in den Hintergrund. Frage doch Anna, ob sie diese Ängste nicht auch mit euch dreien teilt. Das ist recht wahrscheinlich, da sie dich als Partner gewählt hat. Kommen wir aber wieder auf die Frage zurück, woher diese Ängste stammen. Das ist ganz einfach: Sie gehen alle auf eure Wunde der Ungerechtigkeit zurück. Alle Überzeugungen sind das Resultat bestimmter Seelenwunden. Weißt du noch, dass wir darüber geredet haben, als wir von deinem Vater sprachen? Je tiefer eine Wunde ist, desto größer sind auch die Überzeugungen, die sie weiterhin aufklaffen lassen. Menschen, die Angst haben, ungerecht zu sein, fürchten – meist ebenso unbewusst – mehr oder weniger als andere zu haben.

–Damit hast du sehr wahrscheinlich recht, denn ich habe auch Anna oft darüber klagen hören, dass dies oder jenes *ungerecht* sei. Ich kann es kaum erwarten, ihr von unserem heutigen Gespräch zu berichten. Zum Schluss möchte ich mich noch einmal ganz herzlich bei dir bedanken, denn ich bin mir sicher, dass die Beziehung zu meinem Sohn und seiner Frau jetzt besser werden wird. Ich habe Michelle sogar gestanden, dass es mir schwerfiel zu akzeptieren, dass sie mehr verdient als David, was sie zum Lachen brachte. Sie antwortete darauf: *„Das habe ich mir schon gedacht. Als du einmal von gut verdienenden Frauen redetest, war mir klar, dass dich das störte. Aber um Himmels willen, was ist denn daran so schlimm?"* Also erzählte ich ihr, was ich auch vorher zu David gesagt hatte, und ich fühlte, dass sie sich aufrichtig über diesen Austausch freute. Sie sah mich an, als sähe sie mich zum ersten Mal. Als ich mich dann verabschiedete, nahmen mich die beiden in die Arme, und ich spürte, dass auch sie sehr erleichtert waren, dass nun alles klar zwischen uns ist. Ich brauche dir nicht zu sagen, wie froh ich darüber bin. Was für eine Befreiung!

Was wir uns hier merken sollten

- Seit dem Beginn des Wassermannzeitalters messen viele Paare der Rolle von Mann und Frau einen völlig anderen Stellenwert bei, als das bisher der Fall war. Es ist ihnen egal, wer welche Aufgabe hat oder mehr verdient, solange sie glücklich dabei sind und ihre Grenzen und Fähigkeiten respektieren.
- Akzeptieren heißt, die Entscheidungen anderer zu bejahen, auch wenn sie uns nicht entsprechen oder uns sogar missfallen. Das hindert uns nicht daran, unsere Meinungen oder Vorlieben beizubehalten. Es bedeutet außerdem anzuerkennen, dass der andere seine eigenen Erfahrungen machen muss, da er erst anhand der Folgen sehen kann, ob Erstere ihm und seinen Bedürfnissen entsprechen.
- Wir sollten uns keine Dinge wünschen, die nicht in unserer Macht stehen. Wollen wir andere kontrollieren, so hegen wir Erwartungen, die oft zu Enttäuschungen führen.
- Es ist wichtig, das wahre Problem hinter dem Problem zu erkennen. Es hat oft gar nichts mit der aktuellen Situation zu tun. Haben wir es entdeckt, müssen wir entscheiden, was wir wirklich wollen.
- Frauen haben ebenso große Probleme wie Männer, ihre wahren Gefühle zu offenbaren. Während Männer sich eher verschließen, meinen Frauen oft, ihre Gefühle preiszugeben, wenn sie sich beschweren oder anderen Vorwürfe machen. Hier teilen sie jedoch nicht im Geringsten, sondern klagen den anderen lediglich an.
- Ein wunderbares Geschenk unseres Körpers ist die Fähigkeit, unser Innenleben widerzuspiegeln.
- Für die meisten Menschen ist es schwerer, sich selbst zu akzeptieren als andere.
- Machen wir anderen Vorwürfe, so deutet das darauf hin, dass wir uns selbst genau dieselben Dinge vorwerfen oder vorwerfen würden, wenn wir so handelten.
- Arbeiten wir daran, Dinge zu akzeptieren, so hat dies direkte Auswirkungen auf unsere Nächsten, die von ihnen betroffen sind.

- Unser Planet wird vom Gesetz der Anziehungskraft bestimmt. So werden auch wir von den Menschen angezogen, die dieselben Wunden, Überzeugungen und Ängste wie wir haben. Nach diesem Gesetz haben wir vor unserer Geburt auch unsere Eltern ausgewählt, da sie dieselben Dinge in diesem Leben zu regeln haben wie wir. Wir haben also weder unsere Ängste, noch unsere Überzeugungen von ihnen geerbt.

- Glauben heißt, *etwas für wahr erachten.* Die Wahrheit ist relativ und anders für jeden von uns. Wir sollten daher immer versuchen, unserem Gefühl zu vertrauen. Fühlen wir uns wohl mit einem neuen Konzept, so ist es in diesem Augenblick stimmig für uns. Haben wir ein schlechtes Gefühl dabei, so sollten wir versuchen festzustellen, ob es aus unserem Herzen kommt. Ist das der Fall, so wissen wir, dass es sich hierbei nicht um Angst handelt, sondern dass das Konzept nicht unseren Bedürfnissen entspricht. Hindert unser Ich uns jedoch daran, ein neues Konzept zu integrieren, so lassen wir uns von unseren Ängsten lenken.

- Unser Ich will nicht, dass wir uns neuen Dingen öffnen, da es nur eines will: GENÄHRT werden, um nicht unterzugehen. Die beste Nahrung für das Ich besteht darin, serviert zu bekommen, was es bereits kennt. Deshalb wiederholen wir auch immer wieder dieselben Lebenserfahrungen, auch wenn sie unangenehm sind. Daran nährt sich unser Ich und wird dadurch immer stärker. Wird es jedoch mit neuen Vorstellungen konfrontiert, so fürchtet es, in Frage gestellt zu werden und keine Macht mehr über seinen Ernährer zu haben.

- Menschen, die an der Seelenwunde der Ungerechtigkeit leiden, fürchten – meist ebenso unbewusst – mehr oder weniger als andere zu haben.

6. Kapitel

Verlust akzeptieren

Mario hat mich letzte Woche angerufen, um mich zu bitten, seiner Exfrau Rita, Davids Mutter, einen Termin zu geben. Er erzählt, dass sie immer vergrämter werde, da sie nie über die verschiedenen Verluste ihres Lebens hinweggekommen sei. Er würde ihr zwar gerne helfen, doch wie er sagt, sperrt sie sich gegen ihn und alle anderen, die sie für glücklich hält.

Ich sehe sie heute zum ersten Mal.

– Guten Tag, Frau Bourbeau. Ich bin auf Marios Empfehlung hier, doch möchte ich gleich vorausschicken, dass ich mir keineswegs sicher bin, ob Sie mir helfen können. Mein Leben ist eine Folge von Unglücksfällen, und ich frage mich oft, was ich Gott bloß angetan haben mag, dass er mich so behandelt. Ich telefoniere nur sehr selten mit Mario, da ich am Ende unserer Gespräche immer heule oder aber wütend werde. Dann legt er einfach auf. Er scheint nicht zu verstehen, was ich durchmache, und will mich immer von irgendwas überzeugen. Ich habe ihn letzte Woche zufällig in einem Café getroffen, in dem ich meine Mittagspause machen wollte. Er saß allein an der Theke und hatte fast fertig gegessen. Ich setzte mich neben ihn und war von seiner Haltung überrascht. Er war irgendwie sanfter als sonst und unterbrach mich nicht ständig. Schließlich sagte er, dass er nicht glaube, mir mit meinen Problemen helfen zu können, dass er da jedoch jemanden kenne. Ich kann nicht sagen, was genau passierte, doch machte er einen so ausgeglichenen und enthusiastischen Eindruck, als er von seiner Arbeit an sich selbst sprach, dass ich Lust hatte, seinem Vorschlag zu folgen. Da bin ich nun!

Ich erkläre ihr kurz meine Arbeit und erwähne dabei, dass ich nur Menschen helfen kann, die sich wirklich selbst helfen wollen und dazu entschlossen sind, ihr Leben zu verbessern. Auf meine Frage, ob sie dazu heute bereit sei, antwortet sie bissig:

– Was glauben Sie denn, wozu ich hier bin? Ist das nicht Beweis genug, dass ich mein Leben ändern will?

– Nein, antworte ich. Viele machen Therapien, weil sie ein offenes Ohr brauchen, ohne sich wirklich selbst in die Hand nehmen zu wollen. Sie hoffen ständig, dass die anderen sich ändern, weil sie meinen, es ginge ihnen dann besser. Ich bin jedoch davon überzeugt, dass das unmöglich ist. Unser Umfeld kann sich uns gegenüber nur dann ändern, wenn etwas in uns sich gewandelt hat. Bevor das jedoch geschehen kann, ist es unumgänglich, dass wir uns unserer abträglichen Haltungen bewusst werden. Meine Rolle dabei ist, Menschen zu helfen, ihr Bewusstsein zu öffnen. Dazu muss ich das Gefühl haben, dass sie das auch wirklich wollen.

– Was muss ich tun, um Ihnen zu beweisen, dass ich mein Leben ändern will?

– Ich habe da einen kleinen Test für dich. Zuvor möchte ich jedoch erwähnen, dass ich gewöhnt bin, die Leute zu duzen. Sag mir, wenn dir das unangenehm sein sollte, und wir bleiben beim Sie. Du kannst mich natürlich ebenso duzen. Bevor wir mit unserer gemeinsamen Arbeit beginnen, möchte ich, dass du mein erstes Buch liest, und das in der nächsten Woche. Dem Formular, das du mit meiner Sekretärin ausgefüllt hast, entnehme ich, dass du noch an keinem Vortrag oder Seminar bei uns teilgenommen hast und auch noch keines meiner Bücher gelesen hast. Es wäre aber sehr wichtig, dass du zumindest *Höre auf deinen Körper* liest, um zu sehen, ob mein Ansatz dir entspricht und ob du wirklich Lust hast, mit mir zu arbeiten. Bist du einverstanden?

– Ein Buch in einer Woche? Sie kommen ja rasch zur Sache! Das habe ich noch nie getan. Wissen Sie, ich weiß nicht, wie ich mich morgen fühlen werde. Mir ist morgens oft übel. Ich kann wegen meiner schlechten Gesundheit nicht einmal mehr arbeiten gehen ... Gut, ich werde es versuchen, wenn das eine Bedingung ist, doch möchte ich nichts versprechen.

–Du musst mir nichts versprechen, sondern einzig und allein dir selbst. So wirst du sehen, wie sehr du dazu entschlossen bist, dein Leben zu verbessern. Manche lesen dieses kleine Buch an einem Tag. Wenn du wirklich willst, kannst du das sicher in einer Woche. Wir sehen uns also nächste Woche, OK?

Rita kommt mit einem viel energischeren Schritt als letzte Woche in mein Büro. Das ist ein gutes Zeichen.

–Hallo, Lise. Jetzt, wo ich dein Buch gelesen habe, fällt es mir auch leichter, dich zu duzen. Ich hatte dabei das Gefühl, du würdest dich direkt an mich wenden. Weißt du, wie lange ich gebraucht habe, um es zu lesen? Drei Tage! Ich konnte es selbst nicht fassen. Ich habe ein paar Kapitel sogar noch einmal gelesen, um die Übungen am Ende zu machen, auch wenn sie mir nicht so ganz gelungen sind. Ich glaube, ich bräuchte schon etwas Hilfe, um diese Arbeit zu vervollständigen. Aber ich bin wirklich froh, heute hier sein zu können, denn nach der Lektüre deines Buches brenne ich darauf, mit dir zu arbeiten. Du hattest recht mit dieser Bedingung, da ich deinen Ansatz jetzt viel besser verstehe. Vor allem die Einfachheit der Lösungen hat mir gefallen.

–Toll, Rita, das ist ja schon einmal ein guter Start! Ich bin bereit, mir anzuhören, was du in deinem Leben ändern willst. Was sind all die Verluste, von denen Mario mir da erzählt hat, und inwiefern bereiten sie dir Probleme?

–Du kannst dir gar nicht vorstellen, Lise, wie viel Pech ich in den letzten Jahren hatte. Mein Leben war nie leicht gewesen, doch ist es noch schlimmer, seit Mario mich verlassen hat. Und wenn es kein Gesundheitsproblem ist, dann ein Problem in der Arbeit oder Beziehung. Kurz gesagt, nichts läuft, wie ich es gern hätte! Ich habe nur einen Sohn, und der findet alle möglichen Ausreden, um mich nicht zu besuchen. Ich habe mich so darauf gefreut, Großmutter zu werden, aber bekomme meinen Enkel nur so selten zu sehen. Ich sage ja nicht, dass mein Sohn daran schuld ist. Meistens bin ich einfach zu müde, um sie besuchen zu fahren. Als Nicolas noch ein Baby war, fragte mich meine Schwiegertochter ein paar Mal, ob ich auf ihn aufpassen wollte. Meistens lehnte ich ab. Ich fand zahlreiche Ausreden, doch in Wirklichkeit finde ich es sehr anstrengend, sich um so kleine Kinder zu kümmern. Ich kümmere mich lieber um größere Kinder, wenn sie schon etwas selbständiger sind und man sie nicht mehr ständig überwachen muss. Ich fühle mich ungeschickt mit Säuglingen. Zu Beginn unserer Ehe wollte ich immer eine Tochter, doch ging dieser Wunsch nie in Erfüllung. Meine Schwester sagt immer, dass sie einen Gott für sich allein haben muss, da sie so viel Glück hat. Bei mir ist das genau umgekehrt. Ich weiß wirklich nicht, was ich Gott angetan habe, dass ich so ein Leben führen muss. Das ist sehr ungerecht. Wenn du meine Meinung wissen willst …

– Es tut mir leid, dich unterbrechen zu müssen, Rita, aber du erzählst hier von den verschiedensten Dingen, und es ist mir unmöglich, dir zu helfen, wenn ich nicht weiß, in welche Richtung das gehen soll. Du scheinst Probleme mit deiner Gesundheit, deinem Beruf, deiner Beziehung und deinem Sohn zu haben. Welches willst du zuerst anpacken? Weißt du, sehr oft lassen sich die Methoden für die Lösung eines Problems auch auf andere anwenden. Wir werden hier nicht alles auf einmal lösen können.

Ich sehe sie zögern und mit dem Blick auf die Decke gerichtet überlegen.

– Versuche doch, die Augen zu schließen, das wird dir helfen, in dich zu gehen. Ja, so ist es besser. Jetzt suche in deinem Herzen, was dir die größten Schmerzen bereitet. Betrachte jedes deiner Probleme und jede dieser Personen vor deinem inneren Auge. Versuche zu beurteilen, was hier am meisten wehtut.

– Ich hab's! Am meisten schmerzt mich die Trennung von Mario. Die habe ich immer noch nicht akzeptiert. Als er mir sagte, dass er mich verlassen würde, meinte ich zu sterben. Ich war wirklich nicht darauf vorbereitet gewesen. Da er viel auf Geschäftsreisen war, war es mir nie in den Sinn gekommen, er könne mich betrügen. Als ich es dann wusste, erinnerte ich mich wieder an viele Kleinigkeiten, die ich als Zeichen hätte erkennen können. Ich nehme an, dass das auch anderen Frauen in vergleichbaren Situationen so geht. Aber als ich noch mein Geschäft hatte, hatte ich eine Angestellte, bei der es genau umgekehrt war: Sie verdächtigte pausenlos ihren Mann, spionierte ihm ständig nach und heuerte sogar einen Detektiv an, nur um schließlich festzustellen, dass sie sich alles nur eingebildet hatte. Warum können wir Frauen die Dinge nicht so sehen, wie sie wirklich sind? Ich habe den Eindruck, dass Männer da realitätsbezogener sind. Bist du auch dieser Meinung?

–Manche Männer, aber auch Frauen stehen mit beiden Füßen in der Wirklichkeit, andere nicht. Aber es ist auch völlig normal und menschlich, die Realität nicht sehen zu wollen, wenn wir leiden. Ich habe ein weiteres Buch über die Wunden der Seele geschrieben, das dir helfen könnte zu verstehen, was uns daran hindert, realistisch zu sein. Aber kommen wir wieder auf das Problem zurück, das du heute besprechen wolltest: deine Schwierigkeit, die Trennung von Mario zu akzeptieren. Wem hast du in jenem Moment Vorwürfe gemacht, ihm oder dir selbst?

–Was für eine Frage! Natürlich ihm! Warum sollte ich mir denn Vorwürfe machen, weil er mich betrogen hat?

–Du wärest wahrscheinlich überrascht zu hören, wie viele Leute sich selbst die Schuld geben, wenn ihr Partner sie verlässt. Das gilt für Frauen ebenso wie für Männer. Du wirst später verstehen, warum ich diese Information benötige. Sag mir also, was du Mario damals vorgeworfen hast.

–Ich schimpfte ihn einen Feigling, Lügner und Heuchler. Stell dir doch vor, er ging schon seit Monaten mit einer anderen Frau und tat zu Hause so, als wäre alles beim Alten.

–Wie hast du diese Situation erlebt? Was hast du empfunden, als das passiert ist – außer dem Gefühl, sterben zu müssen?

–Zuerst wollte ich es einfach nicht wahrhaben. Ich wollte wissen, ob seine Entscheidung wirklich feststand und ob diese Beziehung tatsächlich ernst war. Da gestand er mir, dass sie schwanger von ihm war. Mir war sofort klar, dass sie ihn manipuliert hatte, und das sagte ich ihm auch. Da wurde er wütend und meinte, dass mich das nichts angehe. Wenn er sich wirklich übers Ohr hauen lasse, so würde er damit zu leben wissen. *„Und ich? Mich betrifft das wohl nicht? Eine Abstauberin schnappt mir meinen Mann weg und ich soll den Mund halten?"* setzte ich ihm entgegen, bevor ich in Tränen ausbrach, die ich nicht mehr beherrschen konnte. Schließlich sagte ich ihm: *„Du hättest mich vielleicht darauf vorbereiten können, anstatt mir das Ganze so brutal an den Kopf zu werfen!"* Ich fand seine Haltung aber nicht nur brutal, sondern inakzeptabel und herzlos. Er versuchte mir zu erklären, dass er kein Spezialist für solche Situationen sei und dass es keinen Sinn hätte, hier große Krisen zu veranstalten. Er habe meine Wutausbrüche ohnehin schon lange satt.

– Du hast ihm also vorgeworfen, ein Feigling, Lügner, Heuchler, brutal und herzlos zu sein. Aber ich weiß noch immer nicht, wie du dich in dieser Situation gefühlt hast. Du erzählst mir, was passiert ist und was du dir gedacht, aber nicht, was du dabei empfunden hast. Kannst du mir das sagen?

Sie zögert, seufzt einige Male, starrt auf ihre Schuhe und erzählt schließlich im Tonfall eines kleinen Mädchens:

– Ich fühlte mich völlig verloren. Ich hatte panische Angst davor, plötzlich ganz allein dazustehen. Es war, als hätte ich den Boden unter den Füßen verloren und würde in einen endlosen Schlund fallen, ohne jemanden zu haben, der mich da auffangen oder herausholen konnte. Ich fühlte mich allein und verlassen. Weißt du was? Mir wird gerade klar, dass meine Mutter sich genauso gefühlt haben muss, als Papa sie verlassen hat. Ich war damals sechzehn und wusste, dass mein Vater sie betrog. Als er ging, sagte ich zu meiner Mutter, dass es Zeit wäre, an sich selbst zu denken und aufzuhören, sich von meinem Vater übers Ohr hauen zu lassen. Ich hielt es nicht mehr aus, sie so völlig niedergeschlagen zu sehen, als wäre ihr Leben zu Ende. Mir fiel auf, dass sie plötzlich unheimlich schnell alterte. Nachdem ich mehrmals vergeblich versucht hatte, sie dazu zu bringen, sich wieder in den Griff zu bekommen, hörte ich auf, mich um sie zu kümmern, da es mir viel zu wehtat zu sehen, wie verzweifelt sie versuchte, sich an meinen Vater zu klammern. Meine fünf Jahre ältere Schwester war schon zu ihrem Freund gezogen. Sie sagte, sie würde nie so sein wie Mama und riet mir, mir nicht so viele Sorgen um sie zu machen, sondern mein eigenes Leben zu leben …

… Auch ich glaubte nicht, wie meine Mutter zu sein. Ich war so froh, einen Mann gefunden zu haben, der meinem Vater scheinbar in nichts ähnelte. Wie konnte ich nur so blind sein? Ich habe dasselbe durchgemacht wie sie. Seit Mario weg ist, habe auch ich meine Lebensfreude nicht mehr wiedergefunden.

– Bravo! Du hast hier Zusammenhänge entdeckt, die dir sehr helfen werden. Sag mir, Rita: Ist es möglich, dass du deinem Vater dieselben Vorwürfe wie Mario gemacht hast, d. h., dass er ein Feigling, Lügner und Heuchler war und herzlos und brutal mit deiner Mutter redete?

– Um Himmels willen, ja! Ich hatte das vielleicht nicht so in Worte gefasst, doch war ich ihm immer böse für all das Leid, das er meiner Mutter zugefügt hat. Ja, mein Vater war genau das: ein Feigling, Lügner, Heuchler, herzlos und sehr brutal – auch zu mir.

– Jetzt wissen wir, dass deine Erfahrungen mit Mario darauf zurückgehen, dass du noch nicht mit deinem Vater Frieden geschlossen hast. Was du mit deiner Mutter erlebt hast, ist wieder etwas anderes. Ihr Verhalten entspricht dem der Opferrolle. Solche Menschen beklagen sich ständig, meinen, immer Pech zu haben, das Unglück regelrecht anzuziehen, und finden einfach nicht den Weg aus diesem Teufelskreis. Siehst du jetzt, dass auch du in einer solchen Opferrolle steckst?

– Ja, das muss ich mir wohl oder übel eingestehen, auch wenn mir das wirklich nicht gefällt. Außerdem kritisiere ich oft Leute, die über alles jammern. Ich sage immer, sie klagen mit vollem Bauch, und denke mir, sie dürften sich erst dann über ihr Schicksal beschweren, wenn sie so unglücklich wären wie ich. Wie ist es möglich, dass mir noch nie aufgefallen ist, dass ich mich beklage? Ich hatte immer das Gefühl, lediglich meine Wirklichkeit zu beschreiben, nicht aber darüber zu jammern.

– Sei nicht allzu hart mit dir selbst. Menschen in der Opferrolle leiden alle unter der Wunde des Verlassenwerdens. Du hast selbst gesagt, dass dein Leben schwieriger geworden ist, seit Mario dich verlassen hat. Deine Wunde des Verlassenwerdens brach in dieser Situation wieder auf und ist seitdem leider nicht mehr verheilt. Aber ich möchte mich heute nicht allzu lange bei den Seelenwunden aufhalten, sondern vielmehr am wahren Problem arbeiten und herausfinden, was du wirklich in deinem Leben willst …

… Du hast also gerade festgestellt, dass du in derselben Opferrolle steckst wie deine Mutter, was dir bisher noch nie aufgefallen war. Um herauszufinden, was du wirklich statt einem Opfer sein willst, werde ich dir jetzt ein paar Fragen stellen. Welche neuen Probleme sind aufgetaucht, seit du von Mario getrennt bist?

– Ich kann nicht mehr allein sein. Ich werde mich nie daran gewöhnen können. David blieb nach der Trennung bei mir, doch auch er hat mich nun verlassen. Er ging aus dem Haus, als er sein Studium begann. Er wohnte mit ein paar Freunden zusammen und war so mit seinem Studium und einem Wochenendjob beschäftigt, dass ich ihn nicht mehr oft sah. Sein Vater hat ihm zwar das Studium, nicht aber seinen Lebensunterhalt bezahlt. Dafür kam er also selbst mit dieser Arbeit auf. Darauf war ich sehr stolz und sagte mir, dass er wenigstens nicht so wie sein Vater werden würde. Nachdem, was ich jetzt entdeckt habe, hoffe ich, dass er nicht wie sein Vater und Großvater wird. Jetzt habe ich noch eine Sorge mehr. Glaubst du, dass es ein Leben ohne Sorgen gibt? Meine Schwester ist davon überzeugt. Sie ist die Einzige, die nie über etwas klagt.

– Es ist utopisch zu glauben, es gebe Menschen ohne Probleme. Doch unterscheidet sie die Art und Weise, wie sie auf Schwierigkeiten reagieren, mit denen sie das Leben konfrontiert. Ich kann jetzt nicht im Detail auf deine Schwester eingehen, da ich sie nicht kenne, doch ist es durchaus möglich, dass sie sich so sehr bemüht, nicht wie deine Mutter zu sein, dass sie all ihre Probleme einfach verdrängt. Jede einzelne Schwierigkeit in unserem Leben ist aber notwendig, um uns selbst zu entdecken und zu stärken. Es ist durchaus möglich, Problemen auch mit innerem Frieden zu begegnen. Dazu müssen wir jedoch genau beobachten, was in uns vorgeht. Leugnen wir das Problem, so verdrängen wir es nur. Es ist deshalb aber noch nicht vom Tisch. Im Gegenteil, wir nähren es nun unbewusst, indem wir uns weigern, uns damit zu identifizieren. Eines Tages explodiert es dann. Vielleicht ist deine Schwester aber auch wirklich eine gute Beobachterin. Wer weiß? Ein paar gezielte Fragen würden uns darüber schnell Aufschluss geben. Sprechen wir jetzt aber von dir und deinen Wünschen. Wir wissen jetzt, dass deine größte Schwierigkeit darin besteht, dich allein zu fühlen. Was willst du dann?

– Das liegt doch auf der Hand. Ich will NICHT MEHR ALLEIN SEIN. Ich möchte einen Mann kennenlernen, dem ich voll und ganz vertrauen kann. Ich bin doch noch in der Blüte meiner Jahre. Ich bin jetzt achtundvierzig und habe das Gefühl, mir bleibt noch genug Zeit für ein neues Leben. Nach der Trennung ging ich öfter mit einer Freundin tanzen und lernte ein paar Männer kennen. Man stellte mir auch bei anderen Gelegenheiten Männer vor, doch kam es nie zu einer dauerhaften Beziehung. Ich glaube, ich hatte zu große Angst, es könnte wieder so enden wie mit Mario. Manchmal machte ich als Erste Schluss, manchmal war es umgekehrt. Jetzt habe ich nicht einmal mehr Lust auszugehen, um jemanden kennenzulernen. Ich hätte gern, dass man mich suchen kommt. Du wirst mich eine Träumerin nennen, aber das ist nun einmal so. Ich würde gern mit einem Mann zusammenleben, doch möchte ich mich nicht mehr dafür anstrengen. Ist das einfach so, wenn man älter wird? Bin ich vielleicht wie meine Mutter und altere jetzt so schnell wie sie? Nein, dagegen muss ich etwas unternehmen. Ich will mein Leben nicht so beenden wie meine Mutter, die vor zwei Jahren gestorben ist und immer so unglücklich zu sein schien.

– Ich muss dich unterbrechen, da du nicht auf meine Frage antwortest. Du sagst mir, was du nicht willst, aber nicht, was du willst. Das ist nicht schlimm und geht vielen so. Ihre Wünsche basieren auf all dem, was sie nicht wollen, d. h. auf ihren Ängsten. Deswegen hängen deine Wünsche auch von anderen ab. Ein wahres ICH WILL sollte einzig und allein von dir selbst abhängen. Möchtest du, dass ich dir helfe? Du kannst in dieser Situation mehr als eine Sache wollen. Du könntest dir wünschen, dich auch dann wohl zu fühlen, wenn du allein bist, oder Männern wieder vertrauen zu können. Vielleicht willst du auch lieber die guten Seiten der Dinge sehen lernen, anstatt immer in die Opferrolle zu schlüpfen. Du könntest eine faszinierende Tätigkeit finden wollen, die dir wieder deine Lebensfreude zurückgibt. Das sind nun nur vier Möglichkeiten, aber es gibt wohl zahlreiche weitere. Hilft dir das, dir deiner Wünsche bewusst zu werden? Nichts kann sich in deinem Leben ändern, wenn du keine Entscheidung triffst und nicht entschlossen sagst: *DAS WILL ICH.*

– Ich bin es nicht gewöhnt, die Dinge so zu sehen. Ich fühle mich schon allein vom Zuhören besser und voller Energie. Ich hätte mir nie gedacht, dass das so gehen könnte. Im Grunde genommen ist das genau, was ich mit meiner Mutter machen wollte: ihr helfen, etwas zu finden, was sie glücklicher hätte machen können. Ich denke, sie war in etwa wie ich in meiner Situation. Wir waren beide so beschäftigt, nur das zu sehen, was wir nicht wollten, und uns zu weigern, das Geschehene zu akzeptieren, dass wir die Dinge gar nicht anders sehen konnten. In deiner Liste würde mir am meisten gefallen, auch allein glücklich sein zu können, aber das scheint mir unmöglich. Ich hätte aber vor allem Angst, bis ans Ende meines Lebens allein zu bleiben.

– Hörst du, was du da sagst? Wenn du dich allein wohl fühlst, was macht es dann, wenn du keinen Partner finden solltest? Natürlich denkst du jetzt noch so, weil es dir schlecht geht, wenn du allein bist. Erinnerst du dich, was in meinem Buch zum Loslassen steht?

– Ja. Du schreibst, dass es uns oft hilft, Altes loszulassen, um unsere Wünsche wahr werden zu lassen. Willst du damit sagen, dass ich einen Partner finden könnte, wenn ich aufhöre, nach einem zu suchen? Das scheint mir ziemlich unwahrscheinlich. Das wäre so, als ob ich vorgäbe, dass es mir völlig egal ist, einen Partner zu haben oder nicht. Ich dachte, wenn man etwas will, dann muss man ständig daran denken.

– Etwas **loslassen** heißt nicht, es **nicht mehr zu wollen.** Es bedeutet vielmehr, **sich auch dann wohl fühlen zu können, wenn das erhoffte Ergebnis nicht eintritt,** d. h. sich völlig Gott anzuvertrauen, der genau weiß, was wir brauchen. Du teilst ihm deinen Wunsch mit – in deinem Fall wäre das dein Wunsch nach einem Partner – und versuchst dann dein Leben so glücklich wie möglich zu leben. Du vertraust dem Universum, weil du weißt, dass es eintreten wird, wenn es wirklich deinen Bedürfnissen entspricht. Überzeuge dich, dass dein Handeln von deinen Wünschen und nicht von deinen Ängsten gelenkt wird. Lässt du wirklich los, so hängt deine Lebensfreude nicht mehr von der Erfüllung deiner Wünsche ab. Vergiss nicht, dass diese von unseren Erinnerungen, unseren Emotionen und Gedanken abhängen, während unsere wahren Bedürfnisse dem Plan unseres Lebens entsprechen. Es handelt sich dabei ja um all die Dinge, die unsere Seele erleben und lernen muss.

– Und wie lässt man los?

– Der schnellste und einfachste Weg ist das Akzeptieren. In deinem Fall solltest du zuerst Frieden mit deinen Eltern schließen, da die Probleme, die du seit deiner Scheidung erlebst, in direktem Zusammenhang zu Wunden zu stehen scheinen, die noch auf deine Beziehung zu deinem Vater und deiner Mutter zurückgehen.

–Aber wie soll ich denn mit ihnen Frieden schließen? Meine Mutter ist schon tot, und ich weiß nicht einmal, ob mein Vater noch lebt. Meine Schwester und ich haben ihn nach der Trennung nur ein paar Mal gesehen, aber das war immer sehr eigenartig. Als ich ihn das letzte Mal sah, erzählte er mir, er würde nach Ontario ziehen, da er da eine Frau kennengelernt hätte. Seitdem haben wir nicht mehr von ihm gehört. Ich war damals zwanzig. Wie soll ich also mit meinen Eltern Frieden schließen?

–Das kann in Form von Entspannungen geschehen. Dazu nimmst du dir Zeit, deinen Körper zu entkrampfen – du kannst das sogar in der Badewanne tun. Du schließt die Augen und stellst dir vor, deine Eltern seien anwesend. Dabei solltest du dir immer nur einen von beiden vorstellen, da du mit jedem andere Dinge zu regeln hast, die zwei verschiedene Seelenwunden betreffen.

Ich gebe ihr das Blatt mit den sieben Schritten der Versöhnung am Ende des Buches und erkläre ihr, wie sie vorgehen muss.

–Vielleicht fällt dir der Schritt schwer, bei dem du dich daran erinnern sollst, dass dein Vater dir dieselben Vorwürfe gemacht hat wie du ihm. Du erinnerst dich, dass du ihn einen Feigling, Lügner, Heuchler, herzlos und brutal genannt hast. Wie du in meinem Buch gelesen hast, dienen alle Ereignisse mit anderen Menschen dazu, uns zu zeigen, dass wir uns genau derselben Dinge anklagen, ohne uns dessen jedoch bewusst sein zu wollen. Wenn wir anderen also etwas vorwerfen, so werfen sie, aber auch wir selbst uns umgekehrt genau dasselbe vor. Nimm dir also Zeit für jeden dieser Schritte.

Ich schlage ihr einen Termin zwei Wochen später vor, um zu sehen, was sie nach dieser Übung erlebt hat.

–Ich bin zufrieden mit unserem Treffen, doch weiß ich nicht, ob mir all das gelingen wird. Diese Art von Arbeit ist mir völlig neu. Aber ich will es gern versuchen. Es wird mir immer klarer, dass ich wirklich will, dass sich etwas in meinem Leben ändert. Du scheinst so überzeugt davon zu sein, dass deine Versöhnungsmethode funktioniert, dass mir das Mut macht, sie auszuprobieren. Könnten wir bei unserem nächsten Treffen auch noch über ein anderes Thema sprechen, das mir sehr am Herzen liegt? Mein Geschäft ging vor sieben Jahren in Konkurs. Seitdem habe ich Geldprobleme.

– Ja, natürlich. Dann könntest du vielleicht davor auch noch einmal das Kapitel lesen, in dem ich genauer auf das Verhalten von Menschen in der Opferrolle eingehe. Das würde unser Gespräch über dieses Thema erleichtern. Wenn du außerdem mein Buch *Heile die Wunden deiner Seele* lesen könntest, so würde dir das ermöglichen, einige Ereignisse in deinem Leben besser zu verstehen.

– In Ordnung, aber ich muss dir gestehen, dass es mir immer noch schwerfällt zu akzeptieren, wenn du sagst, ich handle wie ein Opfer. Ich habe eher den Eindruck, Opfer der Handlungen anderer in meinem Leben gewesen zu sein, was ja nicht mein Fehler ist … Na ja, es ist Zeit zu gehen. Ich werde tun, was du mir vorgeschlagen hast: Ich werde die Bücher lesen, damit wir dann darüber reden können. Ich habe heute schon viel von deiner Zeit in Anspruch genommen und danke dir dafür.

Heute sitze ich wieder mit Rita in meinem Büro. Sie macht einen traurigen Eindruck.

– Du scheinst heute nicht gut in Form zu sein. Willst du mir erzählen, warum?

– Ich habe getan, was du mir geraten hast. Ich habe es mir auf meinem Lieblingssofa bequem gemacht, und es bereitete mir keinerlei Schwierigkeiten, mir meine Mutter vorzustellen. Mir fiel auf, dass sie nicht so alt war wie bei ihrem Tod, sondern in etwa in meinem jetzigen Alter. Ich hatte ein richtig gutes Gespräch mit ihr. Sie gestand mir, dass auch sie sehr darunter gelitten hatte, ihre eigene Mutter so traurig zu sehen. Uns beiden war klar, dass wir dasselbe erlebten, weil wir ganz offensichtlich keinen anderen Weg kannten. Ich hatte zuvor das Kapitel über die Opfer gelesen, was mir sehr half, mein Verhalten sowie das meiner Mutter zu verstehen. Am Ende haben wir uns umarmt. Ich war so glücklich nach dieser Entspannung, dass ich mir am nächsten Tag ein Kleid leistete, das ich eine Woche zuvor gesehen hatte. Ich hatte mir nicht vorgestellt, dass es mir stehen würde. Jetzt muss ich nur noch eine Gelegenheit finden, es zu tragen, fügt sie enthusiastisch hinzu.

Dann atmet sie tief durch und ihr Blick wird wieder traurig.

–Mit meinem Vater verlief die Sache ganz anders. Ich konnte ihn mir nicht einmal vorstellen. Die wenigen Bilder, die mir in den Sinn kamen, waren völlig verschwommen. Warum gelingt mir dasselbe nicht auch mit ihm?

–Meine liebe Rita, ich sehe, dass es dir schwerfällt, wenn du nicht gleich alles hast, was du willst, nicht wahr? Vielleicht könntest du gleich an diesem Beispiel versuchen loszulassen, wie wir es neulich besprochen haben. Dazu musst du nicht einmal verstehen, was hier genau vor sich geht. Akzeptiere lediglich den Umstand, dass du nicht dein ganzes Leben kontrollieren kannst. Mit anderen Worten, beobachte einfach, was auf dich zukommt. Du bist traurig und verlierst deine Lebenslust. Das Universum weiß Dinge, die uns unbekannt sind. Je mehr wir versuchen, unser Leben zu steuern, mit desto mehr unkontrollierbaren Situationen werden wir konfrontiert, um uns zu zeigen, wie wir loslassen und dem Universum vertrauen können …

… Behalte die Absicht, einmal mit deinem Vater Frieden zu schließen. Niemand kann wissen, wann und wie das geschieht. Du hast schon eine Geste in diese Richtung gemacht, du darfst nur nicht aufgeben. Hast du seither noch einmal versucht, mit ihm zu kommunizieren?

–Nein, ich sagte mir, dass es mit ihm einfach nicht möglich sei. Aber das überrascht mich nicht, denn mit Männern kann man einfach nie machen, was man will. Das ist die Geschichte meines Lebens.

Ich lache und antworte ihr etwas schelmisch:

–Arme Rita! Wie schwer das Leben nur für dich ist. Du hast wirklich nur Pech!

Sie blickt mich erstaunt an und scheint nicht recht zu wissen, ob sie jetzt wütend werden soll oder nicht. Plötzlich verändert sich ihr Blick und sie scheint sich an etwas zu erinnern.

–Ah, jetzt verstehe ich, warum du das sagst. In deinem Buch beschreibst du diese Methode, die du benutzt, um anderen klarzumachen, dass sie sich in ihrer Opferrolle verheddern. Du willst mir also sagen, dass auch ich hier wieder in diese Rolle schlüpfe? Aber ich habe doch nur erzählt, was passiert ist.

–Versuche, dich an deine Worte von eben zu erinnern. Meinst du nicht, dass du da dein Los beklagt hast?

–Aber das ist doch nur die Wahrheit! Ich kann einfach nicht mit den Männern tun, was ich will, und das ist die Geschichte meines Lebens. Das hat mit meinem Vater begonnen, ging mit meinem Mann und meinem Sohn weiter und ist auch bei all den Männern so gewesen, die ich in der Zwischenzeit kennengelernt habe. Sogar im Berufsleben fiel es mir immer wesentlich schwerer, mit Männern als mit Frauen klarzukommen. Ich kann mich doch nicht selbst belügen, um kein Opfer mehr zu sein!

–Man kann ein und dieselbe Situation auf verschiedene Weise beschreiben. Du hättest z. B. sagen können: „*Ich musste feststellen, dass es mit Papa nicht so funktionierte wie mit Mama. Ich frage mich, warum es mir schwerer fällt, meine Ziele mit Männern als mit Frauen zu erreichen. Da ist etwas, was mir entgeht.*“ Solche Worte strahlen eine völlig andere Energie aus als das, als was du zuvor gesagt hast, was eher nach einer Klage klang …

… Aber weißt du, es ist sehr schwer, sich selbst beim Sprechen zuzuhören. Es fällt uns viel schneller auf, wenn andere jammern. Doch legen Menschen diese Opferhaltung in den verschiedensten Bereichen und keineswegs auf dieselbe Weise an den Tag. Es genügt, uns dessen bewusst zu werden, damit diese Rolle nicht unser ganzes Leben vereinnahmt. Was nun deinen Vater betrifft, so könntest du dir z. B. vornehmen, es einmal wöchentlich zu versuchen. Ich kann dir versichern, dass sein Bild von Mal zu Mal deutlicher werden wird …

… Weißt du, warum uns die Versöhnungsschritte mit bestimmten Menschen schwerer fallen als mit anderen? … Nein? Ganz einfach: Was du mit deinem Vater erlebt hast, berührt eine wesentlich tiefere Wunde, die dir größere Schmerzen bereitet hat. Deshalb hast du auch größere Angst, diese Wunde zu berühren. Diese Reaktion ist jedoch völlig menschlich und normal. Akzeptierst du deine Ängste und Seelenwunden, wird es dir auch leichter fallen, deine Wünsche zu verwirklichen.

–Ach ja, weil wir gerade davon sprechen: Ich habe dein Buch über die Wunden der Seele gelesen. Ich fand es ebenso faszinierend wie schwierig. Ich habe mich in mehreren Beschreibungen wiedererkannt, was mir gar nicht gefallen hat. Genau genommen habe ich sogar das Gefühl, alle treffen auf mich zu – am meisten jedoch die Wunden des Verrats und des Verlassenwerdens. Warum ist es nur so schwer, sich selbst zu erkennen? Mir wurden mehrere Aspekte von mir bewusst, die ich nie hatte sehen wollen.

– Vielleicht ist es zu viel, alles auf einmal verstehen zu wollen. Wenn du das Buch öfter liest, wirst du feststellen, dass dein Ich langsam loslässt und die neuen Ideen leichter akzeptiert. Es fällt ihm besonders schwer, seine wahre Verantwortung zu akzeptieren. Es möchte lieber, dass du im Glauben verharrst, all dein Leid sei die Schuld anderer und gehe nicht auf unverheilte Seelenwunden zurück …

… Ich kann dir außerdem sagen, dass es wesentlich schwieriger ist, uns mit unseren Eltern zu versöhnen als mit anderen Menschen. Dir könnte es bei deiner Arbeit mit deinem Vater helfen, mit Mario zu beginnen, da er schließlich derjenige war, der diese alte Wunde wieder aufbrechen ließ. Ist das nicht ein tolles Projekt für die nächsten Wochen? Versuche die Schritte der Versöhnung und des Verzeihens auf deinem Zettel auszuführen. Nimm dir vor allem Zeit dazu, dir dein Leben mit Mario genau vor Augen zu führen und auf einem Blatt Papier festzuhalten, was du ihm alles vorgeworfen hast. Ich glaube, Mario wird sich gern mit dir treffen, wenn du dazu bereit bist, da er selbst an sich arbeitet. Vergiss aber nicht, ihn zu fragen, in welchen Augenblicken er dir dieselben Vorwürfe machte wie du ihm. Es ist wahrscheinlich nicht leicht, das zu hören, aber du wirst sehen, dass ihr euch danach wesentlich besser fühlen werdet …

… Frieden mit Mario zu schließen wird dir auch helfen, dasselbe mit deinem Vater zu tun. Weißt du, Rita, am wichtigsten ist, nie dein Ziel aus den Augen zu verlieren und den Faden deiner ursprünglichen Absicht nicht zu verlieren. Ich glaube, dass du das Schlimmste schon hinter dir hast. Wichtig ist vor allem, dass du wirklich die Absicht hast, dir und den anderen zu verzeihen. Auch wenn du ein Jahr dazu brauchst, so ist das nicht weiter schlimm. Langsam aber sicher wird dein Herz die Oberhand über dein Ich gewinnen und es wird dir gelingen. Wie fühlst du dich bei dem Gedanken, dich mit Mario zu treffen und ihm mitzuteilen, was du erlebt hast?

– Wenn man dir zuhört, klingt das alles so leicht! Ich habe nicht die leiseste Ahnung, ob und wann ich mein Ziel erreichen werde, aber ich bin fest dazu entschlossen, zur Tat zu schreiten. Es war höchste Zeit, dass ich mein Schicksal in die Hand nehme, weil ich es nicht mehr ertragen hätte, weiter so unglücklich zu sein. Ich bin wirklich froh, jetzt eine Art Anleitung zu haben, die mir konkret dabei helfen kann, und zu wissen, dass nichts, was ich unternehme, mein Leben verschlimmern kann. Was für ein glücklicher Zufall, dass ich Mario gerade in dem Augenblick traf, als ich es wirklich brauchte! Ich hoffe, dass das der Beginn eines besseren Lebens ist.

– Bleib dabei, und du wirst sehen, was für wunderbare Auswirkungen das auf dein Leben haben wird. Noch besser ist es, zu sagen: *„Ich WEISS, dass das der Beginn eines besseren Lebens ist"* anstatt *„Ich HOFFE"*. Das ist nicht nur positiver, sondern verleiht dem Gesagten auch mehr Gewicht. Noch etwas anderes: Du glaubst, dein Treffen mit Mario wäre reiner Zufall gewesen, doch in Wirklichkeit hast du selbst es bewirkt. Beim Zufall ist dein INNERER GOTT am Werk. Du musst ganz unbewusst beschlossen haben, dass es an der Zeit war, dein Leben zu verbessern, und hast dieses Treffen, das deinen Bedürfnissen entsprach, gleichermaßen verursacht. Du hast also von der Hilfe profitiert, die sich in deinem Leben offenbart hat. Wenn du wüsstest, wie oft wir solche Hilfestellungen bekommen und nicht benutzen! Glückwunsch! Du bist sofort entschlossen zur Tat geschritten. Dennoch ist es möglich, dass du manchmal daran zweifelst, deine Ziele erreichen zu können, weil das Opfer in dir gern wieder die Oberhand gewinnen würde. Tritt dieser Fall ein, so gestehe dir fünf Minuten des Zweifels zu und komme dann wieder auf deine Wünsche zurück …

… Jetzt können wir gern auch auf das Thema deines Berufslebens zu sprechen kommen, das du neulich erwähnt hast. Aus deinem Fragebogen geht hervor, dass du in einem Geschäft für Damenbekleidung arbeitest. Bei unserem letzten Treffen hattest du außerdem den Konkurs deines Geschäfts erwähnt. Was sind zurzeit deine Probleme?

– Als David auszog, wollte ich wieder arbeiten gehen. Ich fand eine Anstellung in einem Geschäft für Damenunterwäsche. Die Chefin war eine ältere Frau, für die ich gerne arbeitete. Als sie krank wurde, bot sie mir an, ihre Boutique zu übernehmen. Sie wollte anfangs nur einen kleinen

Betrag und in der Folge sollte ich Monatsraten bezahlen. Für mich war das eine unerwartete Chance! Meine Mutter gab mir die Ablösesumme als Erbe zu Lebzeiten. Ich schwamm im Glück. Es wurde mir erst langsam bewusst, wie viel Arbeit das bedeutete. Ich musste mich um alles kümmern: Einkäufe, Buchhaltung, die junge Angestellte, die Renovierung der Boutique, Wettbewerb, Werbung usw. Es war pausenlos etwas zu tun und es erschöpfte mich zusehends. Nach einiger Zeit wurde mir die Arbeit zur Last und das Aufstehen in der Früh wirklich zur Qual …

… Als ich Mario und David um Hilfe bat, sagten sie mir, ich solle das Geschäft doch verkaufen, wenn es mir zu viel würde. Das versuchte ich dann auch, doch ließ ich wohl durchblicken, wie viel Arbeit so eine Boutique bedeutete, und machte den Interessenten damit Angst. Niemand wollte mir helfen. Außerdem machte ich einige Fehleinkäufe, die sich schlecht verkauften, weshalb ich mich bei der Bank verschuldete. Ich konnte der ehemaligen Besitzerin nicht einmal mehr die Monatsraten bezahlen, was mir äußerst unangenehm war. Schließlich riet mir mein Steuerberater, Konkurs anzumelden. Ich habe heute noch Schuldgefühle dieser Frau gegenüber, weil sie wirklich immer sehr nett zu mir gewesen war. Durch den Konkurs bekam sie nur einen Teil des Geldes, das ich ihr noch schuldete.

– Erinnerst du dich noch daran, welche Vorwürfe du dir damals gemacht hast?

– Ach du meine Güte, alle möglichen! Ich fand mich herzlos, feige, egoistisch, weil ich aufgab und in einen Konkurs floh. Ich dachte mir oft, dass es nie so weit gekommen wäre, wenn ich jemanden gefunden hätte, der sich beteiligt hätte. Mindestens zwei Jahre lang dachte ich an all die Lösungen, die ich hätte finden können. Ich konnte nachts nicht einmal mehr schlafen. Eines Tages sagte meine Freundin Nicole zu mir, dass ich unbedingt aufhören sollte, derart besessen von dieser Geschichte zu sein, weil mich das noch krank machen würde, womit mir auch nicht geholfen sei. Jetzt denke ich nicht mehr so oft daran …

… Nach dem Konkurs arbeitete ich eine Zeit lang als Kellnerin im Restaurant um die Ecke, doch war ich nicht sehr glücklich dabei. Nachdem Nicole mir Mut gemacht hatte, beschloss ich den Beruf zu wechseln und war mir sicher, dass mir das helfen würde. Als ich dann eine Stellung in einem großen Damenbekleidungsgeschäft fand, fürchtete ich schon, dass mich das zu sehr an meine eigene Boutique erinnern würde. Doch gewöhnte ich mich bald daran und bin schließlich geblieben. Meine Probleme dort sind etwas anderer Natur. Die Chefin ist ja recht nett, aber nur, wenn ihr Mann Luc nicht da ist. Ja, schon wieder ein Mann, der möchte, dass alles nach seiner Nase geht, und alle Frauen kontrollieren will. Abgesehen von der Chefin sind wir vier Angestellte, und es macht ihm offenbar Vergnügen, alle möglichen Fehler an uns zu finden. Neben seiner Arbeit im Geschäft scheint er noch andere Beschäftigungen zu haben, weshalb er sich als „Unternehmer" bezeichnet. Meine Kollegen und ich nennen ihn aber nur noch den „Nehmer", weil ihm das wesentlich besser steht …

… Er bezahlt uns wöchentlich unseren Lohn aus. Wenn eine von uns besser gearbeitet hat und einen Aufschlag verdient, so geht ihm das sehr gegen den Strich. Wir haben also ein wöchentliches Fixgehalt, bei dem wir eine bestimmte Verkaufsquote erreichen müssen. Haben wir es am Monatsende überschritten, so bekommen wir 10 % der zusätzlichen Verkäufe. Ich finde dieses System recht motivierend. Umso weniger verstehe ich die Haltung des Chefs. Wenn er einer von uns eine Provision bezahlen muss, so ist das ein Zeichen dafür, dass sie sehr gut verkauft hat, was doch nur gut für sein Geschäft sein kann. Ich wäre sehr glücklich, meinen Angestellten monatlich eine tolle Provision zahlen zu können. Du nicht?

– Ich möchte jetzt eigentlich nicht über deinen Chef sprechen. Von dem, was du mir jetzt von deiner Arbeit erzählt hast, ist für mich nur wirklich relevant, was du dabei erlebt hast. Kommen wir auf deine Schuldgefühle beim Konkurs zurück. Wolltest du jemandem, insbesondere der ehemaligen Inhaberin schaden, als du den Entschluss dazu getroffen hast?

– Ganz im Gegenteil! Ich habe versucht, die Entscheidung so lange wie möglich aufzuschieben, doch war sie schließlich unvermeidbar. Ich verschuldete mich immer mehr und hatte das Gefühl, von einem schwarzen Loch verschluckt zu werden. Jede Entscheidung fiel mir schwer, und wenn ich sie schließlich getroffen hatte, stellte ich sie pausenlos in Frage. Es war die Hölle! Jetzt verstehe ich auch meine Eltern besser, die mich immer davor gewarnt hatten, mich zu verschulden, da das nur zu Problemen führt. Sie müssen ähnliche Situationen erlebt haben. Ich erinnere mich nicht mehr daran, aber ich bin mir sicher, dass sie Gründe für eine solche Warnung hatten.

– Siehst du? Du hast wieder die Beziehung zu deinen Eltern hergestellt. Aus dem, was du gerade erzählt hast, wird ersichtlich, dass du und deine Eltern in dieser Hinsicht dieselben Überzeugungen hattet. Verstehst du jetzt, warum alles so gekommen ist? WEIL DU DAVON ÜBERZEUGT WARST! Wir schaffen ständig unsere Welt nach unseren Überzeugungen. Du wolltest sicher Erfolg mit deiner Boutique haben, glaubtest aber, dass Schulden Probleme und Gefahren in sich bergen, weshalb du schließlich Pleite gemacht hast. Die gute Seite an dieser Sache ist, dass du siehst, über welch große Schaffenskraft du verfügst. Jetzt musst du dich bloß dazu entschließen, nur noch die Dinge zu schaffen, die du dir wünschst, anstatt solche, die du fürchtest. Zu jenem Zeitpunkt war dir jedoch nicht klar, dass deine Überzeugungen die Gleichung SCHULDEN = GEFAHR UND PROBLEME heraufbeschworen. Willst du das weiterhin glauben?

– Du hast völlig recht. Jedes Mal, wenn ich Geld aufgenommen habe, hatte ich Angst vor den Konsequenzen. Aber ich glaubte, das ging allen so. Willst du damit sagen, dass es auch möglich ist, sich zu verschulden, ohne fürchten zu müssen, das Geld eines Tages nicht mehr zurückzahlen zu können? Das kann ich kaum glauben. Wie kann sich jemand seiner Zukunft so sicher sein und einfach annehmen, er würde immer das Geld für seine Zinsen auftreiben können?

– Hast du noch nie davon gehört, dass wir die Zukunft in der Gegenwart bestimmen? Und es stimmt! Je sicherer wir uns dieser Zukunft sind, desto sicherer tritt sie auch so ein. Du warst überzeugt von den Gefahren eines Kredits und hast sie demnach auch erzeugt. Hättest du keinen Zweifel an deinen Kreditrückzahlungen gehabt, so wären sie weiterhin möglich gewesen.

– Aber wie kann ich meine Überzeugungen ändern?

– Da gibt es nur einen Weg, und ich wiederhole es: DURCH AKZEPTIEREN! Du beginnst damit, dich selbst und somit den Umstand zu akzeptieren, dass du damals beschlossen hast, Konkurs anzumelden, ohne deshalb jedoch irgendjemandem dadurch Böses zufügen zu wollen, weil dies in jenem Augenblick deinen Bedürfnissen entsprach. Sei dir klar darüber, dass jeder Mensch Grenzen hat. Wenn er nicht auf sie hört und sie vor allem nicht akzeptiert, so fügt er sich selbst körperliches, geistiges und emotionales Leiden zu …

… Dann musst du akzeptieren, dass deine Eltern dir die Angst vor der Verschuldung übermittelten, weil sie aufrichtig glaubten, dich vor ihren Gefahren bewahren zu können. Auch sie wollten dir also keinerlei Schaden zufügen. Erst wenn du akzeptiert hast, die Überzeugungen deiner Eltern übernommen zu haben, weil du meintest, sie seien das Beste für dich, wird es dir gelingen, sie voll und ganz zu überwinden. Jetzt, wo du weißt, dass diese Überzeugung nicht mehr deinen Bedürfnissen entspricht, kannst du beschließen, was du wirklich willst. Du brauchst die alte Überzeugung nicht einmal durch eine neue ersetzen. Es genügt, dir vor Augen zu führen, was du wirklich willst, und entsprechend zu handeln …

… Je mehr wir uns all der Überzeugungen entledigen, die uns nicht mehr nützen, desto klarer und eindeutiger wird es uns, was wir wollen. So einfach ist das, unsere Überzeugungen zu überwinden. Wie fühlst du dich bei dieser Vorstellung? Ist es dir möglich, dir das Recht zuzugestehen, ein Mensch mit Grenzen zu sein?

– Ja, das tut mir sehr gut. Es ist, als sähe ich mich in einem völlig anderen Licht. Ich hatte solche Schuldgefühle, dass ich mir gar nichts anderes mehr vorstellen konnte. Sag mir, wird dieser Zustand bleiben, oder werde ich wieder anfangen, mich schuldig zu fühlen und mir selbst Vorwürfe zu machen wie früher?

– Deine Frage ist absolut berechtigt. Verändern wir uns zum Besseren, so kommt es immer wieder vor, dass sich das Ich wieder einmischt und uns an der neu eingeschlagenen Richtung zweifeln lässt. Dieser Widerstand des Ego ist völlig normal. Es denkt nur an eines: sich zu ernähren. Es fürchtet, es könne verschwinden, wenn du dich zu sehr veränderst und es nicht mehr genug Nahrung bekommt. Versichere ihm, dass es sich schließlich um dein Leben handelt und du die Entscheidungen treffen kannst, die du willst. Nichts kann dich zwingen, dein Ich zu unterhalten. Deine einzige wahre Verantwortung besteht darin, die Folgen deiner Entscheidungen zu tragen. Demnach muss sich dein Ich auch nicht um die Konsequenzen deiner aktuellen Entscheidungen kümmern. Es braucht sich keine Sorgen um dich zu machen, da du bereit bist, dich den Folgen zu stellen. Vergiss nie, dass dein Ich keine Macht hat, über dich zu entscheiden, denn das kannst nur du. Hat es begriffen, wie sicher du deiner Sache bist, wird es mit Freude zur Seite treten, da es sich nicht mehr für dich verantwortlich fühlt …

… Sollten deine alten Schuldgefühle wieder auftauchen, so weißt du sofort, dass es sich dabei lediglich um diese überholte Überzeugung in Bezug auf Schulden handelt. Du überwindest das, indem du das beschließt, was du willst. Alte Überzeugen versuchen es später immer wieder einmal, doch geschieht das immer seltener und kürzer …

… Ich möchte unser heutiges Gespräch mit einem anderen Problem beenden, das du vorhin angesprochen hast, und zwar die Schwierigkeiten mit deinem Chef. Ist dir klar, dass dich nicht wirklich stört, was er tut oder sagt, sondern dass dich vielmehr DEINE WAHRNEHMUNG davon stört, die von deinen Wunden beeinflusst wird? Das erklärt auch, warum bestimmte Menschen dir mehr als andere gegen den Strich gehen. Ist dir noch nie aufgefallen, dass zwei verschiedene Menschen ein und dasselbe Verhalten an den Tag legen können, du es deshalb aber noch keineswegs als identisch wahrnimmst? Also nicht das Verhalten selbst provoziert deine Reaktion darauf, sondern eher das, was das Verhalten bestimmter Personen in dir auslöst. Welche deiner Seelenwunden könnte dein Chef da berühren?

– Ich finde ihn sehr ungerecht seiner Frau und uns allen gegenüber. Er fühlt sich besonders gut und will immer alles entscheiden. Er möchte aber vor allem immer das letzte Wort und recht haben. Auch wenn er merkt, dass er im Unrecht ist, würde er das nie eingestehen. Ich sage dir ja, solche Männer suchen mich regelrecht heim. Ich weiß nicht, Lise, wie meine Chefin diesen Typen aushalten kann. Ich sehe schon, dass er ihr auf die Nerven geht, aber sie will ihn auf keinen Fall provozieren und gibt lieber klein bei … und ihm recht. Sobald sie kann, macht sie dann wieder, was sie will. Dazu muss sie oft lügen und Dinge hinter seinem Rücken tun. Zu uns sagt sie, dass es wesentlich besser zwischen ihnen läuft, wenn sie allein sind. Er versucht lediglich, uns zu beeindrucken, um zu zeigen, wer hier der Chef ist.

– Du hast mir immer noch nicht gesagt, welche Seelenwunde er bei dir berührt.

– Sicherlich die der Ungerechtigkeit, da ich ihn sehr ungerecht finde.

– Aus deiner Beschreibung höre ich heraus, dass du diesen Mann oft anklagst und verurteilst. Stimmt das?

– Natürlich, ich werfe ihm all seine Fehler vor, bin damit aber auch nicht die Einzige. Meine Arbeitskolleginnen machen ihm genau dieselben

Vorwürfe. Daran ist er schon selbst schuld. Unsere Schwierigkeiten mit ihm beruhen einzig und allein auf seiner arroganten und unnachgiebigen Haltung.

– Ich muss dir sagen, dass diese Antwort von deinem verletzten Ich kommt. Nicht die Wunde der Ungerechtigkeit, sondern die des Verrats wird bei dir von diesem Mann aktiviert. Wenn es sich hier um die Wunde der Ungerechtigkeit handelte, dann würdest du dir selbst oder aber deiner Chefin Vorwürde dafür machen, weil sie es zulässt, dass ihr Mann so mit euch umgeht.

– Wie bitte? Ich kann nicht glauben, dass ich oder meine Kolleginnen uns selbst oder der armen Louise Vorwürfe für sein Verhalten machen sollten. Sicher nicht. Bist du dir sicher, dass so etwas möglich wäre?

– Weißt du, du bringst mich zum Lachen. Du solltest dich sehen. Was für eine Reaktion! Da spricht immer noch dein Ich und nicht dein Herz. Aber mach dir nichts draus, das geht vielen so. Wenn wir uns verletzt fühlen und uns in die Defensive flüchten, dann ist das ein Zeichen dafür, dass unser Ich die Oberhand gewonnen hat und wir nicht mehr wir selbst sind. Das Ego sucht immer nach einem Schuldigen. Und wenn wir das nicht selbst sind, dann ein anderer ... Dem Ich ist es unmöglich, in der bloßen Beobachtungshaltung zu verharren. Es malt jede Situation schwarz oder weiß aus und nährt sich auf diese Weise. Je vehementer unsere Reaktion ist, desto tiefer und schmerzhafter ist die ihr zugrunde liegende Seelenwunde ...

... Deine Reaktion auf deinen Chef deutet demnach auf eine sehr tiefe Wunde des Verrats hin. Deine Arbeit mit Mario wird dir also auch bei diesem Problem helfen. Du solltest diese Sache daher vorrangig behandeln, da sonst alles beim Alten bleiben wird und du Gefahr läufst, dich in diesem Stadium festzufahren und dich selbst daran zu hindern, neue Berufserfahrungen zu machen. Hier noch ein Tipp, der dir bei deiner Versöhnungsarbeit helfen könnte: Schwierigkeiten im Berufsleben gehen oft auf Erfahrungen während unserer Schulzeit oder im weiteren Sinne auf unsere Lernfähigkeit in der Jugend zurück.

Wir beenden dieses Treffen, indem Rita wiederholt, was sie tun sollte, um ihr Berufsleben zu verbessern.

Was wir uns hier merken sollten

- Unsere Mitmenschen können ihre Haltung uns gegenüber erst dann ändern, wenn wir beginnen, etwas an uns selbst zu verändern. Bevor dies jedoch möglich ist, müssen wir uns unserer Verhaltensweisen bewusst werden, die nicht zu unserem Vorteil sind.

- Wir erkennen Menschen, die in der Opferrolle stecken, daran, dass sie sich ständig beklagen, meinen, immer Pech zu haben, das Unglück regelrecht anzuziehen, und nie selbst die Lösungen für ihre Probleme finden.

- Unser Ich will nicht an uns selbst erkennen, was wir an anderen kritisieren. Aber unser INNERER GOTT, unser bester Freund, ist ständig darum bemüht, uns wissen zu lassen, was wir zu leugnen versuchen. Unser Leben richtet unsere Aufmerksamkeit ständig auf alles, was uns daran hindert, glücklich zu sein. Dieser Schritt ist notwendig, damit wir erkennen, was wir nicht mehr wollen, um uns auf die Dinge ausrichten zu können, die wir wirklich wollen. Die Schwierigkeiten, denen wir in unserem Leben begegnen, sind daher notwendig, um uns selbst zu entdecken und uns zu stärken.

- Wir können schwierigen Situationen mit innerem Frieden begegnen. Dazu müssen wir genau beobachten, was vor sich geht. Leugnen wir lediglich das Problem, so verdrängen wir es nur, lösen es aber nicht. Im Gegenteil, wir nähren es dadurch unbewusst, indem wir uns weigern, uns damit zu identifizieren, bis es eines Tages explodiert.

- Nichts kann sich in unserem Leben ändern, solange wir keine bewusste Entscheidung treffen und ganz bestimmt sagen: „*DAS WILL ICH!*“ Ein wahres „ICH WILL“ darf aber nur von uns allein abhängen.

- Etwas loslassen heißt nicht, es nicht mehr zu wollen. Es bedeutet vielmehr, sich auch dann wohl fühlen zu können, wenn das erhoffte Ergebnis nicht eintritt, d. h. sich völlig Gott anzuvertrauen, der genau weiß, was wir brauchen.

- Unsere Wünsche basieren auf unseren Erinnerungen, Gefühlen und Gedanken, während unsere Bedürfnisse unserem Lebensplan entsprechen. Hier geht es um die Dinge, die unsere Seele benötigt, um zu leben und zu lernen.

- Das Universum weiß Dinge, die uns unbekannt sind. Je mehr wir versuchen, unser Leben zu steuern, mit desto mehr unkontrollierbaren Situationen werden wir konfrontiert, um uns beizubringen, loszulassen und dem Universum zu vertrauen.

- Der Zufall ist unser INNERER GOTT am Werk und leitet alles in die Wege, was wir brauchen.

- Wir schaffen ständig unsere Zukunft durch unsere gegenwärtigen Überzeugungen und Handlungen. Je sicherer wir uns dieser Zukunft sind, desto sicherer tritt sie auch so ein. Je mehr wir uns all der Überzeugungen entledigen, die uns nicht mehr nützen, desto klarer und eindeutiger wird uns, was wir wollen.

- Jeder Mensch hat Grenzen. Wenn er nicht auf sie hört und sie vor allem nicht akzeptiert, so fügt er sich selbst körperliches, geistiges und emotionales Leiden zu.

- Unser Ich denkt nur an eines: sich zu ernähren. Es fürchtet, es könne verschwinden, wenn wir uns zu sehr verändern und es nicht mehr genug Nahrung bekommt. Wir sollten ihm versichern, dass es sich schließlich um unser eigenes Leben handelt und wir Entscheidungen selbst treffen können. Nichts kann uns zwingen, unser Ego zu unterhalten. Unsere einzige wahre Verantwortung besteht darin, die Folgen unserer Entscheidungen zu tragen. Demnach muss sich unser Ich auch nicht um die Konsequenzen unserer aktuellen Entscheidung kümmern. Es braucht sich keine Sorgen um uns zu machen, wenn wir bereit sind, uns den Folgen zu stellen. Unser Ich hat nicht die Macht dazu, über uns zu entscheiden, denn das können nur wir selbst. Hat es begriffen, wie sicher wir uns unserer Sache sind, wird es mit Freude zur Seite treten, da es sich nicht mehr für uns verantwortlich fühlt.

- Nicht, was Leute sagen oder tun, stört uns wirklich, sondern vielmehr unsere Wahrnehmung davon, welche von unseren Seelenwunden beeinflusst wird. Das erklärt auch, warum bestimmte Menschen uns mehr stören als andere.

- Das Ich sucht immer nach einem Schuldigen. Und wenn wir das nicht selbst sind, dann ein anderer … Dem Ego ist es unmöglich, in einer bloßen Beobachtungshaltung zu verharren. Es malt jede Situation schwarz oder weiß aus und nährt sich auf diese Weise.

- Schwierigkeiten im Berufsleben gehen oft auf Erfahrungen während unserer Schulzeit oder im weiteren Sinne auf unsere Lernfähigkeit in der Jugend zurück.

7. Kapitel

Krankheiten akzeptieren

– Hallo, Anna. Ich freue mich, dich wiederzusehen. Seit unserem letzten Treffen sind schon einige Wochen vergangen. Was ist seither geschehen?

– Bevor ich anfange, Lise, wollte ich dir für deinen Rat in Bezug auf die Aufgaben im Haushalt danken. Ich wollte ein paar Wochen abwarten, um dir davon zu erzählen, da ich nicht glaubte, dass unsere Vereinbarung von Dauer wäre. Vor unserem letzten gemeinsamen Treffen mit dir waren Mario und ich essen gegangen, während Sandra sich zu Hause mit einer Freundin auf ein Mathematikexamen vorbereitete. Als wir heimkamen, saßen beide mit einem dicken Sandwich und einem Glas Cola vor dem Fernseher …

… Sandra sagte: *„Ihr seid früher da als erwartet. Wir sind gerade mit der Arbeit fertig geworden und hatten Hunger. Ich habe Susan angeboten, einen Happen mit mir zu essen. Und, Mama"* – ruft sie mir nach, als ich schon auf dem Weg in die Küche bin – *„sei nicht böse, ich mache alles später sauber!"* Und da der Schock! Du hättest die Küche sehen sollen: als hätte eine Bombe eingeschlagen! Da lagen nicht nur alle Zutaten für ihr Sandwich, sondern auch noch von ihrem Mittagessen kreuz und quer herum. Ich dachte nicht, dass ein einzelner Mensch eine Küche in so kurzer Zeit in ein derartiges Chaos versetzen kann. Als der Zorn in mir hochstieg und ich sie schon zu mir rufen wollte, hielt Mario mich zurück und flüsterte mir zu: *„Weißt du noch, was uns Lise heute Nachmittag gesagt hat? Dass wir drei uns zusammensetzen sollten, um die Aufgaben im Haus klar zu definieren und die diesbezüglichen Erwartungen eines jeden von uns anzuhören. Heute Abend ist sicher nicht der geeignete Zeitpunkt* *dafür. Dazu bist du viel zu aufgebracht. Ich glaube, es wäre besser, wenn wir für dieses Gespräch alle einen klaren Kopf haben. Was meinst du? Komm, ich helfe dir aufräumen, denn ich kenne unsere Sandra. Sie sagt immer ‚später', aber das ist dann doch halt immer später. Vielleicht können wir ja morgen darüber sprechen, OK?"* …

… Schon allein der Umstand, dass Mario mir half, die Küche aufzuräumen, war etwas Besonderes. Ich habe mich so darüber gefreut, dass ich seinem Rat gefolgt bin. Am Abend darauf haben wir dann aber genau das getan, was du uns geraten hast. Wir haben Sandra die Wahl gelassen, auf allen Ebenen Teil unserer Familie zu sein oder nicht. Tagsüber hatte ich eine Liste mit allen Aufgaben im Haushalt erstellt, die wir drei unter uns aufzuteilen hatten – ganz gleich, wofür Sandra sich nun entscheiden sollte. Ich kann es immer noch nicht glauben! Sie muss gefühlt haben, dass ich etwas losgelassen habe, aber sehr entschlossen war, dass die Frage des Kochens und Geschirrspülens geregelt werden musste. Alle anderen Aufgaben hatten wir recht schnell unter uns aufgeteilt. Wir haben vereinbart, dass derjenige, der kocht, vom Geschirrdienst befreit ist. Den übernehmen dann die beiden anderen …

… Seitdem hat Sandra entdeckt, dass Kochen ihr Spaß macht. Neulich haben sie mich sogar hereingelegt: Sie haben mir zusammen ein tolles Überraschungsessen gekocht. Als wir dann fertig gegessen hatten, sagten sie, jetzt hätte ich Küchendienst, weil sie ihren Teil ja erledigt hätten. Das hat mich keineswegs frustriert. Ich konnte sogar darüber lachen, als ich ihnen sagte, dass das zwar nicht so ganz unser Abkommen sei, aber dass ich von Zeit zu Zeit damit leben könne …

… Ich will nicht behaupten, dass jetzt alles absolut perfekt läuft. Manchmal fertigt uns Sandra immer noch mit einem „Später" ab. Doch fiel mir auf, dass es noch später wurde, wenn ich mich darüber aufregte. Wenn es mir gelingt loszulassen und ich mir sage, dass es ja nicht so schlimm ist, wenn nicht alles gleich erledigt wird, dann geht es in der Regel wesentlich schneller. Auch die Verhandlungen mag ich, wenn es darum geht, dass einer von uns eine Aufgabe abtreten will. Jedes Mal bringt uns das zum Lachen. Nochmals vielen Dank, Lise, denn die Atmosphäre in unserem Haus ist seither viel angenehmer …

… Jetzt möchte ich dir aber erzählen, wie es mir mit meiner Mutter ergangen ist. Ich habe wie vereinbart mit ihr gesprochen, und es ging wesentlich besser, als ich geglaubt hatte. Ich gestand ihr, dass ich Angst hätte, immer dicker zu werden, und so zu werden wie sie, da ich sie oft verurteilt hatte, sich gehen zu lassen. Dem fügte ich schnell hinzu, dass meine eigentliche Angst eher die sei, Mario an eine andere Frau zu verlieren, die schlanker und hübscher als ich sei. Da lief sie hochrot an. Da wusste ich, dass ich auch bei ihr einen wunden Punkt getroffen hatte. Ich erzählte ihr, dass ich bei dir gelernt hätte, dass eine Tochter oft dieselben Ängste wie ihre Mutter habe. Da blickte sie mich sehr eindringlich an und stand kurz vor den Tränen, weshalb ich sie fragte, ob sie auch solche Ängste kenne …

… Darauf bekam ich die Überraschung meines Lebens. Sie gestand mir, dass mein Vater eine Zeit lang eine Freundin gehabt hätte. Sie hatte diese Beziehung entdeckt, woraufhin er sich so schuldig gefühlt hatte, dass er mit dieser Frau Schluss machte und meiner Mutter versprach, nie wieder damit anzufangen. Sie glaubt, dass er sein Versprechen gehalten hat, auch wenn sie immer wieder daran zweifelt. Deswegen verhätschelt sie ihn auch so – damit er sie nicht endgültig verlässt …

… Dann schnitt ich das Thema Gewichtsprobleme an, weil ich wissen wollte, ob es meiner Mutter auch schwerfiel, sie zu akzeptieren. Sie nickte nur, sagte aber, dass sie versuche, nicht daran zu denken, da es ihr unmöglich sei, abzunehmen. Sie gestand mir, vergeblich alle möglichen Techniken und Mittel versucht und sich jeden Morgen gewogen zu haben und doch immer wieder feststellen zu müssen, dass nichts half. Schließlich warf sie die Waage weg und gab auf. Sie ersetzte sogar die Spiegeltüren ihres Kleiderschranks unter dem Vorwand, Holztüren wären ihr lieber. So erspart sie sich ihren eigenen Anblick …

… Ist es nicht unglaublich, wie wenig wir unsere eigenen Eltern oft kennen? Wir verbrachten den ganzen Sonntagnachmittag zusammen, und ich machte noch einige andere Entdeckungen. Es hat uns beiden wirklich unwahrscheinlich gut getan, so offen über unsere Probleme sprechen zu können. Es war, als ob wir die Mutter-Kind-Rollen abgelegt hätten und einfach redeten wie zwei alte Freundinnen. Wenn ich gewusst hätte, dass solche Gespräche mit meiner Mutter möglich sind, hätte ich es schon viel früher versucht. Warum fällt es Kindern und Eltern oft so schwer, offen miteinander zu kommunizieren. Warum macht uns das so Angst?

– Das beruht auf unserer Erziehung. Wir lernen schon recht früh, dass Autoritätsfiguren dazu da sind, uns zu kritisieren, zu beurteilen oder zu korrigieren, was wir falsch gemacht haben. In der Regel meinen wir, dass unsere Eltern uns nicht verstehen können, was die Kluft zwischen den Generationen nicht gerade verringert. Da stehen sich dann Eltern und Kinder, Lehrer und Schüler, Direktoren und Angestellte gegenüber. Gott sei Dank ändert sich all das mit dem anbrechenden Wassermannzeitalter. Jetzt müssen wir uns an die neuen Ideen dieser neuen Epoche gewöhnen. Dazu gehört auch zu akzeptieren, dass wir alle gleich sind und von jedem Menschen etwas lernen können. Eltern können unzählige Dinge von ihren Kindern lernen, so wie auch Kinder dank ihrer Eltern entdecken können, was sie im Leben zu akzeptieren haben. Das ist in allen Bereichen so …

… Deine Mutter konnte sich dir gegenüber öffnen, da sie nicht das Gefühl hatte, von dir verurteilt zu werden. Das ist das Geheimnis guter Kommunikation. Sag, konntest du auch mit Mario so reden? Du solltest auch mit ihm über deine Gewichtsprobleme, vor allem aber die Ängste sprechen, die sich dahinter verbergen.

– Ja, ich habe am Abend nach dem Gespräch mit meiner Mutter, das mir neuen Mut gegeben hatte, mit ihm gesprochen. Ich dachte, das könne nun ebenso leicht mit Mario funktionieren. Dem war aber leider nicht so. Er hörte mir höflich zu, als ich ihm von meiner Angst erzählte, so dick zu werden, dass ich ihn deshalb verlieren würde. Er antwortete mir, dass es auch ihm schwerfalle, dass ich immer mehr zunehme und dass ich ihm schlanker besser gefalle. Da begann ich zu weinen, weil ich nicht mehr wusste, was ich dem entgegensetzen sollte. Ich glaubte, er wollte damit sagen, dass er mich jetzt verlassen würde. Ich möchte dir erzählen, wie dieses Gespräch abgelaufen ist, damit du mir sagen kannst, wo ich da etwas falsch gemacht habe. Ich dachte, ich hätte deine Ratschläge befolgt, wie ich es auch bei meiner Mutter getan hatte …

… Als er sah, dass ich weinte, stand er auf, um zu gehen.

– „Ja, geh nur, du Feigling! Da hast du immer so getan, als ob du mich gern hättest, und rückst jetzt damit heraus, dass du mich verlassen wirst, wenn ich zu dick werde. Warum hast du mir das nicht schon früher gesagt?

– Ich habe doch nicht gesagt, dass ich dich verlassen will. Diese Schlussfolgerung ziehst nur du. Dreh mir doch nicht die Worte im Mund um.

Ich habe lediglich gesagt, dass du mir schlanker besser gefällst. Was ist denn daran so schlimm? Sag, wie würde ich dir denn gefallen, wenn ich recht dick würde?

– Du hast dich auch verändert, seit wir uns kennengelernt haben. Du hast die Hälfte deiner schönen Haare verloren, die ich so gern hatte. Du ziehst dich nur selten nach meinem Geschmack an. Dein Bauch und deine Oberschenkel sind viel schlaffer, als sie einmal waren, und auch du hast etwas Speck am Bauch angesetzt. Mir wäre auch lieber gewesen, du hättest dich nicht verändert. Findest du es nicht utopisch zu glauben, dass wir zwanzig Jahre lang mit demselben Körper herumlaufen können?

– Vor ein paar Minuten sagtest du, dass du etwas Wichtiges mit mir besprechen wolltest. Aber ich sehe, dass du nur Streit suchst. Jetzt nörgelst du an mir herum. Es ist Sonntagabend, und ich muss morgen früh aufstehen. Ich habe wirklich nicht die geringste Lust, diesen Abend mit einer Streiterei zu beenden. Ich würde lieber ein andermal über dieses Thema sprechen …“

… Mit diesen Worten verließ er den Raum und setzte sich vor den Fernseher. Mir verschlug es die Sprache. Unser Gespräch hatte einen ganz anderen Verlauf genommen, als ich erhofft hatte. Seitdem ist eine Woche vergangen und es ist mir nicht gelungen, dieses Thema erneut anzusprechen. Wenn du wüsstest, wie sehr ich mich ärgere, ihm das alles an den Kopf geworfen zu haben. Die Stimmung war die ganze Woche sehr gespannt. Ich weiß nicht, wie ich die Situation wieder bereinigen kann. Ich fürchte mich richtig vor diesem Gespräch und verschiebe es stets auf den nächsten Tag.

– Kannst du mir sagen, was da passiert ist? Erinnerst du dich noch, worüber wir neulich gesprochen haben? Was steckt hinter all den Situationen, die Emotionen in uns hervorrufen?

– Ja, jetzt, wo du mich fragst, erinnere ich mich wieder. Ich habe so vehement reagiert und ihm Vorwürfe gemacht, weil meine Wunde des Verlassenwerdens berührt war. Deshalb habe ich mich ihm gegenüber auch anders verhalten als bei meiner Mutter und bin in die Rolle der Anklägerin geschlüpft. Warum mir das nicht gleich aufgefallen ist. Es ist so offensichtlich.

– Du hast recht. Dein Schmerz begann mit der Angst, verlassen zu werden. Das machte dich wütend, weshalb du ihm deinerseits Vorwürfe machtest. Dann begann sich deine Wunde des Verrats bemerkbar zu machen, du wolltest die Situation unter Kontrolle bringen und wurdest zur Anklägerin. Wäre hier nur die Wunde des Verlassenwerdens betroffen gewesen, so hättest du einfach weitergeweint oder ihn angefleht, dich doch bloß nicht zu verlassen. Ist dir nun klarer, was sich da wirklich abgespielt hat?

– Ja, aber warum waren diese Wunden nicht beim Gespräch mit meiner Mutter betroffen und brachen auf, sobald ich mit Mario zu sprechen begann? … Hmm, du brauchst mir gar nicht zu antworten. Es ist mir schon klar! Es überrascht mich immer wieder, wie schnell ich die Antworten finde, wenn ich mir nur die richtigen Fragen stelle. Ich fühle mich von Mario angeklagt, weil ich mich selbst nicht akzeptiere. Aber was genau muss ich akzeptieren, ohne bei unserem Gespräch wütend zu werden oder mich angeklagt zu fühlen?

– Du hast doch vorhin erzählt, wie schnell du zu dem Schluss gelangt bist, dass er dich verlassen wollte, wenn du zu sehr zunehmen würdest. Diese Reaktion soll dir klarmachen, dass du davon überzeugt bist: DICK SEIN BEDEUTET, VERLASSEN ZU WERDEN. Das musst du akzeptieren. Du bist felsenfest davon überzeugt, dass deine Gewichtsprobleme eines Tages dazu führen werden, Mario zu verlieren. Aber nicht nur das akzeptierst du nicht. Da ist noch etwas anderes: Du machst dir selbst Vorwürfe wegen dieser Überzeugung, die dich ständig daran hindert, glücklich und frei zu sein. Siehst du jetzt, dass es wichtig für dich war, zuzunehmen, um dir dieser Überzeugung bewusst zu werden und zu erkennen, dass du sie jetzt nicht mehr brauchst, weil sie dich unglücklich macht? In deinem tiefsten Inneren weißt du, dass du nur an Dinge glauben willst, die dich glücklich machen …

… Rekapitulieren wir also: Du glaubst, dick zu sein = von deinem Partner betrogen oder verlassen zu werden. Diese Überzeugung deckt sich mit der deiner Mutter. Du erinnerst dich, dass du sie nicht von ihr übernommen hast, sondern dass diese identische Überzeugung vielmehr einer der Gründe dafür ist, dass eure Seelen zueinander gefunden haben. Doch hast du dich nun einmal in deinem Leben entschlossen, nicht mehr so wie deine Mutter sein zu wollen. Der Umstand, dass deine

Mutter trotz ihres Übergewichts noch mit ihrem Mann zusammenlebt, das aber eher unterwürfig als entfaltet, ist für dich Grund genug zu glauben, dieser Überzeugung recht geben zu müssen, wenn du nicht wie sie enden und Mario nicht eines Tages verlieren willst. So glaubst du, dem Schicksal deiner Mutter zu entgehen. Ist das nachvollziehbar für dich?

Anna nickt, zögert jedoch. Ich lasse sie einen Moment überlegen und bitte sie dann zu wiederholen, was ich gerade dargelegt habe.

– Ich sehe, du hast verstanden, was ich meinte. Eine solche Situation ist nicht leicht, da sich hier mehrere Überzeugungen widersprechen. Ganz gleich, ob du dich jetzt dazu entschließt, so zu sein wie deine Mutter oder nicht, du kannst dabei nicht glücklich werden. Leider ist unseren Überzeugungen keineswegs klar, dass wir genau die Dinge hervorrufen, an die wir glauben. Deshalb hast du auch zugenommen, obwohl oder gerade weil du dich so darauf konzentriert hattest NICHT ZUZUNEHMEN. Unser Unterbewusstsein erkennt jedoch nur die Bilder unserer Gedanken, nicht ihre Verneinungen. In deinem Fall wurde das Bild der dicken Anna zum Vorbild. Es ist unglaublich, über welche Schaffenskraft wir verfügen, findest du nicht auch? Eines Tages wirst du dir deiner Wünsche so bewusst sein, dass du dich dieser Kraft nur bedienen wirst, um deine Bedürfnisse zu befriedigen …

… In diesem Leben musst du lernen, dir das Recht zuzugestehen, zuzunehmen ohne zu glauben, deswegen unbedingt von deinem Partner verlassen zu werden. Weißt du, warum unser Ich unsere Wunden ständig durch Ängste aufrechterhält? … Nein? **Weil es glaubt, dass wir den Schmerz nicht überstehen würden, wenn eine unserer Wunden berührt wird.** Glaubst du wirklich, dass du sterben würdest, wenn Mario dich verließe?

– Ich würde vielleicht nicht daran sterben, aber ich muss dir gestehen, dass mir das Herz allein beim Gedanken daran schmerzt. Ich weiß nicht, wie ich diese Situation überstehen würde. Warum ist diese Vorstellung nur so schwer? Ich kenne viele Frauen, die plötzlich allein waren und das sehr gut verkraftet haben. Oft gehen sie sogar gestärkt aus dieser Prüfung hervor. Warum kann ich mir das nicht für mich vorstellen?

– Weil das genau den wunden Punkt betrifft, den du in diesem Leben lernen sollst. Du hast mir doch vorhin erzählt, wie es deiner Mutter erging, als sie entdeckte, dass dein Vater sie betrog. Auch wenn du meinst, von all dem nichts mitbekommen zu haben, als du noch jünger warst, so hat dein Unterbewusstsein den intensiven Schmerz und die große Angst deiner Mutter vor dem Verlassenwerden doch gespürt. Kinder verdrängen solche Gefühle häufig, weil sie nicht wissen, wie sie damit umgehen sollen. Das war sehr wahrscheinlich auch der Zeitpunkt, an dem dein Ich die Kontrolle übernommen hat, um dich zu beschützen. Damals hast du sicher auch beschlossen, dass du alles in die Wege leiten würdest, damit dir das nie passier …

… Diese Wunde wurde ohne dein Wissen berührt, als Mario seine Frau verließ, um dich zu heiraten. Obwohl hier zwar Rita die Leidtragende war, wurden auch deine Ängste geweckt. Es ist also völlig normal, dass du fürchtest, er könnte dich verlassen, weil er es ja schon einmal getan hat. Du steckst also in derselben Situation wie deine Mutter: Du bist vorsichtig und zweifelst, dass dein Glück mit diesem Partner so weitergehen kann …

… Der einzige Weg, die Wunde des Verlassenwerdens zu heilen, besteht darin, dir vorstellen zu können, verlassen zu werden oder selbst jemanden zu verlassen, ohne dich bzw. den anderen dafür zu verurteilen. Du musst verstehen lernen, dass wir alle einmal die Erfahrung des Verlassenwerdens machen müssen. Dabei dürfen wir nie aus den Augen verlieren, dass derjenige, der geht, dem anderen deshalb nicht unbedingt absichtlich Schmerzen zufügen will, sondern lediglich seine Grenzen oder Bedürfnisse zum Ausdruck bringt. **Denn das ist unser aller Lebenssinn: alle Erfahrungen, die wir bewirken, zu akzeptieren, ohne sie zu verurteilen …**

… Erst wenn es dir gelingt, dir vorzustellen, in der Lage zu sein, verlassen zu werden und trotzdem gleichmütig zu bleiben und dem Leben mit Zuversicht entgegensehen zu können, wird dein Ich dazu bereit sein, das Joch deiner Überzeugungen von deinen Schultern zu nehmen. Versteh mich bitte nicht falsch! Das heißt keineswegs, dass Mario dich automatisch verlässt, wenn du den Gedanken daran akzeptierst. In der Regel geschieht eher das Gegenteil. Unterhältst du nicht mehr die Angst vor dem Verlassenwerden und steckst deine Energie vielmehr in die Verwirklichung deiner Wünsche, so vermeidest du eher die unerwünschte, aber theoretisch akzeptierte Situation. Tritt jener Fall jedoch ein, so ist das ein Test, um dir zu zeigen, dass du tatsächlich in der Lage bist, dich auch so zu entfalten …

… Nachdem du diesen Schritt getan hast, solltest du deinem Ich dafür danken, dass es dich vor dieser Situation bewahren wollte. Jetzt aber muss es verstehen, dass du zwar noch immer nicht verlassen werden willst, im Falle des Falles jedoch damit fertig werden würdest. Ich kann dir versichern, dass dein Ich loslassen und dich dein Leben leben lassen wird, wenn es deine Bestimmtheit in dieser Hinsicht spürt. Das wird sehr befreiend für dich sein, so als würde dir ein enormes Gewicht von den Schultern genommen. All diese Überzeugungen zu unterhalten braucht enorm viel Energie. Je mehr du dich befreist, desto leichter und stärker fühlst du dich.

– Schon während deiner Worte spüre ich, dass sich da etwas in mir tut. Ich habe wirklich Lust, diesen Zustand zu erreichen. Heißt das, dass ich dann auch aufhören werde, weiter zuzunehmen und vielleicht sogar wieder schlank werde?

– Auf diese Frage habe ich gewartet. Siehst du nicht, wie du versuchst, die Ergebnisse zu kontrollieren? Du wirst diese Überzeugung sowie die Angst vor dem Verlassenwerden völlig überwunden haben, wenn du dich in der Lage siehst, alle Möglichkeiten zu akzeptieren. Alles kontrollieren zu wollen ist ein Zeichen dafür, neuen Lebenserfahrungen gegenüber verschlossen zu sein. Willst du abnehmen, um sicherzugehen, Mario zu behalten? In diesem Fall will lediglich deine Angst wieder die Kontrolle über die Situation gewinnen. Es ist traurig, aber wahr: Solange wir unsere Haltung nicht grundlegend ändern, schaffen wir immer das, wovor wir Angst haben…

… Vielleicht wirst du mir entgegenhalten, dass deine Mutter trotz dieser Haltung nicht verlassen wurde, doch ist ihre aktuelle Lage offenbar auch nicht gerade beneidenswert, ja vielleicht sogar noch unerquicklicher, als wenn dein Vater sie damals verlassen hätte. Sie erlebt diese Erfahrung in ihrem Geist anstatt in ihrem Leben. Glaubst du, dass das leichter ist? Das erträumte Glück scheint ihr wohl sehr weit entfernt. Sie unterhält die Angst vor dem Verlassenwerden und vertieft die Wunde, anstatt sie zu heilen …

… Aber eines ist sicher: Allein deine Initiative, deine Wunde des Verlassenwerdens heilen zu wollen, wird auch auf deine Mutter positive Auswirkungen haben. Überdies wirst du dadurch völlig unterbewusst auch deiner Tochter in ihren künftigen Beziehungen helfen. Schließlich wird es auch die Ängste Marios in Bezug auf dich besänftigen. Du erinnerst dich doch daran, dass der andere genau dieselben Ängste mit uns erfährt wie wir mit ihm. Der einzige Unterschied besteht darin, dass manche sich dieser Ängste bewusster sind als andere. Fühlst du dich nun besser vor deinem Gespräch mit Mario?

– Ja, ich möchte das unbedingt schaffen. Es muss mir dieses Mal einfach gelingen! Ich will nicht wieder alles verpatzen, so wie beim letzten Mal.

– Da verlangst du aber viel von dir! Wie viele andere gestehst du dir nur schwer das Recht zum Fehlschlag zu. Fändest du es normal, dass ein Kind unbedingt auf Anhieb Rad fahren können muss und dass es keinen weiteren Versuch unternehmen darf, wenn es einmal stürzt? Nichts anderes verlangst du nämlich von dir. Warum solltest du auch alles sofort können? Du hast das NIE zuvor gemacht und musst es einfach erst lernen. Auch wenn du mehrere Anläufe brauchst, so zählt doch die gute Absicht am meisten. Ich garantiere dir, es genügt, wirklich zu wollen, um es eines Tages zu schaffen. Du solltest lernen, etwas toleranter und geduldiger mit dir selbst zu sein und dem Universum zu vertrauen, das dich immer unterstützt.

– Jetzt verstehe ich besser, was du damit sagen willst, dass es so vielen Menschen schwerfällt zu akzeptieren. Das ist wirklich kein leichtes Stück Arbeit!

– Das Gute am Akzeptieren ist jedoch, dass es uns immer leichter fällt, je mehr wir uns darin üben. Übung macht den Meister. Das gilt eben für alle Bereiche. Auch das Akzeptieren haben wir nie richtig gelernt, weshalb es auch völlig normal ist, anfangs Schwierigkeiten damit zu haben. Das größte Hindernis dabei ist sicher unser Ich, das enorme Angst hat, verschwinden zu müssen, wenn es die Kontrolle über uns verliert. Ich kann diesbezüglich nicht oft genug wiederholen: **Unser Ich versucht ständig zwei Dinge: Es will sich an unseren Überzeugungen nähren und sich von seiner Existenz überzeugen, indem es sich seiner Macht über uns sicher ist. Das beweist es sich durch die Auswirkungen von Ängsten und Emotionen auf unseren Körper …**

… Das Ich ist ein Erzeugnis unseres Geistes. Daher ist es auch außerstande zu erkennen, dass es keineswegs den Bedürfnissen unseres Wesens entspricht. Wir müssten es daher eigentlich sogar als eine Ausgeburt unseres Geistes bezeichnen. Es ist ebenso unnatürlich wie ein Abszess am Körper. Wir allein haben ihm all seine Macht verliehen. An uns liegt es also auch, sie zurückzugewinnen, indem wir selbst darüber entscheiden, was wir wollen …

–Jetzt, wo wir über die Ergebnisse mit deiner Tochter, deiner Mutter und mit Mario gesprochen haben, liegt dir heute noch etwas anderes am Herzen?

–Ja, ich mache mir Sorgen um meine Gesundheit. Seit einem Jahr tun mir die Brüste weh, vor allem die linke. In der letzten Zeit wird das immer schlimmer. Mein Hausarzt hat mich zu einem Facharzt geschickt, der mir mitteilte, dass ich Zysten hätte, die so groß seien, dass sie operativ entfernt werden müssen. Allein schon der Gedanke an eine Operation ist mir ein Gräuel – noch dazu an der Brust! Ich habe gleich in deinem Buch über die Krankheiten nachgelesen und gesehen, dass diesem Gesundheitsproblem meine Haltung als Mutter zugrunde liegt. Damit bin ich völlig einverstanden. Ich weiß, dass ich mir zu große Sorgen um meine Tochter mache und auch mit Mario öfter in die Mutterrolle schlüpfe, manchmal sogar mit Marios Sohn David, sowie mit dessen Frau und Sohn. Jedes Mal, wenn ich Michelle in Anwesenheit des Kindes rauchen sehe, finde ich es furchtbar, dass eine Mutter ihrem Kind so etwas zumuten kann. Wie kann sie nur so tun, als wüsste sie nicht, dass sie dabei nicht nur sich, sondern auch ihren Mann und Sohn vergiftet? Mario raucht auch, aber zumindest nicht im Haus. Ich bestehe darauf, dass er zum Rauchen hinausgeht. Dadurch raucht er auch weniger. Ich hätte gern, dass er der Gesundheit zuliebe ganz damit aufhört. Du siehst, ich mache mir Sorgen um alle, die ich liebe. Will mein Körper mir hier sagen, dass ich mich nicht mehr um sie kümmern und die Mutter für sie spielen soll ?

–Wenn du versuchst, ein Krankheitssymptom zu entschlüsseln, so tust du das aus drei Gründen. Zuerst willst du dir dadurch bewusst werden, was du wirklich in deinem Leben sein willst, d. h. welche Lebensweise deinem Lebensplan entspricht. Zweitens willst du verstehen, welche Überzeugung dir hier schadet, d. h. dich von diesem Lebensplan abbringt. Drittens soll es dir helfen, dir bewusst zu werden, was du augenblicklich nicht akzeptierst. Nehmen wir uns also etwas Zeit, die Sache im Detail zu entschlüsseln …

Ich nehme den Fragebogen[2] *zur Hand, und trage dort Annas Antworten auf ihr Gesundheitsproblem ein.*

… Nach deinen Angaben hindert dich dein Problem an den Brüsten daran, zu schlafen, gelassen, frei und glücklich zu sein. Diese Wünsche stimmen mit den Grundbedürfnissen deines Wesens überein. Wir können daraus schließen, dass dein Verhalten diesen Bedürfnissen nicht entspricht, weil du glaubst, **freie und glückliche Mütter seien zugleich herzlose Egoisten …**

… Der wichtigste Schritt des Entschlüsselns ist jedoch das Akzeptieren. Solange dein Körper nicht spürt, dass du voll und ganz akzeptiert hast, wird er dir weiterhin Botschaften in Form von Symptomen schicken. Du erinnerst dich doch daran, dass **du nicht erreichen kannst, was du willst, solange du nicht akzeptiert hast, was du nicht willst?**

– Soll das heißen, ich soll akzeptieren, eine egoistische und herzlose Mutter zu sein? Nein, das kann ich nicht. Das widerstrebt meiner Natur.

– Gehen wir noch einmal zurück. Du hast mir doch soeben gesagt, du möchtest gern frei und glücklich sein. Dann hast du hinzugefügt, dass das für dich gleichbedeutend damit sei, egoistisch und herzlos zu sein. Verstehst du jetzt, warum du zuerst akzeptieren musst, was du glaubst, um zu verwirklichen, was du willst? Weißt du, warum es dir so schwerfällt zu akzeptieren, egoistisch und herzlos zu sein?

– Das ist einfach. Wenn ich so wäre, würde mich niemand mehr mögen. Alle würden sagen, ich denke nur an mich und habe nichts für sie übrig. Du sagst doch, dass wir ernten, was wir säen. Wenn ich egoistisch und herzlos bin, dann sind die anderen das doch auch zu mir. Nein, das will ich auf keinen Fall. Gibt es keinen anderen Weg, die Botschaft meines Körpers zu integrieren?

– Ach, wie stark das Ich manchmal sein kann! Siehst du nicht, dass hier nicht dein Herz, sondern dein Ich spricht, das nicht will, dass du frei

[2] Dieser Fragebogen findet sich im Anhang meines Buches *Dein Körper sagt: «Liebe dich!»*

und glücklich wirst? Warum? Aus denselben beiden Gründen: Es ist davon überzeugt, dass du nie akzeptieren würdest, als herzlose Egoistin angesehen zu werden. Es will dich einerseits beschützen, andererseits aber auch, dass du weiterhin in deinen Emotionen lebst, damit dieses Ich in deinen Sorgen und Ängsten weiter existieren kann. Siehst du nicht, dass deine Sorgen um all jene, die du liebst, nichts mit wahrer Liebe zu tun haben? Außerdem lässt der Umstand, nicht auf dein Bedürfnis nach Freiheit und Glück zu hören, darauf schließen, dass du dich selbst auch nicht wirklich liebst. Wie willst du jedoch wahre Liebe ernten, wenn du nicht imstande bist, sie zu säen? Du willst sie von anderen bekommen, während du sie weder dir noch deinen Mitmenschen zuteilwerden lässt.

– Und doch sträubt sich in mir weiterhin alles dagegen, ein Egoist zu sein. Ich würde mich so unwohl in meiner Haut fühlen, dass ich dabei weder frei noch glücklich wäre. Wie komme ich nur aus dieser Zwickmühle heraus?

– Ich sehe schon, dass Egoismus für dich eine absolut inakzeptable Haltung ist. Aber ich denke, bei dir ist das eher eine Frage der Definition. Weißt du noch, was ich dir und Mario bei eurem ersten gemeinsamen Treffen hier gesagt habe?

– Nein, ich erinnere mich nicht mehr genau. Ich weiß nur noch, dass mich deine Definition überrascht hat. Ich habe sie wohl vergessen, weil sie mir nicht gefallen hat. Kannst du sie mir noch einmal sagen?

– Gut, aber vorher hätte ich gerne gewusst, woran du dich noch erinnerst. Vielleicht ist das mehr, als du dir eingestehen willst, weil dein Ich versucht, die Spuren zu verwischen.

– Für mich ist Egoismus, wenn ich dem Unglück oder Hilfsbedürfnis anderer gleichgültig gegenüberstehe und zuerst an mich denke. Ich finde das sehr eigennützig. Auf wen kann man denn zählen, wenn wir nicht einmal die Hilfe derer erwarten können, die wir lieben?

– Deine Definition deckt sich mit derjenigen der meisten Leute. Jetzt versuche dich daran zu erinnern, inwiefern meine Definition sich davon unterschieden hat.

– Ja, jetzt kommt es mir wieder. Ich würde sogar sagen, deine Definition war das genaue Gegenteil von meiner. Vor allem daran erinnere ich mich. Aber mehr fällt mir dazu beim besten Willen nicht ein.

– Gut, dann zur Wiederholung: Für dich ist Egoismus, zuerst an sich selbst zu denken, während es in Wirklichkeit vielmehr bedeutet **zu erwarten, dass andere sich noch vor ihren eigenen um unsere Bedürfnisse kümmern.** Weißt du, was das heißt? Dass meistens gerade diejenigen Egoisten sind, die andere als solche bezeichnen. Ist das nicht ironisch? Dem möchte ich noch etwas hinzufügen, was dich vielleicht überrascht. Oft wollen Leute wie du das Leben ihrer Mitmenschen verbessern, weil sie fürchten, sonst als Egoisten zu gelten. Jenen wäre es aber wesentlich lieber, wenn Erstere sich um ihre eigenen Angelegenheiten kümmern würden. Glaubst du wirklich, dass deine Angehörigen es schätzen, wenn du dir Sorgen um sie machst?

– Da hast du sicher recht. Du kannst dir gar nicht vorstellen, wie oft man mir schon gesagt hat, ich solle aufhören, mir Sorgen zu machen, und mich um mein eigenes Glück kümmern. Sie haben mir schon alle mehr als einmal zu verstehen gegeben, dass sie ihr Leben durchaus selbst meistern können. So langsam beginne ich zu begreifen, was du damit meinst zu akzeptieren, ein Egoist zu sein. Du willst damit sagen, dass ich mich in Wirklichkeit der wahren Liebe nähere, wenn ich glaube, egoistisch zu handeln, und mich vor allem auch dann wohl in meiner Haut fühlen kann, wenn sie nicht glücklich sind. Warum lernen wir solche Dinge nicht, wenn wir klein sind? Das sollten wir in der Schule lernen, findest du nicht?

– Ich glaube, dass das eher von den Eltern vermittelt werden sollte. Während die Schule uns aufs Berufsleben vorbereitet, helfen uns unsere Eltern bei der Bildung unserer Persönlichkeit. Aber wie können wir von unseren Eltern erwarten, uns Dinge beizubringen, die sie selbst nie gelernt haben. Heute hat sich die Welt geöffnet, was sehr vielversprechend ist. All diese neuen Kenntnisse, die uns in den verschiedensten Formen zugänglich sind, werden den Erwachsenen von morgen eine wertvolle Hilfe in den verschiedensten privaten und beruflichen Situationen sein. Siehst du, welchen Unterschied das schon bei deiner Tochter ausmachen wird, wenn du ihr z. B. von der wahren Liebe erzählst und dabei ein wirkliches Vorbild und kein Beispiel für Angst und Egoismus mehr bist? ...

... Das will dir dein Körper also mit deinen Problemen an der Brust sagen. Ist dir das jetzt klarer?

– Ja, absolut. Aber ich weiß immer noch nicht, was ich jetzt konkret an mir ändern kann. Werde ich einfach dadurch wieder gesund, indem ich aufhöre, mir Sorgen um die anderen zu machen?

– Nein. Dein Körper verlangt keinen radikalen Gesinnungswechsel von dir, sondern will es dir lediglich ermöglichen, manchmal auch egoistisch und herzlos zu sein. Du wirst wissen, dass du dich selbst akzeptiert hast, wenn es dir gelingt, an dich und dein Glück zu denken, auch wenn andere unglücklich sind, und dich ebenso gut zu fühlen, wenn du denen hilfst, die deine Hilfe brauchen. Diese Hilfe wird dann nämlich nicht mehr durch die Angst bedingt, als Egoist abgestempelt zu werden. Und wenn deine Hilfe zurückgewiesen werden sollte, so macht dir das auch nichts aus. Lass dir Zeit, es zu schaffen. Dein Körper wird nicht lange brauchen, um durch deine veränderte innere Haltung eine andere Nachricht zu vernehmen, die ihm zu verstehen gibt, dass er deine Aufmerksamkeit nicht mehr auf sich lenken muss, damit du auf deine wahren Bedürfnisse hörst ...

... Ich würde an deiner Stelle noch drei Monate warten, um eine endgültige Entscheidung über eine Operation zu treffen. Dann soll dein Arzt noch einmal eine Röntgenaufnahme machen lassen. Du kannst ihm ja sagen, dass du gerade an dir arbeitest und dich mit dieser Entscheidung wohler fühlst. Nichts hindert dich daran, in der Zwischenzeit die Medikamente zu nehmen, die er dir verschreibt, oder dich alternativen Heilmethoden zuzuwenden, wenn dir das lieber ist. Was immer du jedoch tust, sollte aus Liebe für dich und nicht aus Angst geschehen ...

... Du sagtest, dass es dir lieber wäre, dich nicht operieren zu lassen. Aber, weißt du, ich habe auch viele Frauen in deiner Situation kennengelernt, die gut an sich selbst gearbeitet haben und sich trotzdem operieren ließen, um auf „Nummer sicher" zu gehen. Sie können die Botschaft ihres Körpers dennoch verstanden und integriert haben, wodurch sie wissen, dass die Situation sich nicht wiederholen oder gar verschlimmern wird. Solche Entschlüsselungen sind ein ausgezeichnetes Mittel, um schwereren Krankheiten vorzubeugen.

Was wir uns hier merken sollten

- Mit dem anbrechenden Wassermannzeitalter müssen wir uns daran gewöhnen zu akzeptieren, dass wir alle gleich sind und von jedem Menschen etwas lernen können. Das gilt für alle Beziehungen: Eltern und Kinder, Lehrer und Schüler, Direktoren und Angestellte usw.
- Wenn wir uns die richtigen Fragen stellen, bekommen wir auch schnell die richtigen Antworten.
- Sind wir uns einer überholten Überzeugung bewusst geworden, so ist es völlig normal, uns dafür Vorwürfe zu machen, noch immer an etwas zu glauben, was unser Glück und unsere Freiheit einschränkt, das zu sein, was wir gerade wollen.
- Unser Ich ist überzeugt davon, dass wir den Schmerz nicht überstehen würden, wenn unsere Seelenwunde berührt werden würde.
- Um eine Wunde zu heilen, müssen wir in der Lage sein, uns vorzustellen, dass jemand diese Wunde bei uns berührt oder wir sie bei anderen berühren, ohne uns bzw. den anderen dafür zu verurteilen. Dabei dürfen wir nie aus den Augen verlieren, dass derjenige, der das tut, dem anderen deshalb nicht unbedingt absichtlich Schmerzen zufügen will, sondern dadurch lediglich seine Grenzen oder Bedürfnisse zum Ausdruck bringt. **Denn das ist unser aller Lebenssinn: alle Erfahrungen, die wir bewirken, zu akzeptieren, ohne sie zu verurteilen …**
- Nach diesem Schritt sollten wir unserem Ich dafür danken, dass es uns vor dieser Situation bewahren wollte. Jetzt aber muss es verstehen, dass diese Wunde zwar immer noch schmerzt, wir aber im Falle des Falles damit fertig werden würden. Unser Ich wird loslassen und uns unser Leben leben lassen, wenn es unsere Bestimmtheit in dieser Hinsicht spürt. Das ist so befreiend, als würde ein enormes Gewicht von unseren Schultern genommen, was uns neue Energie verleiht.
- Solange wir unsere Einstellung nicht ändern, müssen wir leider feststellen, dass wir immer genau das bewirken, was wir befürchten.

- Wir sollten uns zugestehen, nicht sofort alles akzeptieren zu können oder in der Lage zu sein, gegenüber den Menschen, die unsere Seelenwunden das erste Mal berührt haben, unsere Gefühle auf Anhieb zum Ausdruck zu bringen. Wir müssen lernen, toleranter und geduldiger mit uns selbst zu sein und dem Universum vertrauen, das uns immer unterstützt.

- Unser Ich versucht ständig zwei Dinge: Es will sich an unseren Überzeugungen nähren und sich von seiner Existenz überzeugen, indem es sich seiner Macht über uns sicher ist. Das beweist es sich durch die Auswirkungen von Ängsten und Emotionen auf unseren Körper. Das Ich ist ein Erzeugnis unseres Geistes. Daher ist es auch außerstande zu erkennen, dass es keineswegs den Bedürfnissen unseres Wesens entspricht. Wir müssten es daher eigentlich sogar als eine Ausgeburt unseres Geistes bezeichnen. Es ist ebenso unnatürlich wie ein Abszess am Körper. Wir allein haben ihm all seine Macht verliehen. An uns liegt es also auch, sie zurückzugewinnen, indem wir entscheiden, was wir wollen.

- Wir entschlüsseln Krankheitssymptome aus drei Gründen: Zuerst wollen wir uns dadurch bewusst werden, was wir wirklich in unserem Leben sein wollen, d. h. welche Lebensweise unserem Lebensplan entspricht. Zweitens wollen wir verstehen, welche Überzeugung uns hier schadet, d. h. uns von diesem Lebensplan abbringt. Drittens soll es uns helfen, uns bewusst zu werden, was wir augenblicklich nicht akzeptieren. Wir dürfen nie vergessen, dass wir nicht erreichen können, was wir wollen, solange wir nicht akzeptiert haben, was wir nicht wollen.

- Wir können keine wahre Liebe ernten, wenn wir sie nicht säen. Wenn wir nicht in der Lage sind, uns oder anderen wahre Liebe zuteilwerden zu lassen, können wir auch im Gegenzug keine bekommen.

- Für viele ist Egoismus, zuerst an sich selbst zu denken, während es in Wirklichkeit bedeutet zu erwarten, dass andere sich noch vor ihren eigenen um unsere Bedürfnisse kümmern. Meistens sind gerade diejenigen Egoisten, die andere als solche bezeichnen.

- Das Verständnis der wahren Liebe sollte von den Eltern oder denjenigen vermittelt werden, die diese Funktion übernommen haben. Während die Schule uns aufs Berufsleben vorbereitet, helfen uns unsere Eltern bei der Bildung unserer Persönlichkeit. Wir können nicht von unseren Eltern erwarten, uns Dinge beizubringen, die sie selbst nie gelernt haben. Deshalb ist es höchste Zeit, dass wenigstens wir die wahre Liebe lernen.
- Wir werden nicht automatisch von Krankheiten geheilt, weil wir die inneren Gründe dafür entdeckt haben. Eine solche Heilung ist erst dann möglich, wenn wir uns ohne Urteil und Angst erlauben, das zu sein, was wir wollen, aber auch, was wir nicht wollen.

8. Kapitel

Alter und Tod akzeptieren

– Guten Tag, Anna. Guten Tag, Mario. Als du mich am Telefon um einen Termin gebeten hast, hat das ziemlich dringend geklungen, Anna. Was ist geschehen? Was ist im letzten Monat passiert, dass ihr heute mit einem so traurigem Gesicht zu mir kommt?

Mario antwortet, noch bevor er seinen Mantel abgelegt hat.

– Lise, du wirst nicht glauben, was uns alles in einer Woche passiert ist! Ich frage mich, was wir dem lieben Gott wohl angetan haben, damit er uns so auf die Probe stellt ... Der Sohn meiner Schwester Louisette hat sich letzte Woche das Leben genommen. Am Tag darauf hat sich Annas Vater das Bein gebrochen und wird wegen seiner Knochenschwäche wohl nie wieder arbeiten können. Es ist, als ob er zu schnell gealtert sei. Der Arzt sagte, dass sein vierundsechzigjähriges Skelett aussieht wie das eines Achtzigjährigen ...

– Nun setzt euch zuerst einmal hin. Atmet tief durch und trinkt ein Glas Wasser. Es ist immer gut zu trinken, wenn unsere Emotionen überhandnehmen. Das beruhigt.

– Ich würde dir gern zuerst vom Selbstmord meines Neffen erzählen, bevor Anna beginnt, über ihren Vater zu sprechen. Meine Schwester Louisette war vollkommen verstört, als sie mir schluchzend am Telefon erzählte, dass sich ihr Sohn in seinem Zimmer erhängt hatte. Er war erst neunzehn! Ich glaube, sie wird das nie ganz verkraften. Kannst du dir das vorstellen? Seinen eigenen Sohn erhängt vorfinden; die Polizei im ganzen Haus; die Untersuchungen der Kripo; die endlosen Verhöre, die sie mit ihrem Mann ertragen muss. Ich kann es immer noch nicht fassen. Sie rief mich an, als der Leichnam am nächsten Tag zur Autopsie zum Gerichtsmediziner gebracht wurde. Anna und ich sind sofort zu ihr gefahren, obwohl sie vier Stunden von uns entfernt wohnt …

… Ich hatte den Eindruck, dass sie in den drei Wochen, seit ich sie zum letzten Mal gesehen hatte, um zehn Jahre gealtert war. Sie war immer meine Lieblingsschwester gewesen, doch wusste ich auch nicht, wie ich ihr helfen konnte. Warum ist gerade ihr ein solches Unglück passiert? Ich weiß, dass viele andere Eltern ähnliches Leid durchstehen müssen, aber in der eigenen Familie ist das immer etwas anderes. Meine Güte, wie hart das Leben manchmal ist! Um meinen Schwager mache ich mir sogar noch größere Sorgen. Er sitzt einfach nur da, starrt die Wand an und will mit niemandem sprechen. Er ist wie ein Zombie. Er isst nicht und weint nicht. Ich glaube, es würde ihm guttun, wenn er all diesen Gefühlen in einer Krise Luft machen könnte. Meine Schwester hört dagegen gar nicht zu weinen auf. Warum ist das Leben nur so schwer?

– Es tut mir leid, eine so traurige Nachricht zu hören. Es ist nie leicht, vom Tod eines Angehörigen zu erfahren, und noch schwerer, wenn es auf diese Weise geschieht. Es ist ganz normal, dass da die ganze Familie unter Schock steht. Hatte er jemals mit seinen Eltern über Selbstmord gesprochen?

– Nein, deswegen ist es ja auch ein so großer Schock. Mein Neffe Luc war schon immer ein schüchterner, zurückhaltender und nicht sehr demonstrativer Junge gewesen. Er war gut in der Schule, aber war vor einem Jahr ausgestiegen, weil er sagte, ein Jahr Pause täte ihm gut, weil er nicht recht wusste, in welche Richtung er gehen wollte. Er war geschickt in allem und hätte in den verschiedensten Bereichen Karriere machen können, vor allem als Informatiker. Er hatte eine Anstellung in einem Lager gefunden. Er erzählte nicht viel von seiner Arbeit, außer, dass sie für den Moment OK war, weil er so selbst für seine Ausgaben aufkommen konnte …

… Er wohnte noch bei seinen Eltern. Zu Hause verbrachte er fast die ganze Zeit am Computer. Er ging ab und zu aus, hatte aber nur wenige Freunde. Meine Schwester gestand mir sogar, dass sie sich manchmal fragte, ob er nicht homosexuell sei, weil sie ihn nie mit einer Freundin gesehen hatte. Aber sie wagte nicht, mit ihm über dieses Thema zu sprechen. Aber ich muss sagen, dass es überhaupt schwer war, mit ihm zu reden, da er meist nur mit einem Ja oder Nein oder aber ausweichend antwortete. Mein Schwager tat sich sehr schwer mit seinem Sohn, den er sich eher sportlich und gesellig gewünscht hätte. Er wäre gern Golf spielen oder Ski fahren mit ihm gegangen, doch kam er einfach nicht an ihn heran. Ich glaube, er fühlt sich furchtbar schuldig an seinem Tod, weshalb er jetzt auch in diesem beklagenswerten Zustand ist.

– Aber sag mir, Mario, warum sagst du, DIR sei etwas Schreckliches zugestoßen und Gott stelle DICH auf die Probe? Ich weiß, dass es schwer ist zu akzeptieren, dass ein so junger Mensch auf diese Weise aus der Welt scheidet, doch inwiefern betrifft das jetzt dein Leben?

– Was für eine Frage! Wirklich, Lise, da überraschst du mich. Das betrifft das Leben aller, die ihn gekannt haben. Das ist doch normal, oder nicht?

– Ich kann nicht von den anderen sprechen. Doch ist das Ziel unserer Gespräche, euch beiden zu helfen, durch diese schwere Situation zu kommen. Deswegen kommt ihr doch zu mir, oder nicht? Dazu muss ich wissen, auf welcher Ebene diese Situation schmerzt und euer Leben betrifft.

– Sagen wir, ich weiß nicht, wie ich Louisette helfen kann, die diese Hilfe jetzt jedoch bitter nötig hätte. Ich bringe es nicht übers Herz, zu Hause zu bleiben und so zu tun, als wäre nichts geschehen, wo sie so leidet. Andererseits bringe ich es jedoch auch nicht fertig, an ihrer Seite zu sein.

– Wenn ich es also richtig verstehe, fällt es dir am schwersten, deine Schwester leiden zu sehen, aber nicht zu wissen, was du tun kannst. Fühlst du dich machtlos oder egoistisch, wenn du ihr in dieser Situation nicht helfen kannst? … Ja? Nehmen wir an, du könntest ihr tatsächlich nicht helfen, welche Ängste ruft das in dir hervor?

– Ich habe nicht Angst um mich, sondern um sie. Ich fürchte, sie könnte krank oder depressiv werden. Und so wie ich ihren Mann sehe, habe ich auch Angst um ihre Ehe. Ich habe es vielleicht nicht erwähnt, aber Luc war ihr einziges Kind, weshalb das Ganze also noch schlimmer für sie ist, da sind sie nun beide allein mit ihrem Leid sind. Wie werden sie diese Situation wohl überstehen?

– Du sagst, du hast Angst um sie und um ihre Ehe, doch fürchten wir immer für uns selbst, nie für die anderen. Nur unser Ich spiegelt uns immer vor, dass wir Angst um die anderen haben. Wisst ihr noch, wir haben darüber schon einmal gesprochen, als Anna mir von ihren Ängsten um Sandra erzählte. Seht ihr, welch großen Widerstand unser Ich leistet, und wie schwer es ihm fällt, neue Ideen zu integrieren? Erst wenn wir akzeptieren, allein um uns selbst Angst zu haben, übernehmen wir unsere eigene Verantwortung und nicht die von anderen …

… Alles, was mit diesem Gesetz der Verantwortung zu tun hat, fällt unserem Ich besonders schwer. Macht euch also nichts daraus. Ich bin es gewöhnt, diese Dinge ein paar Mal wiederholen zu müssen. Wir glauben im Moment, sie wirklich verstanden zu haben, doch vergessen wir sie ebenso rasch wieder, um zu unseren alten Überzeugungen zurückzukehren. Was ist daran schlimm? Wenn wir glauben, Angst um andere zu haben, so verharren wir in bestimmten Emotionen – vor allem in Schuldgefühlen –, bis sie einmal beschließen, ihr Leben zu ändern. Dadurch sind wir völlig von ihnen abhängig. Ich komme also wieder auf meine Frage zurück, Mario. Was macht dir Angst, wenn deine Schwester durch den Selbstmord ihres Sohnes krank werden würde oder Eheprobleme bekäme?

Mario starrt auf den Boden, dann seufzt er lange und antwortet langsam und leise:

– Wenn das eintreten würde, würde es mir schwerfallen, sie zu besuchen und zu wissen, dass ich ein schönes Leben habe; ja, ein Leben, das in letzter Zeit sogar immer besser und glücklicher wird … Ich hätte also Angst, sie könnte mich als herzlos oder als feige bezeichnen und mir vorwerfen, ihr nicht zu helfen.

– Glaubst du wirklich, herzlos zu sein? Meinst du wirklich, dass deine Schwester von dir erwartet, ihre Probleme zu regeln? Hat sie dich überhaupt um Hilfe gebeten?

– Nein. Sie klagt nur darüber, wie ungerecht das Leben ist, und versteht nicht, warum sie derart auf die Probe gestellt wird. Sie fragt sich, wie es möglich ist, dass niemand auch nur die leiseste Ahnung davon hatte, dass ihr Sohn so unglücklich war. Wenn ich recht überlege, so habe ich letzte Woche täglich mit ihr telefoniert, doch sie hat mich nie um Hilfe gebeten.

– Nichts hindert dich daran, deine Gefühle mit ihr zu teilen und ihr zu sagen, dass du ihr gerne helfen würdest, aber nicht recht weißt wie und dich dabei machtlos fühlst. Du kannst ihr auch vorschlagen, sich von anderer Seite helfen zu lassen. Ich kenne mehrere Personen, die ihr helfen und sie und ihren Mann beraten könnten. Vergiss nicht, Mario: Solange jemand uns nicht ausdrücklich um Hilfe gebeten hat, hat es keinen Sinn, ihm die Unterstützung zuteilwerden zu lassen, die wir in dieser Situation für angebracht halten. Wenn ein Hilfegesuch unsere Fähigkeiten übersteigt, so sollten wir das eingestehen und können höchstens dadurch helfen, indem wir an geeignetere Personen verweisen. Es ist völlig normal, dass die beiden Eltern hier unter Schock stehen. In ein paar Wochen wird es leichter sein, mit ihnen zu sprechen …

… Das Beste, was du zurzeit tun kannst, ist, ihnen zu verstehen zu geben, dass es in diesem Augenblick ganz natürlich ist, dass sie das Leben ungerecht finden und sogar Gott dafür anklagen. Sie sollten sich auch zugestehen, die Entscheidung ihres Sohnes zu hinterfragen. Eines Tages werden sie verstehen, dass sie nicht für die Entscheidungen anderer verantwortlich sind und sich nach bestem Wissen und Gewissen um ihren Sohn gekümmert haben. Du kannst Louisette auch gestehen, wie unwohl du dich in dieser Situation fühlst, einen geliebten Menschen leiden zu sehen und nicht zu wissen, was du tun kannst. Vielleicht fällt es dir auch schwer, sie öfter zu sehen. Gestehe dir deine eigenen Grenzen zu. Du wirst sehen, wenn du dich ihr mitteilst, wird es dir viel leichter fallen, damit fertig zu werden. Es passiert häufig sogar, dass unsere Grenzen sich ändern, sobald wir sie den Betroffenen mitgeteilt haben. Plötzlich wird uns dann klar, dass sie nicht mehr so wichtig sind wie früher …

… Leider gibt es keine Schule, die künftigen Eltern beibringt, wie sie in den verschiedensten Situationen mit ihren Kindern handeln sollten. In der Regel wiederholen alle Eltern dieser Erde, was sie von ihren eigenen Eltern gelernt haben, lernen aus eigener Erfahrung und werden schließlich weiser. So entwickelt sich die Welt von einer Generation zur nächsten. Auch du musst akzeptieren, dass dieser Selbstmord dich völlig unvorbereitet getroffen hat und du der Situation, in der du geliebten Menschen gerne helfen würdest, selbst hilflos gegenüberstehst. Jeder Mensch fühlt sich im Leben manchmal machtlos. Das ist Teil des Menschseins. Glaubst du wirklich, dass deine Schwester glücklicher wäre, wenn du nun deinerseits unglücklich bist, weil du ihr nicht helfen kannst?

– Natürlich nicht. Louisette mag mich so sehr, dass sie mich sicher nicht unglücklich wissen wollte. Mir wird klar, dass ich mir das alles nur einbilde. Ich weiß jetzt auch, was ich zu tun habe. Danke, Lise, dass du mir dabei geholfen hast.

– Und wie hast du diese traurige Nachricht aufgenommen, Anna?

– Ganz anders als Mario. Ich fühle mich nicht verpflichtet, meiner Schwägerin zu helfen, obwohl ich sie sehr gern habe. Ich habe ihr gleich gesagt, dass ich nicht recht wisse, was ich tun oder sagen sollte, um ihr zu helfen, aber dass sie sich melden sollte, wenn sie irgendetwas braucht. Ich habe ein besseres Gefühl, ihr konkret anstatt psychologisch beizustehen. Ich habe ihr also angeboten, nächste Woche wiederzukommen, um ihr im Haushalt zu helfen und ein paar Gerichte zum Einfrieren vorzukochen. Sie hat sich mit einem traurigen Lächeln bedankt. Ihrem Blick habe ich entnommen, dass sie mein Angebot zu schätzen wusste …

… Mich trifft an dieser Situation vor allem, wenn ich mir vorstelle, dass das auch unserer Tochter passieren könnte. Allein bei dieser Vorstellung zieht sich mein Herz zusammen und ich bekomme kaum Luft. Ich habe gleich mit Sandra darüber gesprochen und sie gefragt, ob sie schon einmal an Selbstmord gedacht hat. Sie hat mich des Gegenteils versichert und fügte hinzu, dass sie nie den Mut dazu aufbringen würde. MUT finde ich ein sehr eigenartiges Wort in diesem Zusammenhang, findest du nicht? Sie findet, dass es großen Mut braucht, bei Selbstmordgedanken wirklich zur Tat zu schreiten. Sie erzählte, dass sie schon mit zwei Freundinnen über dieses Thema gesprochen habe: Die eine wollte sich die Venen der Handgelenke aufschneiden, die andere eine Flasche Pillen schlucken, doch hätte keine von beiden den Mut dazu aufgebracht. Ich kann mir schon vorstellen, dass es nicht leicht ist, sich das Leben zu nehmen. Im Internet las ich, dass die Selbstmordrate bei

Jugendlichen immer noch steigt – nicht nur hier in Quebec, sondern in mehreren Ländern. Weißt du warum?

–Niemand kann wirklich ahnen, warum jemand zu einer solchen Entscheidung kommt. Doch betrifft uns das hier auch nicht direkt. Jede Seele ist aus einem ganz bestimmten Grund auf diese Welt gekommen. Wenn sie beschließt, dass sie es zu schwierig findet, diesen Plan in diesem Leben zu verwirklichen. und es lieber in einem anderen Körper und einem anderen Leben noch einmal versucht, so steht es uns nicht zu, darüber zu urteilen. Ich nenne das den großen Respekt vor dem Leben. Ich habe oft beobachtet, dass der Selbstmord eines Menschen die Entwicklung seiner Angehörigen beschleunigt hat …

… Eines ist jedoch gewiss: Leidet jemand allzu sehr unter dem Tod eines geliebten Menschen, so muss er lernen loszulassen. Wir müssen ein für allemal einsehen, dass niemand uns gehören kann: weder Kinder, Partner, Freunde noch unsere Eltern. Wir sind lediglich Seelen, die beschlossen haben, ein Stück des Weges gemeinsam zurückzulegen, um wahre Liebe und Akzeptieren zu lernen …

… Im Fall von Louisette und ihrem Mann müssen beide lernen zu akzeptieren, dass auch ihnen ihr Sohn nicht gehört hat und dass diese Seele persönliche Gründe dafür hatte, dieses Leben mit neunzehn und vor allem auf diese Weise zu beenden. Es kann eine Weile dauern, um das zu akzeptieren. Aber wisst ihr, Anna und Mario, wir können uns jederzeit zugestehen, etwas erst später akzeptieren zu können. Das Akzeptieren wird uns leichter fallen, wenn wir uns darüber im Klaren sind, dass wir damit die Entscheidung des anderen deshalb ja noch nicht gutheißen. So können Louisette und ihr Mann niemals mit der Entscheidung ihres Sohnes einverstanden sein und vielleicht auch nie verstehen, was ihn dazu bewegt hat, und trotzdem akzeptieren, dass er seine eigenen Gründe dafür hatte, die ihm ebenso eigen sind wie sein Leben, das ja auch nicht ihnen gehörte …

… Ich bin mir bewusst, dass es keineswegs leicht ist, solche Dinge zu akzeptieren. Geschieht es jedoch, so ist das ein großer Sieg für die Seele. Totales Akzeptieren spendet großen Trost, da wir wissen, dass wir nicht mehr so leiden müssen, wenn wir wieder einmal mit einer ähnlichen Situation konfrontiert werden. Wie fühlt ihr beiden euch jetzt, wo ich euch an die Bedeutung des Akzeptierens erinnert habe, um weniger zu leiden?

–Viel besser, erwidern beide gleichzeitig.

Sie blicken sich an, und ich sehe die Erleichterung in ihren Augen.

Anna wendet sich an mich und fügt hinzu:

–Kann ich dir jetzt von meinem Vater erzählen? Ich kann einfach nicht akzeptieren, ihn auf diese Weise altern zu sehen. Er leidet immer mehr an Arthrose. Allein die Nachricht vom schlechten Zustand seiner Knochen hat ihn plötzlich um zwanzig Jahre altern lassen. Es fällt mir schwerer, meine Eltern altern zu sehen, als an ihren Tod zu denken. Für mich ist der Tod natürlich und ich bin mir bewusst, dass meine Eltern eines Tages sterben müssen. Aber es ist hart zu sehen, wie sie älter werden, immer mehr Falten bekommen und ihr Körper immer schwächer wird.

–Sprichst du hier vom Altern deines Vaters oder von beiden Eltern?

–Ich habe sie letzte Woche drei Mal besucht. Vater sitzt jetzt im Rollstuhl, da er nicht mit den Krücken zurechtkommt. Da hatte ich Zeit, mir beide etwas genauer anzusehen, und bemerkte, dass sie im letzten Jahr ziemlich gealtert sind. Fast ist es so, als wäre mir das vorher absichtlich nicht aufgefallen. Meine Mutter, die trotz ihres Übergewichts immer eine agile Frau war, bewegt sich jetzt viel langsamer. Es fällt ihr sogar schwer, von einem Stuhl aufzustehen …

… Was wird nur jetzt aus ihr werden, wo Vater im Rollstuhl sitzt? Sie sagt, ich solle mir keine Sorgen machen, da der Gips ja in zwei Wochen wieder wegkommt, doch kann ich es einfach nicht verhindern. Ihre Haut ist ganz schlaff, matt und hängt herunter. Auch ihr Haar wird immer schütterer. Außerdem fiel mir auf, dass meine Mutter immer kleiner wird. Das sind jetzt schon ein paar Zentimeter. Der Arzt sagte ihr, dass das normal bei Osteoporose sei. Ist es möglich, dass das Alter so plötzlich über einen kommt, oder wollte ich es vorher einfach nicht wahrhaben?

–Es ist durchaus möglich, dass du es vorher nicht sehen wolltest. Auch das ist normal. Können Menschen schlagartig altern? Das ist bei jedem verschieden. Bei manchen geschieht das gleichsam über Nacht, andere sehen mit achtzig noch so aus wie mit sechzig. Das äußere Alter hängt sehr vom seelischen Zustand ab. Es ist erwiesen, dass Menschen mit vielen Zielen, Projekten, körperlichen und geistigen Tätigkeiten länger jung bleiben. Hat sich in der Zeit, bevor sich dein Vater das Bein brach, etwas Besonderes in seinem Leben zugetragen?

–Nächsten Monat feiert er seinen fünfundsechzigsten Geburtstag. Er scherzte immer, dass er mit fünfundsechzig im Rentenalter sei und endlich etwas von all dem Geld zurückbekomme, das er dem Staat in all den Jahren gegeben hat. Glaubst du, dass das etwas mit seinem Unfall zu tun haben könnte?

–Ein Unfall will unsere Aufmerksamkeit immer auf bestimmte Schuldgefühle lenken. Er will uns vor Augen führen, dass wir uns für sie verurteilen und selbst bestrafen wollen. Es ist wie mit jemandem, der vor Gericht schuldig gesprochen wird: Er muss eine Strafe zahlen oder ins Gefängnis gehen. Erklären wir uns selbst für schuldig, bestrafen wir uns ebenso. Geschieht dies in Form eines Unfalls, so kann uns der betroffene Körperteil wertvolle Aufschlüsse über die Art der Schuldgefühle liefern …

… Im Fall deines Vaters wurde das Bein in Mitleidenschaft gezogen, was ihn daran hindert, zur Arbeit zu gehen. Da uns die Beine dazu dienen, im Leben vorwärtszukommen, können wir darauf schließen, dass er vielleicht Schuldgefühle in Bezug auf seine Zukunft und seine Leistungsfähigkeit im Beruf hatte. Wäre dein Vater hier, so könnte ich ihm bestimmte Fragen stellen, um zu sehen, ob diese Schlussfolgerung zutrifft. Doch spricht der Körper meist eine so klare Sprache, dass er diesen Verdacht wahrscheinlich bestätigen würde.

–Jetzt, wo du es sagst, erinnere ich mich auch wieder, dass er öfter Sachen in dieser Richtung sagte: *„Die Jungen bei der Arbeit können es sicher kaum erwarten, dass ich Schluss mache. Ich kann es ihnen ansehen, dass sie mich langsam finden“*, oder: *„Es ist nicht leicht, alt zu werden. Der Körper will einfach nicht mehr mitspielen“*, oder: *„Auch wenn ich jetzt vergesslicher und nicht mehr ganz so aufmerksam bin, so bin ich immer noch gut genug für diese Arbeit und werde es auch noch ein paar Jahre bleiben. Ich mache doch keine großen Fehler. Ich möchte sie sehen, all diese jungen Leute, wenn sie einmal in meinem Alter sind. Sie machen schon jetzt genug Unfug“* …

… Es stimmt schon, dass man ihm nicht mehr so anstrengende Aufgaben überträgt. Er arbeitet in einer großen Werkstatt, wo er sich um die Bestellungen und das Werkzeug kümmert. Vor fünf Jahren wurde er mit zwei jungen Angestellten an die Kasse versetzt und hat seither den Telefondienst übernommen. Das ist es! Jetzt verstehe ich. Wahrscheinlich hat er seitdem zu altern begonnen. Sein Chef, der ihn für seine zweiunddreißig Jahre treuen Dienst schätzt, wollte es ihm wahrscheinlich nicht so klar sagen, dass er gern hätte, dass Papa mit fünfundsechzig in den Ruhestand geht, hat es ihn wohl aber mehrmals zwischen den Zeilen verstehen lassen. Das hat mein Vater erst letzte Woche erwähnt. Sein Chef muss irgendetwas in dieser Richtung gesagt haben, worauf er antwortete, dass er noch gut genug in Form sei, um weiterzumachen. Es klang fast, als ob sein Chef nicht wagte, ihm zu kündigen, sondern gern gehabt hätte, dass das von meinem Vater käme. Na ja, dann hätte sich ja das Universum um diese Angelegenheit gekümmert. Der Unfall hat diese Frage wohl ein für allemal geregelt. Glaubst du, dass ich meinem Vater das so erklären kann?

– Fühlst du dich wohl bei dem Gedanken? Wenn du das wirklich tun willst, dann möchte ich dir folgenden Rat geben: Du kannst ihm erklären, was du über die Bedeutung von Krankheiten und Gesundheitsproblemen gelernt hast, und ihn dann fragen, ob er gern die Interpretation seines Unfalls hören möchte. Wenn er dem offen gegenübersteht, so kann ihm das sicher helfen. Wenn ihn das nicht interessiert, so solltest du auf keinen Fall darauf bestehen. Wichtig ist vor allem, dass du akzeptieren kannst, was mit ihm geschieht, und dich dabei wohl fühlst. Auch das wird ihm helfen, seine Situation zu akzeptieren. Ich staune immer wieder über die Auswirkungen an anderen, wenn wir etwas wirklich voll und ganz akzeptieren. Das geschieht alles im Unsichtbaren, auch wenn der andere sich keineswegs dessen bewusst ist, sich selbst nicht zu akzeptieren. So hat dein Vater offensichtlich auch nicht gemerkt, dass er das Altern nur schwer akzeptiert. Aber es wird ihm eine wertvolle Hilfe sein, wenn es dir gelingt …

… Nichts hindert dich jedoch daran, ihm bei einer guten Gelegenheit zu sagen, dass der Ruhestand keineswegs das Ende aller schönen Dinge im Leben ist, sondern eher ein Umsatteln auf andere Aktivitäten bedeutet. Das kann eine tolle Gelegenheit sein, endlich Dinge tun zu können, zu denen er vorher nie Zeit hatte. Er kann Kurse in Musik, Malen, Basteln, Gärtnerei, Golf besuchen oder viele andere Dinge tun.

Die beste Methode, ihn zum Reden zu bringen, besteht sicher darin, ihm Fragen zu stellen …

… Aber kommen wir jetzt wieder zu dir zurück. Weißt du, warum es dir so schwerfällt, deine Eltern altern zu sehen? Was löst das in dir aus?

– Ich finde es ungerecht, unseren Lebensabend mit reduzierten geistigen und körperlichen Fähigkeiten verbringen zu müssen. Nach einem Leben voller Arbeit und Opfer können wir den letzten Teil, wo wir endlich weniger Verantwortung haben, nicht einmal richtig genießen. Ja, das finde ich hart. Allein der Gedanke, dass es wohl auch mir so gehen wird, raubt mir jeden Mut.

– Bist du dir sicher, dass das das Einzige ist, was dich daran stört?

Anna hält den Atem an, sieht mir tief in die Augen und bekommt plötzlich einen ganz roten Hals. Sie wirft einen kurzen Seitenblick auf Mario, zögert und hat plötzlich Tränen in den Augen. Schließlich atmet sie tief ein und fügt hinzu:

– Ach, Lise. Es fällt mir sehr schwer zu sagen, was da nach deiner Frage in mir hochkommt – umso schwerer, da Mario auch da ist. Aber ich werde es trotzdem sagen. Mir wird klar, dass Mario nur zwölf Jahre jünger ist als mein Vater und dass auch er in nicht allzu langer Zeit in Rente gehen wird. Ich frage mich, wie das für mich sein wird, ihn vor mir alt werden zu sehen. Ich habe dieses Thema noch nie mit Mario besprochen. Meine Freundin Lucie hat mich aber schon mehrmals gefragt, ob ich denn nie an die vierzehn Jahre Altersunterschied denke. Wenn Mario siebzig ist, bin ich sechsundfünfzig. Ich habe immer schnell das Thema gewechselt und lediglich geantwortet, dass ich ihn so lieb hätte, dass der Umstand, dass er früher alt wird, meiner Liebe keinerlei Abbruch tue. Ich sehe, dass ich mich dieser Frage nun stellen muss, da ich mit Mario nicht das durchmachen möchte, was ich jetzt mit meinem Vater erlebe. Sollte Mario wie mein Vater mit fünfundsechzig in den Ruhestand gehen müssen, dann wäre ich erst einundfünfzig. Und was ist, wenn ich dann aber noch weiterarbeiten möchte? Wie regelt man solche Dinge?

Während Annas Worten ist Mario sichtlich nervös. Er rückt auf seinem Stuhl herum, holt schließlich eine Zigarette heraus und fragt mich, ob es mich stört, wenn er kurz hinausgeht, um zu rauchen. Anna sagt, dass sie in der Zwischenzeit auf die Toilette gehen möchte. Ich antworte, dass ich sie also in zehn Minuten wieder in meinem Büro erwarte, und kümmere mich um ein paar Anrufe.

Als sie wieder zurück sind, hat Anna rote Augen und Mario scheint noch nervöser als vorher zu sein. Er kann mir kaum in die Augen sehen.

– Willst du mir sagen, Mario, was Annas Worte in dir ausgelöst haben?

– Ich stehe noch unter Schock. Sie hat mir in den ersten Jahren unserer Ehe so oft gesagt, wie froh sie sei, mit einem reifen Mann zu leben, und dass sie es nie mit einem Gleichaltrigen ausgehalten hätte. Natürlich habe ich mir damals schon Gedanken über unseren großen Altersunterschied gemacht und überlegt, wie das wohl sein würde, wenn wir einmal älter werden. Ich weiß, dass dieser Unterschied nach dem sechzigsten Lebensjahr deutlicher wird, doch sagte ich mir immer: Wenn es umgekehrt wäre, wenn Anna zuerst Falten bekäme und vielleicht ihr Körper früher schwach würde als meiner, dann würde mich das keineswegs daran hindern, sie ebenso zu lieben. Ich dachte immer, dass das für sie dasselbe wäre. Jetzt höre ich aber etwas anderes.

– Kannst du mir sagen, was du jetzt von Anna gehört hast?

– Sie hat gesagt, dass es sehr schwer für sie sein würde, mich früher altern zu sehen, und sie das nicht akzeptieren könnte, so wie das jetzt auch gerade mit ihrem Vater für sie ist.

– Ich kann dir jetzt leider keine Tonbandaufnahme von den Worten Annas vorspielen, doch kann ich dir versichern, dass das keineswegs dem entspricht, was sie wirklich gesagt hat. Es geschieht sehr häufig, dass wir Dinge zu hören vermeinen, die gar nicht so gesagt wurden. Wenn du wüsstest, wie oft wir mit unserem Ich anstatt mit unserem Herzen hören. Mit dem Ich zuhören heißt, alles durch unsere Ängste und Überzeugungen zu filtern. Das ist so, als würdest du die Natur durch rote Brillengläser betrachten. Alles hätte eine andere Farbe, und du wärest trotzdem überzeugt davon, dass es sich dabei um die Wirklichkeit handelt, obwohl die Brille deine Wahrnehmung verändert. Du bist fest überzeugt davon, dass nur du die Wahrheit siehst, da du nicht einmal weißt, dass du rote Gläser vor den Augen hast …

… Unser Ich tut genau dasselbe. Es verzerrt unser Bild der Wirklichkeit, die es nur auf der Grundlage alles in der Vergangenheit Gelernten wahrnehmen kann, und ist trotzdem überzeugt davon, die aktuelle Realität zu sehen. Es ist aber keineswegs imstande dazu, tatsächlich in der Gegenwart zu leben. Eines Tages werden wir sofort erkennen, ob eine gewisse Wahrnehmung vom Herzen oder dem Ich bestimmt wird. Verzerrt unser Ich sie, so werden wir die Situation rasch berichtigen können …

… Ist es denkbar, Mario, dass du dieselben Ängste wie Anna und ihre Eltern hast? Die Angst, älter zu werden, nicht mehr derselbe Mann zu sein und daher auch Gefahr zu laufen, auch von den anderen nicht so gesehen werden zu wollen. Ich frage dich das, weil du das von Anna gehört zu haben glaubst, obwohl Anna uns in Wirklichkeit gesagt hat, dass sie sich lieber jetzt der Situation mit ihrem Vater stellt, um nicht später mit dir damit konfrontiert zu werden und akzeptieren zu können, dass du früher älter werden wirst als sie.

– Einer solchen Angst bin ich mir eigentlich nicht bewusst. Ich weiß nur, dass es mir wehtut zu denken, dass es Anna nicht gefällt, dass ich früher altere als sie. Ich fürchte vor allem, dass sie mich dann weniger mag und sich einen jüngeren Mann sucht.

– Du sagst also, wenn einer der beiden Partner frühzeitig altert, dann besteht die Möglichkeit, dass der andere ihn verlässt. Diese Überzeugung liegt deinen Worten zugrunde. Ich frage jetzt nicht, woher sie kommt, sondern stelle lediglich fest, dass du daran glaubst. Demnach ist es völlig normal, dass du Angst davor hast, älter zu werden. Du erinnerst dich doch noch: Je mehr wir etwas fürchten, desto bessere Voraussetzungen schaffen wir dafür, dass es eintritt. Du hast sicher auch nicht vergessen, dass wir diese Angst zunächst akzeptieren müssen, um sie schließlich zähmen zu können.

– Ja, ich muss zugeben, dass mir das Angst macht. Warum ist es nur so schwer, uns unserer Ängste bewusst zu werden? … Ha, ich habe die Antwort schon gefunden: weil unser Ich sie nicht sehen will. Ich muss sagen, ich hatte nicht im Geringsten erwartet, solche Dinge zu erfahren, als wir heute mit den beiden schlechten Nachrichten unserer Familie zu dir kamen. Ich dachte eher, dass du uns sagen würdest, wie wir meiner Schwester und meinem Schwiegervater helfen könnten. Ist das immer so? Ist jedes Ereignis, das uns berührt, dazu da, uns selbst besser kennenzulernen? Das ist nicht immer leicht, vor allem, wenn wir allein sind und keinen Beistand wie heute haben. Anna und ich waren so schockiert von diesen beiden Vorfällen, dass wir sicher nicht daran gedacht hätten, auf diese Weise an uns zu arbeiten. Wir können doch aber auch nicht wegen jeder heiklen Angelegenheit zu dir kommen.

– Du hast recht, Mario. Jedes unangenehme Ereignis in unserem Leben ist dazu da, uns vorwärtskommen zu lassen und uns Dinge bewusst zu machen, die wir akzeptieren müssen. Doch ist es uns in vielen Situationen unmöglich, diese Arbeit sofort zu vollziehen. Aber mach dir keine Sorgen. Das Universum kümmert sich um alles. Es konfrontiert uns immer wieder mit denselben Situationen und Personen, bis wir uns darüber bewusst geworden sind, was wir nicht akzeptiert haben ...

... Kommen wir aber wieder auf die Angst vor dem Alter zurück. Könnt ihr beiden mir sagen, was wir tun müssen, damit die anderen den Wandel akzeptieren, der sich mit uns durch des Altern vollzieht?

– Ja, antwortet Anna, das ist doch immer wieder dasselbe, nicht wahr? Wenn wir uns selbst akzeptieren, dann akzeptieren uns auch die anderen. Aber was soll ich in meiner Situation diesbezüglich akzeptieren? Ich bin doch noch nicht alt. Wie soll ich das anstellen?

– Bist du dir da so sicher, dass du dir noch nie einen schlankeren Körper gewünscht oder dir gesagt hast: Ach, wenn ich zwanzig wäre, dann würde ich dies oder jenes tun?

– Ja, da hast du recht. Das habe ich mir schon ein paar Mal gedacht, wenn auch nicht sehr oft. Es stimmt schon, dass ich ein bisschen nostalgisch werde, wenn ich den hübschen Körper meiner Tochter oder ihrer Freundinnen sehe.

– Na also! Das wäre doch schon einmal eine gute Gelegenheit zu akzeptieren, dass dein Körper, dein Geist und deine Gefühle sich im Lauf der Jahre wandeln. Manche Veränderungen gefallen dir, manche nicht. Die angenehmeren vollziehen sich meist in unserem Emotional- und Mentalleib. Menschen, die an sich arbeiten und im Lauf der Jahre weiser, ruhiger und gelassener werden, tragen zur Verbesserung dieser beiden Körper bei. Anstatt also die Abnutzung unseres Körpers zu bedauern, können wir uns auch solche positiven Veränderungen vor Augen führen, um uns das Akzeptieren zu erleichtern …

… Außerdem geben dir deine Eltern gerade eine gute Gelegenheit dazu, Anna. Je mehr du lernst, sie zu akzeptieren, OHNE DESHALB UNBEDINGT EINVERSTANDEN SEIN ZU MÜSSEN, desto mehr wirst du auch dich selbst akzeptieren können. Das wird eure Haltung zum Altern maßgeblich ändern und ihr werdet eurem Lebensabend wesentlich gelassener entgegensehen …

… Ebenso wichtig ist es, zu einem gewissen Zeitpunkt akzeptieren zu können, uns anders zu betätigen, weil wir in den Ruhestand gehen. Mir ist aufgefallen, dass das bei vielen Menschen zu Problemen führen kann. Bei manchen, die zum Ruhestand GEZWUNGEN werden, kann dies sogar zum Selbstmord führen. Andere, die aus eigener Initiative in Rente GEHEN, werden krank. Es ist, als ob sie sich diese Passage in ein genussvolleres Leben nicht zugestehen würden. Deshalb ist es wichtig, schon jetzt zu akzeptieren, dass ihr älter werdet, wie alle anderen auch.

– Und wenn wir beide das akzeptieren, altern wir dann langsamer? fragt Anna.

– Solange ihr die Ergebnisse kontrollieren wollt, habt ihr die Sache nicht wirklich akzeptiert. Siehst du nicht, Anna, dass dich das Altern nicht mehr stört, wenn du es einmal akzeptiert hast? Du wirst erkennen, dass du die Vorstellung akzeptiert hast, wenn du dich gut fühlst – ganz gleich, ob du jetzt länger jung bleibst oder nicht. Aber ich kann euch versichern, dass das Annehmen einer Situation in der Regel bewirkt, dass wir sie so leben können, wie wir es gerne möchten …

… Nehmen wir das Beispiel des Kindes, das Rad fahren lernt. Es möchte so schnell wie möglich fahren können. Wird es aber bei jedem Sturz wütend und gibt dem Fahrrad verzweifelte Fußtritte, so wird sein Lernprozess dadurch sicher verlangsamt. Akzeptiert es solche Fehlschläge, obwohl das keineswegs heißt, gerne zu stürzen, sondern zu verstehen, dass sie Teil dieses Prozesses sind, so wird es sein Ziel wesentlich schneller erreichen. Das gilt auch für andere Erfahrungen …

… Am schwersten fällt es uns Menschen jedoch, den Tod zu akzeptieren. Da wir heute schon bei diesem Thema sind, würde ich gerne wissen, was ihr bei dem Gedanken empfindet, eines Tages einmal sterben zu müssen.

– Ich habe nicht den Eindruck, Angst vor dem Tod zu haben, antwortet Anna gleich. Ich fürchte eher, krank zu werden und dann von jemandem abhängig sein zu müssen. Der Gedanke an den Tod im Alter macht mir nichts, doch würde ich jetzt noch nicht sterben wollen, wo meine Tochter noch so jung ist. Ich fürchte, dass sie das nur schwer verkraften würde. Ich muss aber auch gestehen, dass ich große Angst hätte, wenn ich erfahren müsste, dass Mario nur noch ein paar Monate zu leben hat. Ich bin froh, Lise, dass du uns diese Frage stellst, da wir sonst nie über dieses Thema sprechen, weder zu Hause noch außerhalb. Es ist, als wäre der Tod tabu. Ich weiß nicht einmal, ob Mario Angst vor dem Tod hat.

Sie wendet sich bewegt an ihn und wartet, dass er das Wort ergreift. Er zögert eine Weile, ringt sich nervös die Hände und sagt schließlich:

– Ja, ich habe Angst vor dem Tod. Ich habe nicht gewagt, darüber zu sprechen, doch ging mir das in den letzten Monaten immer wieder durch den Kopf – vielleicht, weil Sandra jetzt gerade so alt ist wie ich beim Tod meines Vaters. Der Selbstmord meines Neffen hat das Ganze natürlich noch verstärkt. Ich würde auch nicht jetzt sterben wollen, weil ich noch jung bin. Ich fände das sehr ungerecht, jetzt sterben zu müssen, wo ich mich doch gerade dazu entschlossen habe, mich in die Hand zu nehmen und die Zukunft positiv zu sehen.

– Stell dir vor, du würdest erfahren, dass dir nur noch drei Monate zu leben bleiben, was würde dir dabei am meisten Angst machen?

– Anna und die Kinder zurückzulassen. Der Gedanke, sie nicht mehr sehen zu können, macht mir Angst. Auch wenn ich eine gute Lebensversicherung habe, die sie finanziell sehr gut absichert, so ist mir der Gedanke, dass Anna und Sandra allein auf sich gestellt wären, unerträglich. Bei David habe ich da ein besseres Gefühl. Ich weiß, dass er auch ohne mich sehr gut zurechtkommt …

… Außerdem habe ich auch Angst vor dem Tod selbst. Ich bin mir immer noch nicht sicher, ob es ein Leben nach dem Tod gibt. Das ist alles ziemlich neu für mich. Anna hat recht: Wir reden nicht genug über dieses Thema. Ich kann dir nicht sagen, was mir die größte Angst dabei macht. Ich weiß nur, dass ich eine solche Nachricht nur sehr schwer akzeptieren würde und alles Menschenmögliche in die Wege leiten und all meine Ersparnisse investieren würde, um einen Arzt zu finden, der mich heilen kann.

– Bei Anna höre ich die wohl allen Müttern gemeinsame Sorge um ihre Tochter heraus. Auch du, Mario, scheinst dasselbe zu fürchten: Du machst dir Sorgen um die Hinterbliebenen. Gelingt es euch einmal, das Gesetz der Verantwortung in eurem Leben anzuwenden, so werdet ihr auch solche Ängste überwinden. Ihr braucht nur noch etwas Zeit, um euch daran zu gewöhnen, euch nicht mehr für andere verantwortlich zu fühlen …

… Ihr habt ganz recht, darauf hinzuweisen, dass die Menschen sich mehr Zeit dafür nehmen sollten, ihre Gedanken an den Tod zum Ausdruck zu bringen. Unerwartete Todesfälle wären dann viel leichter zu verkraften. Für mich ist es unmöglich, dass das Leben mit dem Tod des Körpers endet …

… Ihr habt sicher auch gelernt, dass die Seele unsterblich ist. Demnach kehrt sie nach dem Tod ins Seelenreich zurück, wo sie Rechenschaft über ihre Erfahrungen dieses Lebens ablegt. So bereitet sie sich auf ein nächstes Leben vor, das auf den vorherigen und auf all dem basiert, was sie von ihren Begleitern der Seelenwelt lernt. Und so geht das Leben weiter. Du hast vorhin von Ungerechtigkeit gesprochen, Mario. Für mich wäre es die größte Ungerechtigkeit auf Erden, wenn das Leben nach dem körperlichen Tod zu Ende wäre. Mir gefällt die Idee, dass es lediglich die göttliche Gerechtigkeit gibt und dass unsere Seele Hunderte, ja vielleicht Tausende Leben durchmacht, bis sie imstande ist, die bedingungslose Liebe in dieser Welt zu erfahren. Ich finde das ebenso tröstlich wie gerecht. Das sollte uns dazu motivieren, uns baldmöglichst in die Hand zu nehmen und so zu vermeiden, allzu oft wiederkommen zu müssen.

– Findest du es nicht ungerecht, sagt Mario, dass jemand jung stirbt, wie das jetzt bei meinem Neffen der Fall war, oder aber kleine Kinder zurücklässt? Wie ist es möglich, dass manche, die gern sterben würden, das nicht können, andere aber jung sterben müssen, ohne es zu wollen?

– Ich verstehe, was du meinst, Mario. Das scheint wirklich ungerecht zu sein, doch sprechen wir hier aus unserer materiellen Sicht. Betrachten wir das alles aus einer spirituellen Perspektive, so haben wir ein wesentlich weiteres Blickfeld, so als würden wir eine Straße aus der Vogelperspektive betrachten. Von da oben sehen wir viel besser, woher sie kommt, wohin sie führt und welche Hindernisse sich vielleicht auf ihr befinden. Meinen wir, dass jemand zu plötzlich oder zu jung stirbt, so dürfen wir nicht vergessen, dass wir den Lebensplan seiner Seele nicht kennen. Sie hat gelebt, was sie in diesem Körper oder Umfeld zu leben hatte, und ist in die Seelenwelt zurückgekehrt, um ihren Weg auf einer anderen Ebene fortzusetzen. Und wenn der Lebensweg einer Seele noch nicht abgeschlossen war, so wollte sie diesen vielleicht lieber in einem anderen Leben weiterführen, in der Hoffnung, dass es ihr da besser gelingen würde …

… Es ist ein bisschen wie bei einem Studenten, der ein Jahr Pause macht, bevor er sein Studium abschließt. Diese Entscheidung liegt ganz bei ihm, da sie allein ihn betrifft und er allein die Konsequenzen dafür zu tragen hat. Dasselbe gilt für Verstorbene, obwohl die diesbezügliche Entscheidung hier meist unbewusst ist. Das ist eine ausgezeichnete Gelegenheit für die Hinterbliebenen zu lernen, eine Situation zu akzeptieren, obwohl wir sie nicht verstehen oder nicht als richtig ansehen. Nur so können wir den Tod geliebter Menschen, aber auch unseren eigenen in Frieden und Ruhe annehmen. Fühlst du dich besser bei dem Gedanken, nie zu sterben, Mario?

– Aus dieser Perspektive gesehen scheint es wirklich gerechter. Während ich dir zuhörte, dachte ich mir, dass es mir noch größere Lust machen würde, mich selbst in die Hand zu nehmen, weil das ja dann nicht nur für dieses, sondern auch für alle kommenden Leben ist.

– Da hast du völlig recht, Mario. Alles, was du tust, tust du für dich – in diesem wie auch in allen künftigen Leben.

– Ach, wie gerne hätte ich all das schon früher gewusst, fügt Mario hinzu. Warum lernen wir diese Dinge nur nicht in der Schule?

– Anna stellte mir neulich dieselbe Frage. Auch ich finde, dass es wunderbar wäre, wenn Kinder dieses spirituelle Verständnis schon im frühen Alter lernen würden. Doch sagte ich Anna auch, dass die Lehrer nicht dafür ausgebildet wurden. Es gehört auch nicht wirklich zu ihren Aufgaben. Aber es gibt schon immer mehr Lehrer, die ihren Schülern ein gewisses spirituelles Verständnis beibringen. Das ist ein guter Beitrag zu dem der Eltern, denn vor allem sie und die Großeltern müssen den Kindern dieses Denken beibringen. Könnt ihr euch vorstellen, wie viele sinnlosen Emotionen, Ängste und Schuldgefühle dadurch vermieden werden könnten? Doch können Eltern dieses Verständnis auch erst dann weitergeben, wenn sie es selbst in ihrem Leben anwenden. Versuchen sie es als rein theoretisches Wissen zu vermitteln, so können ihre Kinder es auch nicht lernen. Das Beispiel ist immer noch der beste Lehrmeister.

Beide nicken mir zustimmend zu und blicken sich lächelnd an. Mario nimmt Annas Hand, drückt sie fest und sagt:

– Ach, wie gut das tut, auf diese Art und Weise miteinander sprechen zu können und zu verstehen, warum wir die verschiedensten Erfahrungen in unserem Leben machen müssen. Warum ist es mit Lise nur so leicht?

– Vergiss nicht, dass ich diese Selbstbeobachtungsarbeit nun schon seit über fünfundzwanzig Jahren mache. Ist euch meine Methode jetzt klarer, seitdem wir miteinander arbeiten?

– Eines ist klar, antwortet Mario gleich – und wir haben schon mit Anna darüber gesprochen –, dass du bei unseren Treffen immer zwei Grundtechniken anwendest. Ich weiß nicht, ob du das mit „Methode" meinst. Zuerst verfügst du über die Gabe, uns wieder zum Thema zurückzubringen, wenn wir davon abschweifen. Du lässt nicht zu, dass wir uns lange in Nebensächlichkeiten verzetteln. Als Zweites fielen uns all die Fragen auf, die du uns stellst. Nur dank dieser Fragen sind wir heute von unseren Familienproblemen auf unsere eigenen Ängste und Überzeugungen gekommen.

– Bravo, ihr verfügt über eine ausgezeichnete Beobachtungsgabe. Ihr habt den wichtigsten Aspekt meiner Methode entdeckt: nie den Faden des ursprünglichen Problems verlieren und so viele Fragen wie möglich stellen. Ist euch aufgefallen, dass ihr jedes Mal, wenn ihr zu mir gekommen seid, durch solche Fragen zum eigentlichen Problem gefunden habt? Unsere Diskussionen haben immer von einer unangenehmen Situation zu ihrer wahren Ursache geführt. Wie war das z. B. heute? Mario, du glaubtest, dein Problem sei Gott, der dich durch den Selbstmord deines Neffen auf die Probe gestellt hat. Dann fühltest du dich unfähig, deiner Schwester und deinem Schwager beizustehen. Danach hattest du ein schlechtes Gefühl beim Gedanken daran, dass es dir immer besser, ihnen aber immer schlechter gehe. Schließlich hast du jedoch entdeckt, dass das wahre Problem deine Angst ist, herzlos zu erscheinen, weil du das Gesetz wahrer Verantwortung noch nicht integriert hast. Du meintest, dafür verantwortlich zu sein, das Leben deiner Schwester und deines Schwagers in Ordnung zu bringen und sie in ihrem Schmerz zu trösten, was jedoch niemand außer ihnen selbst kann.

– Und ich, fährt Anna fort, glaubte zuerst, mein Problem sei Papas Unfall und der Umstand, ihn so schnell altern zu sehen. Dann habe ich entdeckt, dass auch ich Angst vor dem Altern habe und mich unwohl bei dem Gedanken fühle, dass Mario vor mir alt wird. Umwerfend! Ich werde es mit deinen Worten sagen: Was für einen Unterschied es macht, die richtigen Fragen zu stellen! So geht man den Dingen wirklich auf den Grund.

– Es freut mich, dass ihr den Nutzen solcher Fragen erkennt. Gerade weil wir ja das eigentliche Problem nicht erkannt haben, wollen uns bestimmte Dinge in unserem Leben einfach nicht gelingen und wiederholen sich ständig ähnliche Ereignisse. Die Lösung dafür liegt sicher nicht in den Situationen selbst. Erst wenn wir die ihnen zugrunde liegende Problematik erkannt haben, können wir die Situation bewältigen. Fragen sind daher immer eine gute Gewohnheit. Sie helfen uns im Alltag ebenso wie bei der Lösung spezifischer Probleme. Wir sollten uns dieser Technik im Beruf ebenso bedienen wie in unserem Privatleben. Ihr könnt euch nicht vorstellen, welchen Unterschied es in Beziehungen macht, wenn Leute einander zuhören können. Ohne gutes Zuhören gibt es keine gute Kommunikation …

… Schlägt jemand sofort die Lösung für das Problem eines anderen vor, so hat er nicht richtig zugehört. Er hat lediglich auf sein Ich gehört, das davon überzeugt ist, Lösungen für alles und jeden zu haben. Auch das ist eine ausgezeichnete Methode, unser Ich zu nähren. Ist euch noch nie aufgefallen, dass Leute, die auf alles eine Antwort haben, ein ganz besonders großes Ego haben? Das kann so unangenehm für ihre Mitmenschen sein, dass ihnen niemand mehr zuhört. Eine gute Kommunikation ist ein ausgezeichnetes Werkzeug auf dem Weg zur wahren Liebe und ermöglicht ausgezeichnete Beziehungen …

… Gehen wir doch noch einmal an den Anfang unseres heutigen Gesprächs zurück. Könnt ihr euch vorstellen, ich hätte euch gleich nach eurem Bericht von Marios Neffen und Annas Vater gesagt, was ihr zu tun habt und ihnen sagen könntet? Was hätte sich dadurch geändert?

Hmm, antwortet Anna, ich würde mich sicher nicht so gut wie jetzt fühlen. Ich kann gar nicht sagen weshalb, aber ich hätte sicher nicht dieses Gefühl inneren Friedens, wie jetzt. Ich würde mit einer Richtlinie heimkommen und hätte wahrscheinlich Angst, ihr nicht folgen zu können. Wie ist das für dich, Mario?

– Ja, mir geht das auch so, Anna. Vor allem hätte ich nach diesem Gespräch sicher weiterhin allen Menschen, die mir wichtig sind, helfen wollen, nur um mich schlecht zu fühlen, wenn sie nicht glücklich sind. Jetzt weiß ich wenigstens, dass ich nichts für meine Schwester TUN muss, dass ich mir lediglich des Umstands bewusst werden muss, dass all das auf einer Überzeugung beruht, die ich schließlich einmal überwinden werde. Es freut mich zu hören, dass alle schwierigen Situationen auch eine positive Seite haben und dass sie uns helfen zu erkennen, dass wir uns selbst nicht genug lieben. Es genügt eigentlich, wenn wir einander in dieser Welt lieben, um Menschen und Ereignisse nicht durch farbige Brillen zu betrachten. Dieses Beispiel hat mir gut gefallen, Lise. Wenn ich emotional werde, dann werde ich in Zukunft daran denken, die Brille abzusetzen.

– Vielen Dank für eure schönen Worte. Kommen wir noch einmal auf meine Fragen zurück. Ich bin also überzeugt davon, dass das Geheimnis einer guten Kommunikation in der Fragestellung liegt. Ich habe noch niemanden gekannt, der dieses Geheimnis schon in jungen Jahren gelüftet hat. Als Kinder hat man uns eher das Gegenteil beigebracht – und zwar, nicht immer so viele Fragen zu stellen. Wir haben gelernt, Antworten auf alles zu geben und unsere Meinung oder Ratschläge bei jeder Gelegenheit von uns zu geben, ohne uns vorher zu versichern, dass diese überhaupt erwünscht sind …

… Nehmen wir das Beispiel deines Vaters, Anna, dem du helfen möchtest. Ich weiß, dass du viele gute Ratschläge für ihn hättest. Profitiere von dieser Gelegenheit, um sie in Form von Fragen zu formulieren. Wenn du es wirklich für nötig hältst, können diese auch suggestiv sein. Anstatt ihm also z. B. zu sagen, dass er seinen Ruhestand auch viel positiver als „Wechsel seines Aktionshorizonts" bezeichnen kann, könntest du ihm sagen: *„Weißt du, Papa, du kommst jetzt langsam in ein Alter, in dem immer mehr Leute in den Ruhestand gehen. Wie fühlst du dich bei dem Gedanken, dass du an einen Punkt gelangt bist, der es dir ermöglicht, dich auf andere Aktivitäten zu konzentrieren, anstatt dir zu sagen, dass du jetzt gezwungen bist, in den Ruhestand zu gehen?"* Siehst du den Unterschied? Ganz gleich, ob er nun damit einverstanden ist oder nicht, antworte ihm nicht, sondern stelle ihm vielmehr eine weitere Frage. Ich versichere dir, dass diese Art zu kommunizieren deinem Gesprächspartner größten Respekt zollt …

… Vielleicht könntet ihr das ja vorher schon zwischen euch und mit Sandra üben. Versucht doch mindestens einmal am Tag, am besten abends darüber zu reden, wie ihr euch gefühlt habt, indem ihr euch gegenseitig Fragen stellt.

– Damit habe ich ein wenig Probleme, Lise. Wenn meine Mutter mir so viele Fragen stellt, habe ich das Gefühl, sie möchte alles von mir wissen, was ich als recht indiskret empfinde. Was ich esse, wohin ich gehe und wie es in unserer Ehe läuft, geht sie doch nichts an. Sie fragt mich sogar, ob ich mir Geld für mein Alter zur Seite gelegt habe. Bist du dir sicher, dass Fragen immer eine gute Idee sind?

– Da hast du recht, Anna. Wir sollten einen Unterschied zwischen Fragen machen, die von Ängsten oder dem Verlangen nach Kontrolle motiviert sind, und solchen, die auf Verantwortungsbewusstsein und Akzeptanz basieren. Bei solchen kontrollierenden Fragen spüren wir sehr schnell, dass dahinter bestimmte Erwartungen stehen und nicht jede Antwort akzeptiert wird. Deshalb stören und ärgern uns solche Fragen auch. Akzeptierst du deinen Vater jedoch, wie er ist, so wird er fühlen, dass du all seine Antworten akzeptierst, und vor allem, dass dir daran liegt, ihm zu helfen, seine eigenen Antworten zu finden …

… Das Schwierigste an der Kommunikation ist, neutral zu bleiben, wenn der andere von seinen Problemen erzählt. Es ist schon überraschend, feststellen zu müssen, dass nur wenige wirklich um Hilfe bitten, wenn sie von ihren Problemen erzählen, dass jedoch der erste Reflex des Zuhörers meist ist, mit Ratschlägen und Meinungen darauf zu antworten.

– Ich verstehe genau, was du meinst, unterbricht Mario. Wenn ich Anna unglücklicherweise sage, dass ich müde bin, dann antwortet sie mir, ich solle mich doch ausruhen oder, dass sie noch müder als ich sei und einen schweren Tag hinter sich habe. Wenn sie mir so antwortet, will ich nur noch raus und habe keine Lust mehr weiterzureden. Jetzt verstehe ich auch, was du gerade gesagt hast: Diese Haltung stört mich, weil ich sie ja nicht um Rat oder um ihre Meinung gebeten habe. Was sollte Anna mir denn in solchen Situationen antworten?

– Darauf solltest eigentlich du antworten, Anna. Könntest du versuchen, ihm mit einer Frage zu antworten, wie wir es vorhin besprochen haben? Hast du eine Idee, welche Frage darauf passen würde?

– Sollte ich ihn fragen, ob er sich ausruhen möchte oder glaubt, müder zu sein als ich?

Mario und ich können unser Lachen kaum zurückhalten.

– Glaubst du wirklich, dass du dich dabei besser fühlen würdest, Mario? Nein? Warum nicht?

– Weil sie mir in Wirklichkeit ja dasselbe sagt. Ich würde nicht einmal verstehen, warum sie mir diese Fragen stellt. Ich kann es auch nicht so recht erklären, aber besser würde ich mich bei solchen Fragen auch nicht fühlen.

– Hast du hier vielleicht eher das Gefühl, dass sie dabei weniger daran interessiert ist, dass du deine eigenen Antworten findest, sondern eher ihre Botschaften mitteilen will? Basieren unsere Fragen nicht auf der Akzeptanz des anderen, so lässt er uns das in der Regel sehr schnell spüren und reagiert auf unsere Fragen. Daran erkennen wir, dass wir unsere Fragen anders stellen müssen. Das gilt vor allem für Fragen, die uns und nicht den anderen betreffen. Wie würdest du dich fühlen, Mario, wenn Anna dich fragen würde: *„Sag mal, Mario, sprichst du von deiner Müdigkeit, weil du darüber reden willst, was dich heute besonders angestrengt hat, oder nur, um mir zu sagen, dass du müde bist?“*

– Ja, absolut. Dabei würde ich mich wirklich gut fühlen. Es stimmt, dass ich manchmal einfach laut denke. Da will ich weder eine Meinung noch eine Antwort. In anderen Situation würde ich dagegen wirklich gern über etwas reden. Unglaublich, wie leicht das alles hier in deinem Büro zu sein scheint. Gibt es wirklich Leute, die so miteinander kommunizieren?

– Es stimmt, dass das sehr viel Übung braucht. Ich lehre diese Kommunikationstechnik schon seit fünfzehn Jahren, und auch mir gelingt es nicht immer. Manchmal ist das Ich einfach so furchtbar schnell bei der Sache, dass es die Oberhand gewinnt. Erst später fällt mir dann auf, dass ich zu schnell zu einer Schlussfolgerung gelangt bin, ohne Fragen gestellt zu haben. Das geht allen so. Etwas zu wissen bedeutet noch lange nicht, es wirklich immer in die Tat umsetzen zu können. Oder glaubt ihr, dass ein Skilehrer nie stürzt? Er stürzt genauso, aber er weiß zumindest, warum und wie er wieder aufstehen kann …

… Das gilt auch für euch beide: Wenn ihr bemerkt, dass ihr vergessen habt, Fragen zu stellen, dann wisst ihr, was ihr tun könnt. Besonders wichtig ist es aber auch, euch das Recht zuzugestehen, nicht immer alles anwenden zu können, was ihr gelernt habt. Akzeptiert ihr diese Vorstellung, wird das immer seltener passieren und ihr werdet dabei keine Schuldgefühle, Wut oder andere Emotionen mehr empfinden. Ihr werdet sogar über euch selbst lachen können, wenn ihr erkannt habt, dass euer Ego euch da einen Streich gespielt hat.

– Danke, sagt Mario darauf. Das macht mir Mut, und ich werde mich nicht mehr so schuldig fühlen, wenn mir nicht alles gelingt, was ich mir vorgenommen habe.

– Auch ich danke dir, sagt Anna. Ich hoffe, dass es mir gelingt, nicht mehr so hohe Anforderungen an mich zu stellen. Sobald ich sehe, dass etwas besser für mich wäre, dann neige ich dazu, es mir für die Zukunft vorzunehmen. Wenn ich dieses Versprechen an mich selbst dann jedoch nicht halte, mache ich mir unheimliche Vorwürfe und kehre unverrichteter Dinge wieder zu meinen alten Gewohnheiten zurück. Nach dem, was du gerade gesagt hast, werde ich lieber eine Liste mit all diesen positiven Vorsätzen erstellen und sie so oft wie möglich lesen, um sie nicht zu vergessen. Zugleich werde ich aber auch nicht aus den Augen verlieren, dass ich nicht alles auf einmal ändern kann. Das ist doch eine gute Idee, oder?

– Bravo, alle beide! Ich sehe, dass ihr wirklich entschlossen seid, euch jetzt in die Hand zu nehmen. Habt ihr noch eine Frage, bevor wir uns voneinander verabschieden?

–Ich weiß nicht, ob du mir darauf antworten kannst, sagt Anna sofort. Aber ich wollte dich schon lange fragen, ob du mir erklären kannst, warum die Zahl vierzehn eine so große Bedeutung in unserem Leben zu haben scheint. Ist das normal? Sollen wir diesbezüglich etwas tun?

–Stellst du diese Frage, weil dich dieses Phänomen beunruhigt oder weil du einfach neugierig bist?

–Eigentlich beides. Nein, wenn ich ehrlich bin eher, weil ich mir Sorgen mache. Es sind so viele unangenehme Ereignisse mit dieser Zahl verbunden. Kann ich etwas tun, damit das aufhört?

–Da willst du wieder etwas kontrollieren, meine liebe Anna. Aber ich verstehe dich sehr gut, denn wenn wir meinen, einer Sache ausgeliefert zu sein, die wir nicht bestimmen können, fühlen wir uns machtlos und hätten ihr gern Einhalt geboten. Deine Reaktion ist also ebenso menschlich wie normal …

… Ich möchte dir eine mögliche Erklärung geben. Es kommt relativ häufig vor, dass sich Situationen wiederholen, die mit bestimmten Farben oder Daten in Zusammenhang stehen. Das kann auch mit Orten oder Gerüchen passieren. Meistens geschieht das, wenn eine Situation uns starke Emotionen erleben lässt, die unsere Erinnerung mit bestimmten Dingen oder Personen verbindet. Ich kann dir gern ein paar Beispiele dafür geben …

… Ein kleiner Junge hört mit vier Jahren, wie ein ganz in Schwarz gekleideter Mann seiner Mutter im Treppenhaus berichtet, dass sein Vater bei einem Unfall ums Leben gekommen sei. Er sieht, wie seine Mutter auf den Mann einschlägt, ihn einen Lügner schimpft und behauptet, dass das unmöglich wahr sein könne. Der Mann wird nun sehr bestimmt und schüttelt die Mutter, um sie zur Besinnung zu bringen. Schließlich fällt jene jedoch in Ohnmacht, während der Junge auf sein Zimmer flüchtet, um sich zu verstecken. Ich habe diesen Jungen als erwachsenen Mann kennengelernt, der mir von seinen Angstzuständen berichtete, wenn er schwarz gekleidete Männer zu Gesicht bekam – auch in Filmen. Er hatte keine Ahnung, warum. Erst bei einer Rückführung entdeckte er, was ihm mit vier Jahren widerfahren war und was er bisher verdrängt hatte. Er hatte die schwarze Farbe mit schlechten Nachrichten und dem Tod eines geliebten Menschen in Verbindung gebracht …

… Ein anderer Junge war fünfzehn, als sein Vater starb. Er war das älteste von fünf Kindern und musste seine Schullaufbahn an den Nagel hängen, um seiner Mutter zu helfen. Er arbeitete viel, um seiner Familie das Überleben zu ermöglichen. Als er zu mir kam, war er vierundvierzig, seit achtzehn Jahren verheiratet und hatte Erfolg im Beruf. Er hatte einen eigenen Betrieb und war glücklich im Leben. Als sein Sohn jedoch fünfzehn wurde, wurde er selbst schwer krank. Er ließ unzählige Untersuchungen über sich ergehen, doch wussten auch die Ärzte nicht weiter. Da hörte er von meiner Methode, kam in meine Privatsprechstunde und entdeckte durch zahlreiche Fragen und Entschlüsselungen, dass er den Tod seines Vaters mit dem Alter von fünfzehn Jahren in Verbindung brachte. Seine Krankheit war in Wirklichkeit nichts anderes als der Ausdruck des großen Schmerzes beim Tod seines Vaters, den er damals nicht ausleben konnte, weil er ja ganz plötzlich die Rolle des Familienvorstands übernehmen musste. Er musste nun seine Trauerarbeit leisten und sich eingestehen, sehr unter dem Tod seines Vaters gelitten zu haben, und ihm zugleich dafür verzeihen, da er ihn unterbewusst für die Aufgabe seines Studiums und seine verlorene Jugend verantwortlich gemacht hatte …

… Ich kenne sogar ziemlich viele Fälle, in denen der Patient genau in dem Alter erkrankt, in dem das Elternteil desselben Geschlechts verstorben ist. Das geschieht vor allem dann, wenn es sich dabei um einen plötzlichen, unerwarteten Tod handelt. Ist das Kind noch minderjährig und abhängig, macht es dem Verstorbenen häufig Vorwürfe …

… Je bewusster wir werden, desto klarer wird uns, wie viele Assoziationen uns in unserer Jugend und sogar in unseren früheren Leben geprägt haben. Kommt es später zu solchen Assoziationsphänomenen, so heißt das, dass der ursprüngliche Auslöser nie akzeptiert wurde. Wir haben große Angst, er könnte wieder eintreten. In eurem Fall ist es sehr wahrscheinlich, dass sich ein markantes Ereignis in eurem vierzehnten Lebensjahr oder am Vierzehnten eines Monats zugetragen hat. Daraufhin hat euer Unterbewusstsein beschlossen, dass es sich dabei um eine Unglückszahl handelt, die Probleme mit sich bringt. Ihr braucht aber nicht einmal den Auslöser zu finden. Er kann durchaus aus eurer frühesten Kindheit oder aber aus einem Vorleben stammen. Das ist auch einer von vielen Punkten, die euch gegenseitig angezogen haben. Unser Innenleben wirkt wie ein Magnet, der Ähnliches anzieht. Auf diese Weise ermöglichen wir uns, das zu entdecken und zu überwinden, was uns an unserer Entfaltung hindert …

… Um aber konkret auf deine Frage zu antworten, Anna, würde ich sagen, dass du in dieser Hinsicht nichts anderes zu TUN hast als zu AKZEPTIEREN, dass ihr zu einem gewissen Zeitpunkt beschlossen hattet, der Zahl Vierzehn besondere Aufmerksamkeit zu schenken. Dazu hattet ihr in jenem Moment auch bestimmte Gründe, doch diese sind heute nicht mehr unbedingt gegeben. Es ist nun keineswegs nötig, dass ihr herausfindet, wann und weshalb ihr die ursprüngliche Entscheidung getroffen habt. Akzeptiert lediglich, dass ihr diese Überzeugung eine Zeit lang für richtig gehalten habt, sie heute aber nicht mehr benötigt. Sollte euch das auslösende Ereignis wieder einfallen, so müsst ihr lediglich akzeptieren, was damals daran nicht akzeptiert wurde …

… Ist euch aufgefallen, wie oft ich hier vom Akzeptieren und der Bedeutung gesprochen habe, bestimmte Situationen und euch selbst ohne Urteil anzunehmen? *Beide nicken.* Wisst ihr weshalb?

– Weil du Angst hast, dass wir die große Bedeutung nicht erkennen, die dem Akzeptieren zukommt, antwortet Mario sofort. Aber ich kann dir versichern, dass wir die Botschaft verstanden haben.

– Ich würde das jetzt nicht unbedingt als Angst bezeichnen, aber ja: Ich möchte sichergehen, dass euer Ego keinen allzu großen Widerstand leistet. Ihr erinnert euch doch noch, dass das Ich lediglich auf Erinnerungen basiert. Es tut sich also schwer damit, neue Vorstellungen zu akzeptieren. Wiederholen wir Dinge häufig genug, so werden sie Teil unserer Erinnerungen, die wir dann wirklich integrieren, wenn wir sie in die Tat umsetzen. Je mehr unsere Erinnerung solche neuen Konzepte dann integriert hat, desto mehr gewöhnt sich unser Ich daran und leistet immer weniger Widerstand …

… Wisst ihr, ich bin mir sicher, dass ihr nicht nur Probleme in Zusammenhang mit der Ziffer Vierzehn hattet, sondern bestimmt auch an anderen Daten und in anderen Epochen eures Lebens. Der Umstand, bewusst oder unbewusst an die Macht dieser Zahl zu glauben, hat sie euch jedes Mal vor Augen geführt, wenn sie mit irgendwelchen schwierigen Situationen in Zusammenhang gebracht werden konnte. Das gilt vor allem für dich, Anna, nicht wahr?

– Ja, vielen Dank. Ich war mir keineswegs darüber klar gewesen, wie sehr man bestimmte Dinge miteinander assoziieren kann. Deine Beispiele waren mir eine große Hilfe, Lise.

Was wir uns hier merken sollten

- Wir fürchten immer für uns selbst, nie für andere. Nur unser Ich spiegelt uns ständig vor, dass wir Angst um andere haben. Erst wenn wir akzeptieren, allein um uns selbst Angst zu haben, übernehmen wir unsere eigene Verantwortung und nicht diejenige von anderen. Alles, was mit diesem Gesetz der Verantwortung zu tun hat, fällt unserem Ich besonders schwer. Es ist also völlig normal, diese Dinge ein paar Mal wiederholen zu müssen. Wir glauben im Moment, sie wirklich verstanden zu haben, doch vergessen wir sie ebenso rasch wieder, um zu unseren alten Überzeugungen zurückzukehren. Wenn wir glauben, Angst um andere Menschen zu haben, so verharren wir in bestimmten Emotionen – vor allem in Schuldgefühlen – , bis jene beschließen, ihr Leben zu ändern. Dadurch sind wir völlig von ihnen abhängig.

- Solange jemand uns nicht ausdrücklich um Hilfe bittet, hat es keinen Sinn, ihm die Unterstützung zuteilwerden zu lassen, die wir in dieser Situation für angebracht halten. Wenn ein Hilfegesuch unsere Fähigkeiten übersteigt, so sollten wir das eingestehen und können höchstens dadurch helfen, indem wir an geeignetere Personen verweisen. Häufig ändern sich unsere Grenzen, sobald wir sie den Betroffenen mitgeteilt haben. Plötzlich wird uns dann klar, dass sie nicht mehr so wichtig sind wie früher.

- Jede Seele ist aus einem ganz bestimmten Grund auf diese Welt gekommen. Wenn sie beschließt, dass sie es zu schwierig findet, ihren Plan in diesem Leben zu verwirklichen, und es lieber in einem anderen Körper und einem anderen Leben noch einmal versucht, so steht es uns nicht zu, darüber zu urteilen. Ich nenne das den großen Respekt vor dem Leben.

- Der Selbstmord eines Menschen beschleunigt oft die Entwicklung seiner Angehörigen. Leidet jemand allzu sehr unter dem Tod eines geliebten Menschen, so muss er lernen loszulassen. Wir müssen ein für allemal einsehen, dass niemand uns gehören kann: weder Kinder, Partner, Freunde noch unsere Eltern. Wir sind lediglich Seelen, die beschlossen haben, ein Stück des Weges gemeinsam zurückzulegen, um wahre Liebe und Akzeptieren zu lernen.

- Totales Akzeptieren spendet großen Trost, da wir wissen, dass wir nicht mehr so leiden müssen, wenn wir wieder einmal mit einer ähnlichen Situation konfrontiert werden.

- Ein Unfall will unsere Aufmerksamkeit immer auf bestimmte Schuldgefühle lenken und uns bewusst machen, dass wir uns deswegen verurteilen und selbst bestrafen wollen, weil wir meinen, unsere Strafe dafür bezahlen zu müssen.

- Wir hören wesentlich öfter mit unserem Ich als mit unserem Herzen zu. Mit dem Ich zuhören heißt, alles durch unsere Ängste und Überzeugungen zu filtern. Das ist so, als würden wir die Natur durch rote Brillengläser betrachten. Alles hätte eine andere Farbe und wir wären trotzdem überzeugt davon, dass es sich dabei um die Wirklichkeit handelt, obwohl die Brille unsere Wahrnehmung verändert. Wir sind fest überzeugt davon, nur die Wahrheit zu sehen, da wir nicht einmal wissen, rote Gläser vor den Augen zu haben. Unser Ich tut genau dasselbe. Es verzerrt unser Bild der Wirklichkeit, die es nur auf der Grundlage alles in der Vergangenheit Gelernten wahrnehmen kann, und ist trotzdem überzeugt davon, die aktuelle Realität zu sehen. Es ist aber keineswegs imstande dazu, tatsächlich in der Gegenwart zu leben. Eines Tages werden wir sofort erkennen, ob eine gewisse Wahrnehmung vom Herzen oder vom Ich bestimmt wird. Verzerrt unser Ego sie, so werden wir die Situation rasch berichtigen können.

- Jedes unangenehme Ereignis in unserem Leben ist dazu da, uns vorwärtszubringen und uns Dinge bewusst zu machen, die wir akzeptieren müssen. Doch ist es uns in vielen Situationen unmöglich, diese Arbeit sofort zu vollziehen. Es bedarf nur ein wenig Geduld, denn das Universum kümmert sich um alles. Es konfrontiert uns immer wieder mit denselben Situationen und Personen, bis wir uns der Dinge bewusst geworden sind, die wir nicht akzeptiert haben.

- Die Seele ist unsterblich. Demnach kehrt sie nach dem Tod ins Seelenreich zurück, wo sie Rechenschaft über ihre Erfahrungen dieses Lebens ablegt. So bereitet sie sich auf ein nächstes Leben vor, das auf den vorherigen und auf all dem basiert, was sie von ihren Begleitern der Seelenwelt lernt. Und so geht das Leben weiter. Es wäre die größte Ungerechtigkeit auf Erden, wenn das Leben nach dem körperlichen Tod zu Ende wäre. Es ist sehr beruhigend zu wissen, dass es eine göttliche Gerechtigkeit gibt und dass unsere Seele Hunderte, ja vielleicht Tausende Leben durchmacht, bis sie imstande ist, bedingungslose Liebe in dieser Welt zu erfahren. Das sollte uns dazu motivieren, uns baldmöglichst in die Hand zu nehmen und so zu vermeiden, allzu oft wiederkehren zu müssen.

- Sprechen wir von Ungerechtigkeit, so sehen wir das aus unserer materiellen Sicht. Betrachten wir das alles aus einer spirituellen Perspektive, so haben wir ein wesentlich weiteres Blickfeld, so als würden wir eine Straße aus der Vogelperspektive betrachten. Von da oben sehen wir viel besser, woher sie kommt, wohin sie führt und welche Hindernisse sich vielleicht auf ihr befinden. Meinen wir, dass jemand zu plötzlich oder zu jung stirbt, so dürfen wir nicht vergessen, dass wir den Lebensplan seiner Seele nicht kennen. Sie hat gelebt, was sie in diesem Körper oder Umfeld zu leben hatte, und ist in die Seelenwelt zurückgekehrt, um ihren Weg auf einer anderen Ebene fortzusetzen. Und wenn der Lebensweg einer Seele noch nicht abgeschlossen war, so wollte sie diesen vielleicht lieber in einem anderen Leben weiterführen, in der Hoffnung, dass es ihr dann besser gelingt. Es ist wie bei einem Studenten, der ein Jahr Pause macht, bevor er sein Studium abschließt. Diese Entscheidung liegt ganz bei ihm, da sie allein ihn betrifft und er allein die Konsequenzen dafür zu tragen hat. Dasselbe gilt für Verstorbene, obwohl die diesbezügliche Entscheidung hier meist unbewusst ist. Das ist eine ausgezeichnete Gelegenheit für die Hinterbliebenen zu lernen, eine Situation zu akzeptieren, obwohl wir sie nicht verstehen oder nicht für richtig halten. Nur so können wir den Tod geliebter Menschen, aber auch unseren eigenen Tod in Frieden und Ruhe annehmen.

- Lehrer sind nicht dafür ausgebildet worden, Kindern ein spirituelles Verständnis beizubringen. Es gehört auch nicht wirklich zu ihren Aufgaben. Aber es gibt schon immer mehr Lehrer, die ihren Schülern ein gewisses spirituelles Verständnis beibringen. Das ist ein guter Beitrag zu dem der Eltern, denn vor allem sie und die Großeltern müssen den Kindern dieses Denken zugänglich machen. Wie viele sinnlosen Emotionen, Ängste und Schuldgefühle könnten dadurch vermieden werden! Doch können Eltern dieses Verständnis auch erst dann weitergeben, wenn sie es selbst in ihrem Leben anwenden. Versuchen sie es als rein theoretisches Wissen weiterzugeben, so können ihre Kinder es auch nicht lernen. Das Beispiel ist immer noch der beste Lehrmeister.

- Am besten und effizientesten lösen wir eine unangenehme Situation, indem wir das ursprüngliche Problem nie aus den Augen verlieren und uns nicht in anderen Themen verzetteln. Gezielte Fragen helfen uns, das wahre Problem hinter einer Situation zu entdecken. Nur selten sprechen Menschen sofort vom eigentlichen Problem, sondern erzählen zuerst von dem Symptom einer schwierigen Situation.

- Fragen sind immer eine gute Gewohnheit. Sie helfen uns im Alltag ebenso wie bei der Lösung spezifischer Probleme. Es macht einen enormen Unterschied in Beziehungen, wenn Leute einander zuhören können. Ohne gutes Zuhören gibt es keine gute Kommunikation. Schlägt jemand sofort die Lösung für das Problem eines anderen vor, so hat er nicht richtig zugehört. Er ist lediglich an seinem eigenen Ich interessiert, das davon überzeugt ist, Lösungen für alles und jeden zu haben. Auch das ist eine ausgezeichnete Methode, unser Ich zu nähren. Leute, die auf alles eine Antwort haben, haben ein ganz besonders großes Ego. Das kann so unangenehm für ihre Mitmenschen sein, dass ihnen niemand mehr zuhört. Eine gute Kommunikation ist ein ausgezeichnetes Werkzeug auf dem Weg zur wahren Liebe und ermöglicht ausgezeichnete Beziehungen.

- Wir sollten einen Unterschied zwischen Fragen machen, die von Ängsten oder dem Verlangen nach Kontrolle motiviert sind, und solchen, die auf Verantwortungsbewusstsein und Akzeptanz basieren. Bei solchen kontrollierenden Fragen spüren wir sehr schnell, dass dahinter bestimmte Erwartungen stehen und nicht jede Antwort akzeptiert wird. Deshalb stören und ärgern uns solche Fragen auch. Akzeptiert der andere uns jedoch, wie wir sind, so fühlen wir, dass er auch all unsere Antworten akzeptiert, und vor allem dass ihm daran liegt, uns zu helfen, unsere eigenen Antworten zu finden. Das Schwierigste an der Kommunikation ist, neutral zu bleiben, wenn der andere von seinen Problemen erzählt. Es ist schon überraschend, feststellen zu müssen, dass nur wenige wirklich um Hilfe bitten, wenn sie von ihren Problemen erzählen, dass jedoch der erste Reflex des Zuhörers meist ist, mit Ratschlägen und Meinungen darauf zu antworten.

Etwas zu wissen bedeutet noch lange nicht, es wirklich immer in die Tat umsetzen zu können. Besonders wichtig ist es, uns das Recht zuzugestehen, nicht immer alles Gelernte anwenden zu können. Akzeptieren wir diese Vorstellung, wird das immer seltener passieren und wir werden keine Schuldgefühle, Wut oder andere Emotionen mehr dabei empfinden. Wir werden sogar über uns selbst lachen können, wenn wir erkannt haben, dass unser Ego uns da einen Streich gespielt hat. Das Ich basiert lediglich auf Erinnerungen. Es tut sich also schwer damit, neue Vorstellungen zu akzeptieren. Wiederholen wir Dinge häufig genug, so werden sie Teil unserer Erinnerungen, die wir dann wirklich integrieren, wenn wir sie in die Tat umsetzen. Je mehr unsere Erinnerung neue Konzepte dann integriert hat, desto mehr gewöhnt sich unser Ich daran und leistet immer weniger Widerstand.

Je bewusster wir werden, desto klarer wird uns, wie viele Assoziationen uns in unserer Jugend und sogar in unseren früheren Leben geprägt haben. Kommt es später zu solchen Assoziationsphänomenen, so heißt das, dass der ursprüngliche Auslöser nie akzeptiert wurde. Wir haben große Angst, er könnte wieder eintreten.

9. Kapitel

Seelenwunden akzeptieren

Sandra kommt in mein Büro und ich gebe ihr ein Zeichen, sie möge sich setzen, während ich mein Telefongespräch beende. Ich sehe, dass sie recht hübsch ist mit ihrem runden Gesicht. Sie ist zwar nicht dick, aber etwas rundlich, was ihr gut steht. Ich bemerke, dass sie sich gut schminkt und ihre Pickel geschickt zu verstecken weiß. Sie ist etwas nervös und weiß nicht, wie sie sich mit ihrem Minirock hinsetzen soll, der immer nach oben rutscht. Schließlich steht sie auf, zieht ihren Rock nach unten und setzt sich wieder. Sie wagt nicht einmal, sich umzusehen. Ich beende rasch mein Telefonat.

–Hallo, Sandra. Ich freue mich, dich kennenzulernen. Deine Mutter sagte mir, dass du gezögert hast herzukommen, wie sie dir vorgeschlagen hatte. Ich sehe, du hast deine Meinung geändert.

–Ja, es wurde mir klar, dass ich nicht kommen wollte, weil ich gerne hätte, dass sie aufhört, sich in mein Leben einzumischen. Schließlich habe ich aber kapiert, dass sie mir eigentlich nur helfen wollte. Außerdem habe ich diese ewigen Hautprobleme satt. Die möchte ich jetzt ein für alle Mal loswerden. Ich muss sagen, ich habe schon etwas Vertrauen zu Ihnen gefasst nach dem, wie sich die Beziehung zu meiner Mutter in den letzten Wochen entwickelt hat. Vorher machte ich mich nur über sie lustig, wenn sie mir helfen wollte und immer mit Ihrem Buch über die Krankheiten daherkam. Als sie dann endlich aufgehört hat, es mir so penetrant aufdrängen zu wollen, habe ich es immer öfter durchgeblättert. Was jetzt meine Pickel abgeht, so steht da ja auch einiges im Buch, was mich betrifft. Ich habe zwar das ganze Kapitel darüber gelesen, aber die

Pickel sind immer noch da. Ich muss gestehen, dass es mir immer noch schwerfällt zu glauben, dass der Ursprung einer Krankheit nicht im Körper, sondern in unseren Gefühlen oder unserem Verstand liegt.

– Was hast du bisher getan, um das Problem zu regeln?

– Ich war bei einem Hautarzt, der mir sagte, dass Akne in der Pubertät normal sei. Er hat mir ein paar Cremes und Salben verschrieben, die ich zwei Mal täglich anwenden soll. Bis jetzt hat das nichts verändert. Als wir wegen einer anderen Sache bei unserem Hausarzt waren, schlug der mir Beruhigungsmittel in schwacher Dosis vor, weil er meinte, dass die Ursache dafür oft Stress sei. Auch das habe ich ein paar Wochen ohne irgendwelche Ergebnisse versucht. Ich habe seither alle möglichen Mittelchen ausprobiert, die ich in diversen Apotheken gefunden habe. Manchmal verschwinden die Pickel zur Hälfte und ich bin ganz glücklich, endlich das Wundermittel gefunden zu haben, aber nach ein paar Tagen sehe ich wieder aus wie vorher …

… Ich habe sogar versucht, bestimmte Nahrungsmittel wie Tomaten, Säfte und Süßigkeiten zu vermeiden, weil ich dachte, sie seien vielleicht der Grund. Weil jetzt aber auch gar nichts funktioniert hat, dachte ich mir, dass die Ursachen vielleicht doch nicht nur körperlicher Natur sind.

Wir nehmen uns einige Minuten Zeit und gehen die klassischen Entschlüsselungsmethoden[3] *durch, um den Ursprung des Gesundheitsproblems festzustellen.*

– Aus deinen Antworten entnehme ich, dass dich vor allem dein Aussehen an diesem Problem stört. Du schämst dich wegen deiner Pickel, hast sie satt und musst ständig Mittel finden, um sie zu verstecken. Sie hindern dich daran, dich so zu zeigen, wie du bist, und du fühlst dich unwohl, wenn jemand dich aus zu großer Nähe betrachtet. Das fällt dir besonders schwer, wenn es sich dabei um einen Jungen handelt, der dir gefällt. Du willst nicht, dass er dir zu nahe kommt, weil du nicht willst, dass er die Schminkeschichten sieht, unter der du deine Pickel versteckst. Welcher von diesen Punkten stört dich am meisten?

[3] Dieser Fragebogen findet sich im Anhang meines Buches *Dein Körper sagt: «Liebe dich!»*

–Der Umstand, dass ich die Jungen abstoße. Sie verstehen nicht, warum ich immer abhaue, wenn sie mir zu nahe kommen, und verlieren schließlich das Interesse an mir. Alle meine Freundinnen haben einen Freund, nur ich nicht.

–Du hast mir auch gesagt, dass dieses Problem dich daran hindert, natürlich, hübsch, kurzum du selbst zu sein und von Jungen begehrt zu werden. Welcher dieser Punkte auf der Ebene des SEINS ist da der wichtigste für dich?

–Mmh, eigentlich alle. Sagen wir, *von einem Jungen begehrt zu werden.*

–Wir können zusammenfassend also sagen, dass du zurzeit ein großes Bedürfnis danach hast, natürlich und hübsch zu sein und vor allem VON EINEM JUNGEN BEGEHRT ZU WERDEN. Stimmt das so?

> *Sie nickt und ich fühle, dass sie sehr bewegt ist. Tränen stehen ihr in den Augen und sie krümmt sich zusammen, wird immer kleiner und klemmt ihre Hände zwischen die Knie. Sie blickt mich mit traurigen Augen an.*

–Deine Mutter sagte mir, dass diese Hautprobleme kurz nach deiner ersten Regel begannen. Was ist in jener Zeit geschehen, wofür du dich geschämt hast, was du verstecken wolltest und was dich daran hinderte, natürlich und hübsch zu sein?

> *Sie beginnt zu husten und läuft auf die Toilette, um Wasser zu holen. Sie hat nicht einmal bemerkt, dass neben ihr ein Krug und ein Glas Wasser auf einem Tischchen stehen. Sie ist sicher zu sehr mit ihrem Problem beschäftigt. Ich lasse sie gehen, weil ich spüre, dass sie einfach allein sein will. Nach zwei Minuten kommt sie sichtlich beruhigt wieder und entschuldigt sich.*

–Mach dir nichts draus. Solche Hustenanfälle wie bei dir gerade sind sehr häufig, wenn man einen sehr empfindlichen Punkt seines Innenlebens berührt. Da bleibt uns gleichsam etwas im Hals stecken, was heraus will, obwohl wir es unbewusst daran hindern wollen. Kannst du mir sagen, was du empfunden hast, als du diesen Hustenanfall hattest?

–Ich weiß nicht. Es war, als hätte ich zu viel Spucke im Mund, die ich nicht mehr hinunterschlucken konnte.

– Schließe die Augen und beobachte, was in dir bei den folgenden Worten vorgeht … Ist es möglich, dass deine erste Regel dir bestätigt hat, eine Frau geworden zu sein?

Und abermals kauert Sandra sich zusammen. Sie blickt mich mit tränenroten Augen an und antwortet:

– Ja, ich fühle, dass Sie da etwas Wichtiges treffen. Mama hat oft gesagt, dass sie gern einen Sohn gehabt hätte, aber dass sie glücklich sei, obwohl ich ein Mädchen bin. Dem habe ich nie so richtig Bedeutung geschenkt. Ich habe mir aber öfter gedacht, dass mein Vater mich wohl lieber gehabt hätte, wenn ich ein Junge geworden wäre. Ich weiß auch nicht, warum ich das glaube. Er hat es zumindest nie laut gesagt. Aber, sagen Sie mir doch: Warum ziehe ich mich denn nicht wie ein Junge an, wenn ich keine Frau sein wollte? Mir schwirrt der Kopf.

– Ist es möglich, dass du dich so sexy wie möglich anziehst, um deinen Vater zu provozieren? Wenn wir eine Situation nicht akzeptieren, dann können wir mit beiden Extremen reagieren. In beiden Fällen ist der Mensch aber nicht er selbst, da er von seiner Reaktionshaltung bestimmt wird.

– Wenn ich Sie richtig verstehe, Madame Bourbeau, dann sagen Sie da, ich würde mich absichtlich so anziehen, nur um meinen Vater zu provozieren. Das kam mir nie in den Sinn. Gilt das für alle Mädchen, die sich sexy anziehen?

– Nicht unbedingt. Jede hat ihre eigenen Gründe dafür. Manchen kann das sogar helfen, wirklich sie selbst zu sein. Gelingt ihnen das und akzeptieren sie sich selbst, so wie sie sind, dann werden auch die anderen sie deswegen nicht kritisieren.

– Bei dieser ganzen Geschichte verstehe ich nur nicht, warum gerade meine Mutter sich das alles so viel mehr zu Herzen zu nehmen scheint. Sie spricht mich viel öfter darauf an als mein Vater. Aber ich habe auch bemerkt, dass mein Vater mich nicht mehr so ansieht wie früher. He, ich glaube, ich hab's! Er schaut mich an wie ein Mann eine Frau. Glauben Sie, dass es das ist, was meine Mutter so stört? Ist sie vielleicht eifersüchtig auf mich?

–Alles ist möglich. Du solltest deine Hypothesen jedoch überprüfen, da es nie gut ist, allzu vorschnelle Schlüsse zu ziehen. Für dich ist zunächst einmal wichtig festzuhalten, dass das Verhalten deiner Mutter deine Aufmerksamkeit auf den Umstand lenkt, dass du dich nicht selbst akzeptierst. Angesichts der Tatsache, dass sie deine Mutter und vom selben Geschlecht ist, empfindet sie das alles wohl viel intensiver als dein Vater. Du weißt wie ich, dass Männer große Spezialisten im Tarnen von Gefühlen sind. So haben sie es gelernt. Deshalb ist es auch so schwer zu wissen, was wirklich in ihnen vorgeht …

… Beginnst du die Verbindung zu deinen Hautproblemen zu erkennen? Du wolltest vor den anderen oder vor dir selbst verbergen, dass du eine Frau geworden bist, weil du glaubtest, auf diese Weise mehr Liebe zu bekommen. Da der Körper der Spiegel unseres Innenlebens ist, bringt er deine Scham und Angst, eine begehrenswerte Frau zu sein, durch Akne zum Ausdruck. Du sagtest mir vorhin, dass die Pickel auf deinem Rücken dich daran hinderten, dich im Sommer im Bikini zu zeigen. Auch das ist eine Methode, deine Weiblichkeit zu verstecken. Erkennst du jetzt das Dilemma in dir? Einerseits tust du alles, um nicht begehrt zu werden; andererseits versuchst du genau das zu erreichen, indem du all die Körperteile unterstreichst, welche dir an dir gefallen, wie z. B. deine Brüste und deine schöne, schlanke Taille …

Sie blickt mich schweigend an und nickt nur. Ich sehe ihrem Blick an, dass sich hier Dinge in ihrem Innern zurechtrücken.

… Kommen wir darauf zurück, was du wirklich willst. Könntest du noch einmal wiederholen, was du mir vorhin gesagt hast? Was willst du SEIN?

–Ich möchte ich selbst sein … natürlich … hübsch … und von Jungen begehrt.

–Du weißt also genau, was du wirklich willst, aber es will dir wegen deiner Pickel nicht gelingen. Ist dir klar, dass dein Ich dich hier selbst ausspielt? Es möchte dir weismachen, dass du WEGEN deiner Hautprobleme nicht auf deine Bedürfnisse hören kannst. In Wirklichkeit sind sie jedoch nur da, um deine Aufmerksamkeit auf eine alte Überzeugung zu lenken, die dein Ego unterhält. Deine Pickel sind wie ein Alarm in einem Auto, der den Fahrgast daran erinnert, dass er vergessen hat, sich anzuschnallen. Der Alarm selbst ist keineswegs das Problem, sondern nur dazu da, um auf ein Problem hinzuweisen. Siehst du, wie intelligent unser Körper ist? Er ist ein außergewöhnliches Werkzeug, das uns all die Dinge vor Augen führt, die wir uns auf mentaler und emotionaler Ebene zu verheimlichen suchen. Jede Botschaft deines Körpers ist also ein HILFERUF DEINES WESENS, der dich darauf hinweisen will, dass du dich nicht akzeptierst. Welches Glück wir doch haben, unser ganzes Leben lang über ein so unglaubliches Werkzeug zu verfügen, findest du nicht auch?

– Ja, jetzt verstehe ich auch besser den Ausdruck: „Der Körper spricht ständig zu uns." Und was passiert jetzt mit mir? Werden meine Pickel jetzt verschwinden, weil wir die Verbindung zu meinen Ängsten vor meiner Weiblichkeit hergestellt haben?

– Nicht so schnell! Um zu wissen, was du akzeptieren sollst, musst du noch eine weitere Etappe hinter dich bringen. Da ist noch dieser Teil deines Ichs, der fest davon überzeugt ist, dass dir etwas Schlimmes zustoßen könnte, wenn du es wirklich wagen solltest, natürlich und schön zu sein und vor allem von Jungen begehrt zu werden. Du hast vorhin erwähnt, dass du glaubtest, als Junge sicher mehr geliebt worden zu sein. Außerdem tauchte da kurz die Angst auf, dass deine Mutter eifersüchtig auf dich sein könnte. Um aber zu wissen, was sich wirklich hinter alledem versteckt, musst du diese Frage beantworten: Was könnte dir passieren, wenn du dir jetzt erlauben würdest, schön, natürlich und begehrenswert zu sein?

– Ich fürchte, darauf könnte mein Vater noch vehementer reagieren als meine Mutter und es mir ganz verbieten, mit Freunden auszugehen. Außerdem hätte ich Angst, dass es mir geht wie ein paar anderen Mädchen in der Schule, die sich ganz von den Jungen um den Finger wickeln lassen. Jetzt bin ich ja noch nicht wie sie, doch sage ich meinen Freundinnen, dass ich mich wegen meiner Hautprobleme schäme. Das war bis jetzt immer ein guter Vorwand. Aber auch ich habe Lust auf Jungen, vor allem, wenn sie mir gefallen. Aber ich weiß nicht, wie ich dem Drängen eines Jungen wie z. B. Paul Einhalt gebieten könnte, der mir schon sehr gefällt mit seinen sehnsüchtigen Augen. Ja, und da ist noch etwas. Wenn ich keine Ausrede mehr habe, dann müsste ich so sein wie meine Freundinnen, wenn sie mich weiter akzeptieren sollen. Und mit meiner Mutter würde ich dadurch sicher auch das Kriegsbeil ausgraben. Sie sehen also, dass ich diesbezüglich einige Ängste habe.

– Und welche Vorwürfe würdest du dir selbst machen, wenn all diese Ängste sich bewahrheiten würden? Welches Urteil fürchtest du von anderen?

– Eine schamlose Nutte und ein leichtes Mädchen zu sein.

– Ist dir klar, dass manche dich vielleicht schon jetzt so beurteilen?

Bei diesen Worten läuft sie hochrot an und hält sich die Hand vor den Mund. Sie sagt nichts, aber offenbar hat es ihr die Sprache verschlagen.

– Du weißt, warum ich das sage, nicht wahr? Es ist dein Stil: das kurze Miniröckchen, der bloße Bauch, das tiefe Dekolleté und das intensive Make-up. So wie du deine Augen schminkst, hast du den Kniff recht gut heraus. Und doch wissen wir beide, dass du keine Nutte bist. Ja, alles andere als das …

… Ich sage dir das, damit du verstehst, dass deine Ängste, als leichtes Mädchen angesehen zu werden, bewirkt haben, weder natürlich noch du selbst zu sein. Du tust alles, damit Jungen sich dir nicht nähern, obwohl du eigentlich genau das willst. Jetzt, wo du erkannt hast, dass du trotzdem so beurteilt werden kannst, wäre es da nicht vorzuziehen, ganz einfach ein natürliches, hübsches, begehrenswertes Mädchen zu sein und auszuprobieren, ob all deine Ängste wirklich berechtigt sind und sich tatsächlich bewahrheiten?

Sie sieht mir tief in die Augen und beginnt langsam zu lächeln. Die Sache scheint bei ihr eingedrungen zu sein.

– Machen wir doch eine kleine Übung zusammen. Beschreibe mir, wie so eine natürliche, schöne und begehrenswerte Sandra aussieht. Stell dir vor, du stehst morgen früh auf und bist wirklich du selbst. Wie wärst du dann?

– Zuerst würde ich mich weniger schminken. Ich würde nur ein bisschen von dem Teint auftragen, der die Pickel austrocknet und zugleich versteckt. Ich würde mich schon ein bisschen schminken, aber dezenter eben. Außerdem nimmt das jeden Tag viel zu viel Zeit in Anspruch. Ich würde öfter Hosen statt der Miniröcke tragen. Ich würde nicht mehr aufpassen, dass mir jemand zu nahe kommt. Wenn ein Junge mit mir reden möchte, dann würde ich meine Hautprobleme einfach vergessen und ganz natürlich mit ihm sprechen, ohne gleich im Sinn zu haben, dass er sowieso nur an Sex denkt. Ich würde meinen Freundinnen sagen, dass ich nicht mit dem Erstbesten schlafen möchte, nur um beliebt zu sein. Wow! Solche Sachen habe ich mir noch nie gedacht. Ich fasse nicht, dass ich das alles so einfach sage.

– Bravo! Du sagtest vorhin, dass du diese Pickel wirklich satt hättest. Jetzt verstehe ich, dass du damit eigentlich sagen wolltest, dass du genug davon hast, dich von deinen Ängsten kontrollieren zu lassen und jetzt bereit dazu bist, du selbst zu sein … Setzen wir also unsere Übung fort … Sehen wir uns jetzt die Wahrscheinlichkeit an, dass deine Ängste, die du zuvor beschrieben hast, wahr werden. Ich habe sie alle auf diesem Blatt notiert und würde dich bitten, jeder Angst einen Wahrscheinlichkeitsgrad von 1 bis 10 zuzuteilen.

Sie liest meine Liste sehr aufmerksam und konzentriert. Je länger sie liest, desto mehr beginnt sie zu lächeln. Dann zeigt sie mir ihre „Benotung".

– Toll! Da hast du schon ein gutes Stück Arbeit geleistet. Ich sehe, da sind nur Zweier und Dreier außer der Angst, Paul nicht abbremsen zu können, wenn er dir zu nahe käme. Sie hat eine Fünf bekommen. Wie fühlst du dich jetzt?

– Schon wesentlich besser. Ich bin überrascht, wie sehr man Ängste erfinden kann, die wahrscheinlich nie eintreten werden. Meine Mutter hat mir zwar ein paar Mal von solchen Sachen erzählt, doch habe ich nicht wirklich zugehört. Ich war zu sehr damit beschäftigt, meine Verteidigungshaltung zu bewahren. Nach all dem, was in den letzten Wochen in unserer Familie geschehen ist und was ich heute gelernt habe, glaube ich, dass wir nun öfter von solchen Dingen sprechen können.

– Fassen wir also zusammen, Sandra, was wir heute getan haben: Der wahre Grund für deine Hautprobleme lag also in deiner Überzeugung, dass man dich für ein leichtes Mädchen oder eine Prostituierte halten würde, wenn du natürlich, hübsch und begehrenswert bist. In der Regel sind solche Überzeugungen sehr tief verwurzelt und werden von allen Familienmitgliedern unterhalten. Das gilt auch für neue, durch Heirat geschaffene Familien. Der erste Schritt, solche schädlichen Überzeugungen zu überwinden, besteht in der Erkenntnis, dass du und deine Familie an sie glaubten, um euch davor zu bewahren, verurteilenswerte Menschen zu werden. In deinem Fall wäre das eine Hure gewesen. Du solltest deine Eltern sobald wie möglich fragen, ob sie diese Überzeugung mit dir geteilt haben. Nach dem, was sie mir vor ein paar Wochen sagten, bin ich mir da ziemlich sicher. Ich kann dir gar nicht sagen, wie oft ich schon beobachtet habe, wie Familienmitglieder sich gegenseitig wegen solch ähnlicher Überzeugungen anziehen. Das Sagenhafte an dieser Arbeit ist der Umstand, dass du dadurch auch deinem Vater und deiner Mutter hilfst, diese Überzeugung zu überwinden. Außerdem wird sie dir helfen, deine Seelenwunden zu heilen. Hat deine Mutter dir davon erzählt?

– Ja, ich habe davon gehört. Sie hat mir einmal gesagt, ich sollte dieses Buch lesen, das ihr und Papa so gut gefallen hat. Glauben Sie, dass mir das helfen könnte?

– Ja, da bin ich mir ganz sicher. Was deine Hautprobleme betrifft, so solltest du das Kapitel der Ablehnung und Demütigung sogar mehrmals lesen. Da wirst du noch zusätzliche Elemente finden, die unser heutiges Gespräch ergänzen …

… Bevor du gehst, möchte ich aber noch einmal unterstreichen, dass eine Überzeugung nicht einfach verschwindet, weil du dir ihrer nun bewusst bist. Deine Pickel sind ein recht gutes Barometer für den Grad deines Akzeptierens. Jedes Mal, wenn eine alte Angst wieder auftaucht – die du z. B. unter einer dicken Schicht Make-up verstecken willst –, so denke auch daran, dass Akzeptieren zugleich auch bedeutet, dir das Recht zuzugestehen, diese Angst zu haben. Mach dir also keine Vorwürfe dafür. Wenn dein Körper spricht, dann heißt das nicht, dass er einen radikalen Gesinnungswandel von dir erwartet, sondern dass er dir helfen will zu entdecken, was du wirklich sein willst. Er will vor allem, dass du dich so akzeptierst, wie du gerade bist, auch wenn das vielleicht noch nicht deinem Ideal entspricht. Wusstest du, **dass wir nicht werden können, was wir wollen, solange wir nicht zuerst akzeptiert haben, was wir nicht sein wollen? …**

… Nimm dir Zeit, diesen Satz auf das Blatt mit deinen Ängsten zu schreiben … Du weißt, dass du dein Ziel erreicht hast, wenn du weder dich selbst noch andere dafür verurteilst, nicht so zu sein, wie es dir gefällt. Langsam, aber sicher wirst du auf diese Weise zu der, die du sein willst. Und auch wenn dir das nicht immer gelingt, so fühlst du dich doch wohl in deiner Haut. Hast du noch Fragen?

– Nein, eigentlich nicht. Ich stehe noch unter dem Schock all dessen, was ich gerade entdeckt habe. Ich glaube, ich muss das alles erst einmal verdauen. Ich werde all meine Gedanken dazu auf dem Heimweg aufschreiben. Ich bin eine Stunde mit dem Bus unterwegs. Das lässt mir etwas Zeit.

– Erlaubst du mir, deine Aufmerksamkeit auf einen weiteren Punkt zu lenken? … Ja? Wäre es möglich, dass du deine Mutter als Hure verurteilt hast, weil sie sich mit einem verheirateten Mann eingelassen hat und schwanger wurde, bevor sie ihn heiratete? Du musst mir nicht gleich antworten. Wenn jemand Angst hat, wegen etwas verurteilt zu werden, so hat er normalerweise selbst jemanden dieser Sache bezichtigt. Trifft das auch auf dich zu, so kann dir deine Mutter erklären, wie der notwendige Versöhnungsprozess zu bewerkstelligen ist. Ich werde deine Eltern wiedersehen, und du kannst mir deine Nachrichten auch durch sie zukommen lassen.

Lieber Leser, aus all den bisherigen Beispielen wurde ersichtlich, dass alles menschliche Leid auf unseren Seelenwunden basiert.

Wir haben z. B. gerade gesehen, dass Sandras Hautprobleme auf ihre Wunden der Ablehnung und Demütigung zurückgehen. Sie hat also dieselben Seelenwunden wie ihre Mutter. Neben den körperlichen Eigenschaften dieser Wunden sind diese auch dadurch erkennbar, dass Anna keine Tochter wollte, weil sie nicht nur ihre Mutter, sondern auch die Frau in sich ablehnte. Sandra geht es ebenso: Sie weist sich selbst ebenso wie ihre Mutter zurück. Eine solche Haltung äußert sich sehr häufig durch Pickel, wodurch wir uns selbst zu bestätigen suchen, auch von anderen abgelehnt zu werden.

Die Wunde der Demütigung wird aus Sandras Angst erkennbar, als Prostituierte angesehen zu werden, und wird durch ihre Scham vor ihrem sexuellen Verlangen deutlich. Da unsere Ängste uns bestimmen, ist es auch nachvollziehbar, dass Sandra sich zwar provokativ kleidet, zugleich aber zu fürchten scheint, deswegen verurteilt zu werden. Das gilt für alle Seelenwunden. Je mehr wir unter Ablehnung leiden, desto mehr weisen wir uns selbst zurück. Je größer unsere Angst ist, verlassen zu werden, desto mehr lassen wir uns selbst und unsere Projekte fallen. Je größer unsere Wunde der Demütigung ist, desto intensiver leiten wir alles in die Wege, um sicherzugehen, erniedrigt, beschämt und gedemütigt zu werden. Leiden wir an Verrat, so verraten wir uns selbst, indem wir nicht zu unserem Wort stehen. Wir sagen unsere Vorhaben ab und leugnen unsere Verantwortung. Je stärker wir mit Ungerechtigkeit zu kämpfen haben, desto ungerechter gehen wir mit uns selbst um. Wir missachten unsere Grenzen und verlangen zu viel von uns selbst.

Unser Ich ist viel zu eitel, um sich einzugestehen, dass wir eigentlich nur wegen der Überzeugungen leiden, die wir unterhalten in dem Versuch, den Schmerz unserer Seelenwunden zu vermeiden. Deshalb klagt es immer nur die anderen dafür an, uns diese Wunden zuzufügen, die wir in Wirklichkeit jedoch schon lange in uns tragen. Wir wollen nicht wahrhaben, dass wir lediglich von außen anziehen, was wir uns selbst antun.

Wie können wir unsere Seelenwunden akzeptieren? Zuerst müssen wir akzeptieren, dass sie auf mehrere Vorleben zurückgehen. Wir Menschen sind hoch entwickelte Wesen, was bedeutet, dass wir schon zahlreiche Leben hinter uns haben, in denen wir bestimmte Ängste ausgebildet haben, die uns helfen sollen, früher erfahrenes Leid zu vermeiden.

Angst ist für Menschen ebenso wichtig wie für Tiere. Der freie Wille der Menschheit ist auf diesem Planeten zur selben Zeit entstanden wie Emotionen und Verstand. Zu einem bestimmten Zeitpunkt hat unser freier Wille beschlossen, keine Angst mehr haben zu wollen, da dieses Gefühl Leiden verursacht und daher um jeden Preis vermieden werden sollte. Doch ist sie auch heute noch auf mehreren Ebenen notwendig: Auf materieller Ebene warnt sie uns vor tatsächlichen Gefahren, auf emotionaler Ebene ermöglicht sie uns, schädliche Denkweisen zu erkennen. Manche Menschen leugnen all ihre Ängste und behaupten, vor nichts und niemandem Angst zu haben.

Stellen wir uns ein Kind vor, das von einer Mutter geboren wird, die gar kein Kind haben will. Die Seele dieses Kindes kann sich sagen, dass seine Mutter das Recht hat, im Moment kein Kind haben zu wollen, dass aber gewisse Umstände bewirkt haben, dass sie schwanger wurde. Der Umstand, dass sie dieses Baby weder abgetrieben noch verloren hat, kann außerdem als Zeichen dafür gewertet werden, dass sie dennoch einen unbewussten Kinderwunsch hegte. In diesem Fall ist die Seele des Kindes bereit, den Wunsch der Mutter zu akzeptieren, ohne sich deshalb verletzt zu fühlen. Die Seele kann jedoch auch völlig anders auf diese Situation reagieren. Sie kann darunter leiden, als unerwünschtes Kind zur Welt zu kommen, um das sich die Mutter nicht richtig kümmert, weshalb es sich abgelehnt fühlt. Es stellt sich alle möglichen Szenarien vor und beginnt, Angst zu haben. Da die Angst als Gedankenform aber einen eigenen Lebenswillen hat, wird sie ihrerseits aktiv, versucht sich zu ernähren und immer mehr zu offenbaren. So entwickelt diese Seele die Wunde der Ablehnung und wird so oft und so lange auf diese Erde zurückkommen müssen, bis diese Wunde verheilt ist. Es ist durchaus möglich, dass sie über mehrere Inkarnationen die verschiedensten Situationen der Ablehnung anzieht, bevor es ihr gelingt, dem Prozess dieser Seelenwunde Einhalt zu gebieten.

Das gilt für alle Seelenwunden. Lesen wir die Geschichte der verschiedenen Völker, so sehen wir, dass die fünf Seelenwunden allen Zivilisationen dieser Erde gemein sind. Wir haben das große Glück, in einer Epoche zu leben, in der sich die Menschheit immer mehr der Dinge bewusst wird, die ihre Entwicklung behindern oder aber unterstützen. Es liegt allein an uns, dass wir uns der zahlreichen Mittel bedienen, die uns zur Verfügung stehen.

Seelenwunden können nur durch Akzeptieren geheilt werden. Es genügt nicht zu wissen, dass wir an dieser oder jener Seelenwunde leiden. Wir müssen uns vor allem all der Situationen bewusst werden, die sie aktivieren. Eine Seelenwunde ist aktiviert, wenn wir andere oder uns selbst verletzen oder uns von anderen verletzt fühlen. Dabei verurteilen wir uns bzw. die anderen und weigern uns, die Situation zu akzeptieren. Dieses Urteil und das Nicht-Akzeptieren verstärken die Angst vor dem Schmerz der Wunde. Je stärker diese Angst ist, desto größer wird die Wunde. Es ist so, als würden wir eine Verletzung infizieren, anstatt sie zu reinigen. Solche Wunden beginnen aufzuklaffen, zu eitern und hindern uns daran, die verschiedensten Dinge zu tun. Dasselbe gilt für unsere Seelenwunden.

So lehnt Anna sich z. B. selbst ab, wenn sie meint, ihre Tochter würde sicher lieber mit ihrem Vater als mit ihr leben. Auch ihre Tochter weist sie zurück, weil sie nicht akzeptiert, wie diese sich kleidet. Ihre Mutter lehnt sie ab, weil sie diese ungerecht findet. Sandra weist ihre Mutter zurück und will nicht so werden wie sie. Keine dieser Beziehungen ist also akzeptiert. Entweder macht Anna sich deshalb selbst oder aber ihrer Mutter und Tochter Vorwürfe.

Anna würde ihre Seelenwunde akzeptieren, wenn sie sich zugestehen würde, ihrer Tochter zu sagen, dass sie ihre Haltung und ihr Verhalten im Augenblick nicht akzeptieren kann, dass sie gerne mit ihr einverstanden wäre, dass ihr das im Moment aber unmöglich ist. Uns selbst zu akzeptieren kann sogar bedeuten, uns zu erlauben, so zu sein, wie wir eigentlich nicht sein möchten, auch wenn das vielleicht bedeutet, anderen dabei zu missfallen oder sie durch unser Verhalten zu verletzen, weil es uns zur Zeit einfach nicht anders möglich ist.

Das soll natürlich nicht heißen, dass wir nun unsere Mitmenschen bewusst und absichtlich ablehnen, verlassen, demütigen, verraten oder ungerecht behandeln sollen, unter dem Vorwand: *„Das ist ihr Problem, wenn sie wegen mir leiden."* Es geht hier vielmehr darum, uns das Recht zuzugestehen EVENTUELL andere zu verletzen, wenn wir auf unsere eigenen Bedürfnisse hören. Tritt dieser Fall ein, so sollten wir uns bewusst machen, dass wir die anderen keineswegs absichtlich durch unsere Haltung verletzen wollten. Die Möglichkeit, dass unser Verhalten keine Seelenwunde des anderen verletzt, ist jedoch ebenso groß. Je mehr wir uns das Recht zugestehen, wir selbst zu sein, desto mehr werden wir erkennen, dass auch unsere Mitmenschen es uns zugestehen. Dadurch werden sie auch erkennen, dass wir keineswegs die Absicht hatten, sie zu verletzen, sondern lediglich unseren Bedürfnissen und Grenzen in jenem Moment entsprachen.

Wie auch aus den Beispielen dieses Buches hervorgeht, ist es ziemlich selten, dass Menschen anderen ganz bewusst Leid zufügen wollen. Sollte dies dennoch geschehen (z. B. aus Rachegefühlen wegen erlittenen Unrechts), so sollten wir uns sagen, dass wir trotzdem in unserem tiefsten Inneren kein böser Mensch sind, sondern leiden. Im Fall einer Rache schmerzt eine Seelenwunde so sehr, dass das Ich absolute Oberhand gewinnt und beschließt, dem anderen Leid zuzufügen, weil es meint, auf diese Weise selbst weniger leiden zu müssen. Gelingt es uns, etwas Abstand von der Situation zu gewinnen, erkennen wir sehr schnell, dass diese Lösung lediglich weiteres Leiden verursachen wird. Sitzt eine Wunde jedoch besonders tief und hat das Ego derart die Kontrolle über die Geschehnisse übernommen, so ist es außerstande, die Folgen seines Handelns abzusehen.

Spüren wir, dass wir die Kontrolle verlieren und nicht mehr wir selbst sind, sondern eine Schutzmaske tragen, weil eine bestimmte Seelenwunde uns vor lauter Schmerz blind werden lässt, so müssen wir versuchen, so schnell wie möglich zu unserer Mitte zurückzufinden, indem wir gleichsam von außen analysieren, welche Seelenwunde hier unser Verhalten vereinnahmt. Dazu beobachten wir genau all unsere Gesten, Worte und Gedanken und sagen uns z. B.: *„Ich bin jetzt wirklich wütend. Ich schreie und mache dem anderen Vorwürfe. Gut, so bin ich halt im Augenblick. Meine Grenzen sind überschritten und ich habe mich von meinen Schmerzen überwältigen lassen. Ich hätte es zwar lieber anders, aber so ist es eben gerade.“* Sind wir von Trauer überwältigt, so könnten wir uns z. B. sagen: *„Ich weiß, dass ich mich gerade wirklich allein fühle und gern auf irgendeine Unterstützung zählen würde. Diese Schmerzen werden von meiner Seelenwunde des Verlassenwerdens verursacht. Aber ich bin auch nur ein Mensch. Diese Wunde ist noch nicht verheilt und ich kann lediglich beobachten, was in mir vorgeht.“*

Solche Gedanken gehen recht schnell und werden mit der Übung immer einfacher. Allein der Umstand, uns bewusst zu werden, dass wir schreien, anklagen, weinen, klagen oder uns verlassen fühlen, hilft uns, diese innere Mitte durch unsere Selbstbeobachtung wiederzufinden. Innerhalb weniger Sekunden ändert sich unser Verhalten, wir beruhigen uns und atmen wieder tiefer durch. Gelingt es uns, uns unsere eigenen Seelenwunden zuzugestehen, so können wir sie auch leichter an anderen akzeptieren.

Das ist ganz anders, als wenn wir den Umstand leugnen und so tun, als würde uns das alles nicht stören, oder uns mit eiserner Faust kontrollieren, um nicht verurteilt zu werden. Solche Reaktionen nähren und verschlimmern die zugrunde liegenden Seelenwunden nur. Akzeptieren wir eine Situation in der oben erläuterten Beobachtungshaltung, so ist das wie Balsam, der zur Heilung unserer Wunde beiträgt.

Dabei kann es uns helfen, daran zu denken, dass wir es nie allen recht machen können. Jeder Mensch handelt, denkt und redet auf seine Weise. Da wir alle anders sind, ist es auch sehr wahrscheinlich, dass es nicht allen gefällt, wenn wir so sind, wie wir sind. Ganz gleich, ob wir dabei nun zu unserem Vor- oder Nachteil handeln. Gelingt es uns zu akzeptieren, dass wir nicht allen Erwartungen entsprechen können, werden wir auch leichter verstehen, dass umgekehrt auch nicht all unsere Erwartungen erfüllt werden können.

Merken wir, dass unsere Wunde immer seltener berührt wird und dabei immer weniger schmerzt, so wissen wir, dass wir uns auf dem Weg der Besserung befinden.

Mir werden oft Fragen wie diese gestellt: *„Wie lange dauert es, bis Seelenwunden ganz geheilt sind? Und was passiert danach? Haben wir dann einen vollkommenen Körper?"* Ich arbeite nun schon seit fünfzehn Jahren an den Seelenwunden. In all diesen Jahren bin ich noch nie einem Menschen begegnet, der keine solche Wunde mehr hatte. Wir sollten uns vielmehr fragen, ob wir jedes Jahr etwas weniger und nicht mehr so intensiv leiden. Ist das der Fall, so sind wir auf dem richtigen Weg. Streben wir lediglich ein Ziel an, so versuchen wir alles durch Kontrolle zu erzwingen. **Es ist besser, wenn wir uns während unseres ganzen Lebens wohl fühlen, als immer darauf zu warten, dass wir ankommen, um uns dann wohl fühlen zu können.** Wie sollen wir außerdem wissen, ob unsere Zielvorstellungen wirklich unseren Bedürfnissen entsprechen? Das Leben ist voller Überraschungen, und ich bin überzeugt davon, dass schon dann, während wir neue Stärken und Talente auf diesem Weg entdecken, neue Dinge in Vorbereitung sind.

Was wir uns im ersten Teil dieses Kapitels merken sollten

- Unser Ich spielt uns oft selbst aus. Es möchte uns weismachen, dass wir WEGEN bestimmter Krankheiten nicht auf unsere Bedürfnisse hören können. In Wirklichkeit sind sie jedoch nur da, um unsere Aufmerksamkeit auf alte Überzeugungen zu lenken, die unser Ego unterhält. Die Gesundheitsprobleme sind wie ein Alarm in einem Auto, der den Fahrgast daran erinnert, dass er vergessen hat, sich anzuschnallen. Der Alarm selbst ist keineswegs das Problem, sondern nur dazu da, um auf ein bestimmtes Problem hinzuweisen. Unser Körper ist ein ebenso intelligentes wie außergewöhnliches Werkzeug, das uns all die Dinge vor Augen führt, die wir uns auf mentaler und emotionaler Ebene zu verheimlichen suchen. Jede Botschaft unseres Körpers ist also ein HILFERUF UNSERES WESENS, der uns darauf hinweisen will, dass wir uns nicht akzeptieren.

- In der Regel sind Überzeugungen sehr tief verwurzelt und werden von allen Familienmitgliedern geteilt. Das gilt auch für neue, durch Heirat geschaffene Familien. Der erste Schritt, solche schädlichen Überzeugungen zu überwinden, besteht in der Erkenntnis, dass wir und unsere Familie an sie glaubten, um uns davor zu bewahren, verurteilenswerte Menschen zu werden. Wir sollten unsere Familienmitglieder baldmöglichst fragen, ob sie diese Überzeugung mit uns geteilt haben. Familienmitglieder ziehen sich gegenseitig wegen solch ähnlicher Überzeugungen an.

- Eine Überzeugung verschwindet nicht einfach, weil wir uns ihrer bewusst werden. Gesundheitsprobleme sind ein recht gutes Barometer für den Grad unseres Akzeptierens. Jedes Mal, wenn eine alte Angst wieder auftaucht, sollten wir daran denken, dass Akzeptieren zugleich auch bedeutet, uns das Recht für solche Ängste zuzugestehen. Wir sollten uns deswegen also keine Vorwürfe machen.

- Wenn unser Körper spricht, dann heißt das nicht, dass er einen radikalen Gesinnungswandel von uns erwartet, sondern dass er uns helfen will zu entdecken, was wir wirklich sein wollen. Er will vor allem, dass wir uns so akzeptieren, wie wir gerade sind, auch wenn das vielleicht noch nicht unserem Ideal entspricht. **Wir können nicht werden, was wir wollen, solange wir nicht zuerst akzeptiert haben, was wir nicht sein wollen.** Wir wissen, dass wir unser Ziel erreicht haben, wenn wir weder uns selbst noch andere dafür verurteilen, nicht so zu sein, wie es uns gefällt. Langsam, aber sicher werden wir auf diese Weise so, wie wir gern sein möchten. Und auch wenn uns das nicht immer gelingt, so fühlen wir uns doch wohl in unserer Haut.

10. Kapitel

Den Zustand unseres Planeten akzeptieren

In den letzten Kapiteln dieses Buches, möchte ich das Verständnis des Akzeptierens vertiefen. Was wird wohl aus Anna, Mario und ihrer Familie werden? Das ist schwer zu sagen. Niemand kann wissen, ob sie ihre Lektionen integriert haben oder nicht. Wichtig ist vor allem, nie zu vergessen, dass es für alle schwierigen Situationen eine Lösung gibt. Auch wenn die zuvor beschriebenen Personen zu ihren alten Überzeugungen zurückkehrten, so würde das wohl nicht lange dauern, da sie jetzt erfahren haben, was es heißt zu akzeptieren. Sie können eine Haltung, die sie einmal integriert haben und die ihnen geholfen hat, nicht einfach wieder vergessen. Ich kann mir nur wünschen, dass sie sich immer an die positiven Erfahrungen erinnern, die sie gemacht haben.

Immer mehr Menschen fragen mich, was wohl beim aktuellen Zustand der Erde aus uns wird. Wir haben tatsächlich allen Anlass dazu, uns diesbezüglich ernsthafte Fragen zu stellen. Ich habe vierzig Länder in allen fünf Kontinenten besucht und überall dieselben Probleme gesehen. Wir verschmutzen unseren Planeten täglich immer mehr, vergiften Luft, Flüsse und Ozeane. Trotz all der in die medizinische Forschung investierten Milliarden gibt es immer mehr Krankheiten. Wir nehmen immer mehr Medikamente und pumpen uns mit Chemikalien voll. Das beginnt schon bei unserer Atmung und Ernährung. Es gibt immer mehr Scheidungen, Nervenzusammenbrüche und Selbstmorde. Die Weltbevölkerung wächst ständig und wird 2050 angeblich 9 Milliarden Menschen ausmachen. Aus Statistiken geht hervor, dass jeder Mensch täglich im Durchschnitt ein Kilo Abfall verursacht. Werden wir uns bewusst, wie wenig davon wirklich biologisch abbaubar ist, so können wir uns zu Recht fragen, wie die Erde in ein paar Jahren überhaupt noch unter dieser Müllhalde atmen können wird.

Was für ein trauriges Bild, findest du nicht auch? Die Umweltschützer wollen neue Gesetze von den Regierungen, aber ich glaube, dass diese Entscheidung von jedem Einzelnen von uns kommen muss. Regierungen sind lediglich das Abbild der Meinungsmehrheit eines Landes und könnten auch mit unserem Körper verglichen werden. Kümmern wir uns um jeden Körperteil, so wird es unserem ganzen Körper bald besser gehen.

Dieses armselige Bild unseres Planeten spiegelt lediglich die psychologische und spirituelle Ebene der Menschheit wider. Anstatt uns von Gefühlen der Liebe zu nähren, lassen wir uns von Ängsten, Sorgen und Gewalt übermannen, so verschmutzen wir nicht nur unsere materielle, sondern auch unsere emotionale und mentale Welt, indem wir uns von anderen die Existenz vergiften lassen. **Wir sind allein für unser Leben verantwortlich und niemand kann unsere Entscheidungen übernehmen.**

Um diese Welt verändern zu können, müssen wir zunächst unsere eigene Verantwortung akzeptieren. Wir haben uns dermaßen unterschwellig überrumpeln lassen, dass es heute höchste Zeit ist, unser Schicksal selbst in die Hand zu nehmen.

Auch wenn ich in der ganzen Welt ähnlichen Schwierigkeiten begegnet bin, so habe ich zugleich aber auch festgestellt, dass es immer mehr Menschen gibt, die beschlossen haben, anders zu leben. Ich habe das ungeheure Glück, ständig mit Menschen wie dir in Kontakt zu stehen, die aufrichtig darum bemüht sind, ihre Lebensqualität zu verbessern.

Das kann uns aber nur gelingen, wenn wir erkennen, dass alles, was uns in unserem Leben widerfährt, dazu da ist, unsere Aufmerksamkeit auf unser Innenleben zu lenken. Das ist sicherlich der wichtigste Schritt. Danach sollten wir uns fragen, was wir wirklich in unserem Leben wollen, und zur Tat schreiten.

Dann kannst du selbst umsetzen, was dir wichtig erscheint, um die Erde weniger zu belasten, indem du z. B. biologisch abbaubare Produkte verwendest und dich biologisch ernährst. Unsere Gewohnheiten zu ändern erfordert Geduld, Zeit und Entschlossenheit. Doch ist es machbar, wenn wir wirklich etwas für uns und unseren Planeten tun wollen. Bioläden schießen wie Pilze aus dem Boden und auch in den Supermärkten gibt es immer mehr Bioprodukte zu kaufen. Versuche, wenn möglich, so viel wie möglich „bio" zu kaufen. Bald wird dir das zur Gewohnheit werden. Aus jüngsten Studien ging hervor, dass es unter dem Strich nicht teurer ist, Bio-Produkte zu kaufen. Es genügt, bestimmte eingefahrene Mechanismen zu überwinden. Bei einer besseren Ernährung braucht der Körper weniger Nahrungsmittel. Auf diese Weise tust du nicht nur deinem Geldbeutel, sondern auch deinem Körper einen Gefallen.

Dich um deinen Körper zu kümmern hat aber vor allem unmittelbaren Einfluss auf dein Innenleben. Da der materielle, der emotionale und der mentale Körper untrennbar miteinander verbunden sind, wirkt sich jede Veränderung auf einer dieser Ebenen auch auf die anderen aus, ohne dass wir uns dessen überhaupt bewusst sein müssen. Reduzierst du die materielle, körperliche Verschmutzung, so lässt du dich auch weniger von den Ängsten und Überzeugungen anderer vereinnahmen.

Es ist wichtig, uns Gedanken über die Zukunft der Erde zu machen, doch bringt es nichts, wenn wir uns deshalb allen Mut rauben lassen. Leider sagen sich viel zu viele: *„Was nützt es, weniger zu verschmutzen? Solange Milliarden von Menschen weiterhin nichts gegen die Umweltverschmutzung unternehmen, macht mein Beitrag doch nicht den geringsten Unterschied."* Das ist jedoch verkehrt. Einerseits profitierst du selbst ja schon davon, weil dein Beitrag zum Umweltschutz dein Leben in den verschiedensten Bereichen positiv beeinflussen wird. Andererseits werden aus einigen Individuen bald Hunderte und Tausende, die dann sehr wohl einen Unterschied ausmachen. Es ist vergleichbar mit dem Versuch eines Übergewichtigen, abzunehmen. Sagt er sich, dass er fünfzig Kilo zu viel wiegt und dass ein Kilo da auch keinen Unterschied mehr macht, so wird er sein Ziel nie erreichen. Konzentriert er sich jedoch darauf, im Bereich seiner Möglichkeiten und Grenzen ein Kilo nach dem anderen zu verlieren und seinen Fortschritt anstatt eines ihm unerreichbar scheinenden Ziels zu betrachten, so wird er es eines Tages erreichen.

Außerdem dürfen wir nicht vergessen, dass wir uns letztendlich immer auch um uns selbst kümmern, wenn wir umweltbewusst leben, da wir wissen, dass wir eines Tages wieder in diese Welt geboren und dann ernten werden, was wir jetzt säen. Räumst du zu Hause auf, so profitierst ja auch du und nicht dein Nachbar davon, wenn du nach der Arbeit in eine saubere, angenehme und gut riechende Wohnung heimkommst. Dasselbe gilt für unsere Erde. Wir sorgen für sie und zugleich für uns selbst.

Findest du, dass es zu viel Gewalt auf der Welt gibt, die durch zahlreiche Kriege, brutale Filme, Videospiele oder in der Familie zum Ausdruck kommt, so gehe in dich und frage dich, ob nicht auch du selbst manchmal zu ihrem Sprachrohr wirst. Hörst du nicht auf deine Bedürfnisse, weil du Angst vor etwas hast, dich erniedrigst oder dir Vorwürfe machst, so ist auch dies eine Form von Gewalt. Gewalt gegen andere muss nicht unbedingt körperlicher Natur sein, sondern kann sich auch in Vorwürfen oder Schreien äußern, wenn du andere zu dominieren oder kontrollieren versuchst. Hier handelt es sich um psychologische Gewalt. Beschließt du, mehr Frieden in dein eigenes Leben zu bringen, so trägst du diesen Frieden auch in die Welt.

Außerdem kann ich nie genug daran erinnern, dass wir nie vergessen dürfen, unsere Grenzen zu akzeptieren. Auch wenn wir uns eines Tages dazu entschieden haben, in Frieden leben zu wollen, so heißt das noch lange nicht, dass uns das deshalb sofort gelingt. **Wir können nicht werden, was wir wollen, solange wir nicht zuerst akzeptiert haben, was wir nicht sein wollen.** Ich würde dir raten, dir jedes Mal, wenn du wütend auf dich oder andere bist, Zeit zu nehmen, um festzustellen, welche Angst hinter deinem Verhalten steckt. Akzeptiere, dass auch du nur ein Mensch bist, und sei überzeugt, dass es auch dir gelingen wird, immer mehr in Frieden zu leben.

Ein anderes Thema, das besonders die Einwohner der reicheren Industriestaaten zu beschäftigen scheint, sind die Steuern. Auch mich hat es sehr schockiert, als ich von meinem Steuerberater erfuhr, dass 75 % meiner Einkünfte an Land und Staat gehen. Ich fand das sehr ungerecht und kritisierte das auch ein paar Wochen lang. Mir missfiel daran, wie die Regierung mit unseren Steuergeldern umgeht. Besonders störte mich aber, dass so viele Steuergelder in Rüstungsbudgets fließen, um den Krieg auf der Welt zu unterhalten. Außerdem schien mir der Umstand recht zu geben, dass ich die Steuern ja keineswegs allein kritisierte. Schließlich versuchte ich die Situation aber etwas objektiver und nicht aus der Perspektive meines Ego zu betrachten, um zu sehen, was mich an der Sache nun wirklich so störte. Ich musste mir eingestehen, dass ich mir selbst ebensolche Vorwürfe machte, schlecht mit meinem Budget zu haushalten und Geld für unnütze Dinge auszugeben.

Eingedenk der Tatsache, dass eine Regierung stellvertretend für den Großteil der Bevölkerung eines Landes ist, wird uns bewusst, dass wir auch hier eine gewisse Verantwortung übernehmen können, indem wir in uns überprüfen, was wir am Staat kritisieren. Ich warf den staatlichen Finanzpolitikern vor, ebenso inkompetent wie ungerecht zu sein, weil ich zahlreiche Leute kenne, die die Steuern mit den verschiedensten Tricks umgehen, ohne dafür zur Rechenschaft gezogen zu werden. Außerdem fand ich, dass unsere Steuergelder unintelligent ausgegeben werden. Andere wiederum werfen den Politikern vor, unehrliche Gauner zu sein. An diesem Punkt sollten wir die Spiegelmethode anwenden und uns fragen, welche dieser Punkte uns manchmal selbst vorgeworfen werden und die wir uns demnach selbst ebenso vorwerfen, wenn wir entgegen unserer Überzeugungen handeln.

Unsere Regierung wird sich nur dann wandeln können, wenn wir selbst unsere Verantwortung übernehmen und den „Geldprozess" durchlaufen haben. Das heißt, wir müssen unsere Grenzen und Ängste in Bezug auf das Geld akzeptiert haben, anstatt uns immer nur Vorwürfe zu machen, sobald wir anders handeln, als wir es gelernt haben. Wir wissen jetzt, dass nichts sich ändern kann, solange wir nicht akzeptiert haben, was wir nicht sein wollen.

Gestehen wir uns die nötige Zeit zu, um zu lernen, unsere Finanzen intelligent einzusetzen, werden wir auch aufhören, uns schuldig zu fühlen, wenn uns das nicht gelingt. In unserer Erziehung haben wir gelernt, dass es unvernünftig und schlecht sei, Geld unnütz auszugeben, weil unsere Eltern sich selbst nicht das Recht für leichtfertige oder impulsive Ausgaben zugestanden haben. Entweder kontrollierten sie sich, weil sie Angst vor Schuldgefühlen hatten, oder aber sie verloren die Beherrschung, machten sich danach Selbstvorwürfe und versprachen sich, es nicht mehr wieder zu tun. Deshalb lag ihnen dann auch so viel daran, dass uns das gelingen sollte, was sie selbst nur so schwer erreichten. Sie wussten jedoch nicht, dass niemand sein kann, was er will, ohne sich auch akzeptieren zu können, wenn ihm das nicht gelingt.

Akzeptieren wir den Notstand unseres Planeten, denn er ist ein Abbild des aktuellen menschlichen Notstands. Unsere Erde winkt der Menschheit mit dem Zaunpfahl, um sie erkennen zu lassen, dass sie nur in Einklang mit der Ordnung der Dinge, mit der Natur des Lebens und den biologischen Gesetzen überleben wird. Wir müssen lernen, diese Naturgesetze in allen Bereichen unseres Berufs- und Privatlebens zu befolgen.

Es schmerzt mich, den Grad der menschlichen Gewissenlosigkeit sehen zu müssen. Doch bin ich ebenso glücklich darüber festzustellen, dass immer mehr Menschen auf der ganzen Welt aus dieser Bewusstlosigkeit erwachen. In allen Ländern beginnen Männer und Frauen an sich selbst zu arbeiten, wollen sich weiterentwickeln und sich ihrer Verantwortung bewusst werden. Jeder Mensch, der erwacht, beeinflusst dadurch mindestens zehn weitere, auch wenn ihm das nicht unbedingt bewusst ist. Es handelt sich um ein natürliches Exponentialgesetz. Stell dir jemanden vor, der zehn Mitmenschen ein Geschenk macht, und diese dann dasselbe tun. In der zweiten Runde sind es hundert, in der dritten schon tausend Beschenkte. Auf diese Weise können Dinge sehr schnell gehen. Beschließen wir alle, unsere Verantwortung am aktuellen Zustand dieser Erde zu akzeptieren, so können wir sie sicherlich viel schneller wieder in natürlichere Bahnen bringen, als wir glauben.

Und ich kann es nicht oft genug wiederholen, lieber Leser: Damit dir das gelingt, musst du dir zuerst bewusst werden, wie du reagierst, wenn dem nicht so ist. Kritisierst du dich selbst, so kannst du dir ziemlich sicher sein, dass es nicht das letzte Mal war. Hier ein Beispiel:

Stellen wir uns vor, du hättest beschlossen, Einkaufstüten als Müllsäcke zu verwenden, mit Waschlappen statt mit Wegwerftüchern aufzuwischen und Recycling-Papier zu verwenden, um Bäume zu schonen und weniger Abfall zu erzeugen.

Nun merkst du, dass du gerade ein Wegwerftuch in den Müll geworfen hast. Du hattest ganz vergessen, Waschlappen verwenden zu wollen. Nun geht es um den Bewusstwerdungsprozess. Dazu ein Geheimtipp: Du hast es bemerkt! Beglückwünsche dich dafür, auch wenn es dieses Mal zu spät war, anstatt dir Vorwürfe dafür zu machen. Du wirst sehen, dass du so von Tag zu Tag bewusster werden und immer mehr nach deinen Wünschen handeln wirst. Das Akzeptieren ist so wichtig und doch so neu für die meisten von uns, dass es oft noch schwer zu integrieren und in die Tat umzusetzen ist.

11. Kapitel

Andere akzeptieren

Wir haben an den Beispielen dieses Buches gesehen, dass es vielen von uns schwerfällt zu akzeptieren, was unsere Mitmenschen sind, tun oder haben. Unser Ego ist dermaßen überzeugt davon, recht zu haben und die wahren, die richtigen Verhaltensweisen zu kennen, um glücklich zu sein, dass wir die anderen ständig davon überzeugen wollen. Oft versuchen wir sie sogar zu Haltungen zu bewegen, zu denen wir selbst nicht fähig sind. Wir wollen uns selbst ebenso wie unsere Nächsten ändern. Deshalb sollten wir auch unsere Diskussionen und Vorwürfe, Moral und Schuldgefühle beobachten, die wir unserer Umwelt aufzudrängen versuchen.

Viele sagen, sie möchten ihren Mitmenschen lediglich helfen, weil sie selbst die Erfahrung einer neuen Haltung gemacht haben, die ihnen sehr geholfen hat. Doch wie können sie wissen, dass diese Haltung dem Lebensplan und den Bedürfnissen der Seele des anderen auch wirklich entspricht? Gehen wir einfach davon aus, dass sich ihre Bedürfnisse mit den unseren decken, so ist das äußerst hochmütig. Wir fühlen uns dem anderen überlegen und lassen ihn das spüren, solange er nicht so ist wie wir. Das ist überdies auch ein Zeichen dafür, dass wir unser ursprüngliches Verhalten selbst noch nicht akzeptiert haben.

Stellen wir uns jemanden vor, der täglich mehrere Colas getrunken und nun damit aufgehört hat. Er fühlt sich nun wesentlich besser in seinem Körper und verfügt über mehr Energie. Er ist so stolz darauf, dass er all seine Freunde und Kollegen davon überzeugen möchte, es ihm gleichzutun. Ein solches Verhalten deutet darauf hin, dass er sich nur durch Selbstkontrolle zurückhält und schuldig fühlen würde, wenn er einmal wieder Cola trinken würde. Er hat noch nicht akzeptiert, abhängig von einem stark zuckerhaltigen Getränk gewesen zu sein. Deshalb fällt es ihm auch schwer zu akzeptieren, dass sich andere noch erlauben, was er sich selbst untersagt.

Es gibt keinen besseren Führer zur Selbsterkenntnis als unsere Umwelt. Gelingt es dem Mann unseres Beispiels, den anderen lediglich zu berichten, dass er sich besser fühlt, seit er kein Cola mehr trinkt, ohne sie jedoch um jeden Preis bekehren zu wollen und ohne jegliche Emotionen zusehen zu können, dass sie weiterhin Cola trinken, so hat er seine überwundene Abhängigkeit tatsächlich akzeptiert. Er kann das auch überprüfen, indem er wieder einmal Cola trinkt, ohne sich dabei schuldig zu fühlen. So weiß er, dass seine Entscheidung, diese Gewohnheit oder Abhängigkeit abzulegen, darauf beruhte, weil sie stimmig für ihn war, und nicht, weil ihm jemand von der Schädlichkeit des Colas erzählt hat oder er um seine Gesundheit fürchtet.

Das beste Mittel, unsere Umwelt zu akzeptieren, ist ein integriertes Verantwortungsbewusstsein. Von allen spirituellen Leitlinien ist diese erfahrungsgemäß besonders schwer zu akzeptieren. In unseren Seminaren sind die Teilnehmer sich in der Regel einig, dass dies eine ausgezeichnete Lebensgrundlage ist, doch fällt es ihnen ebenso schwer, sie im Alltag in die Tat umzusetzen.

Dieser Begriff besagt, dass du NIE für die Folgen der Entscheidungen, Handlungen oder Reaktionen anderer verantwortlich bist. Ist er daher wirklich integriert, wird es dir leichtfallen zu akzeptieren, dass deine Nächsten für die Konsequenzen Ihrer Taten allein aufkommen müssen. Doch wie gelingt es uns, dieses wichtige Verständnis zu erlangen und anzuwenden? DURCH ÜBUNG, ÜBUNG, ÜBUNG. Es gibt kein anderes Mittel, damit diese neue Haltung ein integrierender Bestandteil deines Wesens wird.

Wir haben in den Beispielen dieses Buches gesehen, wie schwer es Anna und Mario oft fiel, die Entscheidungen der Menschen zu akzeptieren, die sie lieben. Der einzige Grund dafür war ihre Angst, sich schuldig zu fühlen, wenn jenen daraus unangenehme Konsequenzen erwachsen würden. Sobald es ihnen jedoch gelingt zu akzeptieren, dass ihre Nächsten selbst für die Folgen ihrer eigenen Entscheidungen aufkommen müssen, können sie loslassen und sich erlauben, selbst dann glücklich zu sein, wenn andere es nicht sind.

Anderen ihre eigene Verantwortung zu überlassen trägt wesentlich zu einer besseren Kommunikation bei. Wir haben gesehen, dass wahre

Kommunikation auf gutem Zuhören basiert. Haben wir jedoch Angst – was der Fall ist, wenn wir unsere Verantwortung nicht übernehmen wollen –, so ist es unmöglich, wirklich offen zuzuhören. Gute Zuhörer lassen den anderen zu Wort kommen, ohne zu moralisieren oder ihm Ratschläge zu geben, um die er nicht gebeten hat. Sie stellen Fragen, damit der andere seine eigenen Antworten findet, und helfen ihm dadurch zu entdecken, was er wirklich will und was er zu tun bereit ist, um sein Ziel zu erreichen. Sie fühlen sich keineswegs verpflichtet, alles in die Wege zu leiten, damit er sein Ziel erreicht, was ja bedeuten würde, seine und somit nicht ihre eigene Verantwortung zu übernehmen.

Durch ihr Verantwortungsbewusstsein helfen sie ihm zugleich, die Konsequenzen seiner eigenen Handlungen zu übernehmen. Wir haben nicht vergessen, dass wir als Gegenleistung dafür, uns für andere verantwortlich zu fühlen, wollen, dass diese dasselbe für uns tun. Daraus müssen jedoch zwangsläufig Beziehungsprobleme entstehen! Wir können unsere zwischenmenschlichen Beziehungen nur verbessern, wenn wir dieses Verantwortungsbewusstsein akzeptieren und integrieren.

Gute Kommunikation hilft uns auch, klare Übereinkünfte zu treffen. Sehr viele Probleme gehen darauf zurück, dass wir viel zu viele Erwartungen ohne wirkliche Vereinbarungen haben. Sind wir von der Haltung anderer enttäuscht, so sollten wir uns also zuerst fragen, ob unseren Erwartungen tatsächlich eine klare Abmachung zugrunde lag. Wir haben das oben an mehreren Beispielen gesehen, wo es z. B. um die Aufteilung der Aufgaben in Annas Haushalt, um ihre Beziehung zu Mario oder aber dessen Erwartungen in Bezug auf den Beruf seines Sohnes ging. Ganz offensichtlich hatte sich hier niemand zu bestimmten Aktionen verpflichtet oder versprochen, sich um die Ängste des anderen zu kümmern. Erwarten wir etwas von anderen, so fürchten wir zugleich immer, dass diesen Erwartungen vielleicht nicht entsprochen werden könnte. Da sich nur die wenigsten Menschen ihrer Ängste bewusst sind, warum sollten dann andere für diese Ängste zuständig sein?

Aus diesem Grund ist es auch so wichtig, unsere Ängste aufzudecken, um sie akzeptieren zu können. Sind wir von anderen enttäuscht, so können wir uns ziemlich sicher sein, dass wir Erwartungen hegten. Wir sollten dankbar für solche Situationen sein, da sie uns ganz bestimmte Ängste vor Augen führen, deren Existenz wir uns wahrscheinlich gar nicht bewusst waren. Stellen wir uns z. B. eine ältere Frau vor, die enttäuscht ist, weil weder ihr Sohn noch ihre Tochter sie zu sich nach Hause einladen. Sie kommen sie zwar ab und zu besuchen, doch fände sie es normal, dass auch sie gelegentlich von ihren Kindern eingeladen wird. Ihre Enttäuschung basiert auf ihrer Überzeugung, dass Eltern und Kinder einander regelmäßig einladen sollten, um sich gegenseitig Liebe und Anerkennung zu bezeugen. Sie würde sich selbst nie zugestehen, ihre Kinder nicht mehr einzuladen, und ist demnach auch enttäuscht, dass ihre Kinder wagen, was sie sich selbst verwehrt.

Diese Situation macht ihr bewusst, was sie nicht akzeptiert und fürchtet. Übernimmt sie nun ihre Verantwortung, wird sie bemerken, dass ihre Kinder sich nie dazu verpflichtet haben, sie zu sich nach Hause einzuladen. Das wird es ihr ermöglichen, besser mit ihnen zu kommunizieren und ihnen von ihren Ängsten zu erzählen. Nichts hindert sie daran, ihre Kinder zu bitten, sie gelegentlich einzuladen, wenn sie damit einverstanden sind, um es ihr zu erleichtern, diese Phase zu überwinden. Die Kinder können frei entscheiden, doch sind die Dinge ausgesprochen und klar. Das ist ein gutes Beispiel für eine Person, die sich das Recht zugesteht zu sein, was sie nicht sein will, um zu erreichen, was sie will. Sie erlaubt sich, an der Liebe ihrer Kinder zu zweifeln, um schließlich feststellen zu können, dass dem keineswegs so ist, auch wenn diese sie vielleicht nicht zu sich nach Hause einladen.

Niemand hat das Recht, andere dazu zu zwingen, sich zu etwas zu verpflichten. Verpflichtungen sind notwendig, um beruflichen ebenso wie privaten Beziehungen eine Richtung zu geben. Auf beruflicher Ebene sind wir solche Verpflichtungen eher gewöhnt als in unserer Privatsphäre, wo es oft an klaren Vereinbarungen fehlt. Doch ist auch in der Arbeitswelt selten alles klar abgesteckt. Angestellte haben ebenso wie Vorgesetzte zahlreiche unausgesprochene Erwartungen aneinander – ganz gleich, ob dies nun die Verteilung der Aufgaben oder Lohnfragen betrifft. Wir müssen lernen, unsere Forderungen in allen Lebensbereichen klar zu formulieren, da wir nicht von den anderen erwarten können, unsere Wünsche und Bedürfnisse zu erraten.

Nehmen wir das Beispiel eines Paares, das seit über einem Jahr zusammen ist. Während die Frau sich eine feste Beziehung wünscht, möchte der Mann sich lieber nicht zu sehr binden. Droht sie ihm, ihn zu verlassen, wenn er sich nicht entschließt, versucht sie Kontrolle auf ihn auszuüben. Doch hindert sie nichts daran, sich auch ohne seine feste

Zusage in der Beziehung zu engagieren. Beide wissen, was sie wollen. Nur ist es eben nicht dasselbe. Das kommt in Beziehungen sogar recht häufig vor. Es ist einfach nicht möglich, dass beide immer gleichzeitig dasselbe wollen.

Ist es nicht besser zu wissen, dass der andere sich nicht verpflichten will, als dass er es tut, um in Frieden gelassen zu werden, dann aber sein Wort nicht hält? Manche verpflichten sich und glauben aufrichtig, ihr Versprechen halten zu können, sind sich in jenem Augenblick aber nicht aller Konsequenzen bewusst. Erst später sehen sie, dass ihre Zusage ihre Grenzen überschreitet. Was sollen wir tun, wenn jemand sein Versprechen uns gegenüber bricht? Am besten ist hier die Spiegelmethode.

Ich habe diesen Ansatz zwar schon mehrmals in diesem und anderen meiner Werke beschrieben, möchte ihn aber noch einmal kurz an dieser Stelle zusammenfassen, weil es sich dabei um ein äußerst effizientes Werkzeug zur Verbesserung von Beziehungen handelt. Warum ist hier von einem *Spiegel* die Rede? Weil unsere Umwelt vom Anfang aller Zeiten unser Spiegel ist. Diese Methode hilft uns vor allem festzustellen, was wir an uns akzeptieren und was nicht. Fällt dir ein positives oder negatives Verhalten bei einem Mitmenschen auf und du beobachtest es ganz einfach ohne Kritik, Urteil oder Emotionen, dann weißt du, dass du es auch an dir selbst akzeptierst.

Stört dich jedoch die Haltung eines anderen, so solltest du wissen, dass nicht diese Haltung, sondern der Vorwurf dich stört, den du ihm in diesem Augenblick machst. In diesem Moment akzeptierst du dich nämlich auch selbst nicht. Das bedeutet, dass du dich kontrollierst, um nie so zu sein, oder leugnest, manchmal so zu sein, oder dir aber selbst Vorwürfe deswegen machst, weil du dir bewusst bist, diese Haltung gelegentlich selbst an den Tag zu legen und dir dabei nicht gefällst.

Benutzen wir die Spiegelmethode, sobald die Haltung anderer uns stört, so setzen wir alles in Bewegung, damit sie uns einmal nicht mehr stört, was auf die Dauer unsere Beziehungen verbessern wird. Wir dürfen nie aus den Augen verlieren, dass immer jemand auftauchen wird, um unsere Aufmerksamkeit auf all die Aspekte zu lenken, die wir noch an uns zu akzeptieren haben, solange dies nicht geschehen ist.

Kommen wir noch einmal auf das Beispiel zurück, in dem der Mann sich nicht auf eine dauerhafte Beziehung festlegen möchte. Wirft ihm seine Partnerin vor, feige und unentschlossen zu sein, so sollte sie sich fragen, in welchen Situationen auch er ihr schon dasselbe vorgeworfen hat. In der Regel behaupten wir, nicht so zu sein wie jene, die wir verurteilen. Die Spiegelmethode bestätigt jedoch das Gegenteil. Wir sehen in unseren Mitmenschen unser eigenes Bild. Es ist also kein bloßer Spiegel, sondern wir sind es selbst. Auch wenn wir uns in einem anderen Spiegel – wie z. B. einem anderen Partner – betrachten, so werden wir genau dasselbe darin sehen.

Im Idealfall fragen wir die von uns verurteilte Person, unter welchen Umständen sie uns dieselben Vorwürfe gemacht hat. Vielleicht kann sie uns diese Frage nicht sofort beantworten, doch wird sie nach ein paar Tagen sicherlich Beispiele gefunden haben. Vielleicht findet der Mann des obigen Beispiels seine Partnerin feige, wenn es ums Aufräumen oder um Sport geht, und hält sie für unentschlossen, weil sie sich ständig in Frage stellt, wenn sie eine Entscheidung treffen soll. Um optimal von dieser Methode zu profitieren, sollten wir uns fragen, was wir dem anderen auf der Ebene des SEINS vorwerfen.

Warum fällt es unserem Ich so schwer zu akzeptieren, dass unsere Mitmenschen unser Spiegel sind? Weil wir fürchten, nicht geliebt zu werden, wenn wir wagen würden, ebenso zu handeln. Je weniger wir uns selbst akzeptieren und versuchen, nicht so zu sein wie eine bestimmte Person, desto mehr werden wir genauso wie diese. Je inakzeptabler wir eine Haltung finden, desto mehr versuchen wir zu leugnen, dass auch wir sie manchmal annehmen. Die Frau aus dem obigen Beispiel würde in diesem Fall antworten, dass sie keineswegs unentschlossen ist, sondern lediglich eine Überlegungsphase benötigt.

Nimmt sie sich die Spiegelmethode zu Herzen, wird sie sich als Nächstes fragen, was sie beabsichtigt und motiviert, wenn sie die von ihrem Partner als feige oder unentschlossene Haltung einnimmt. Sie wird bald einsehen, dass sie tatsächlich feige ist, wenn es um Sport geht, weil sie hier rasch an ihre Grenzen stößt, und dass sie sich wirklich ständig in Frage stellt, weil sie fürchtet, Fehler zu machen. Hat sie einmal entdeckt, was hinter ihrem eigenen Verhalten steckt, wird sie auch die Haltung ihres Partners besser verstehen können: Auch er hat Angst, mit dieser Entscheidung einen Fehler zu begehen, und fürchtet, dass sie seine Grenzen überschreiten könnte.

Wendest du diese Technik bei all deinen Problemen in zwischenmenschlichen Beziehungen an, so wirst du bald ihre unglaubliche Kraft feststellen, auch wenn andere dir gegenüber Wort brechen. Sie hilft dir, der Aspekte bewusst zu werden, die du noch an dir akzeptieren musst. Sie zeigt dir, dass es durchaus auch OK ist, wenn du nicht so bist, wie dein Ego es für gut befindet. Gesteht sich die Frau aus unserem Beispiel eines Tages zu, feige und unentschlossen zu sein, so wird sie diese Haltung auch an ihren Mitmenschen akzeptieren. Akzeptiert sie, manchmal so zu sein, wie sie eigentlich nicht sein will, wird sie dadurch auch auf den Weg finden, so zu sein, wie sie will. Sie wird feststellen, dass ihr Entscheidungen leichter fallen und sie Sport innerhalb ihrer körperlichen Grenzen betreiben kann.

Sie wird in ihrem Leben immer mehr so sein können, wie sie will. Wenn es ihr manchmal nicht gelingt, so ist das auch kein Problem, weil sie weiß, dass sie das in diesem Moment braucht. Niemand kann immer nur einen Aspekt einer Haltung oder eines Verhaltens verkörpern, außer wenn er sich selbst kontrolliert. **Ein Verhalten ist nur dann harmonisch, wenn wir uns zugestehen, seinen negativen Aspekt ebenso zu leben wie seinen positiven.**

Ich wende diese Spiegelmethode nun schon seit 30 Jahren an und habe bisher noch kein effizienteres und schnelleres Mittel gefunden, um uns selbst und dadurch unsere Mitmenschen zu akzeptieren. Es ist der beste Weg zu positiven Beziehungen. Vergiss nicht, dass diese Technik nur dazu da ist, die Seiten zu akzeptieren, die dir an dir selbst missfallen, nicht aber. um dich zu zwingen, sofort das zu werden, was du sein willst. Dadurch würden wir lediglich versuchen, uns zu kontrollieren, um den Normen unseres Ego zu entsprechen, wodurch wir schließlich aber die Kontrolle über uns selbst verlieren. Das kann das kontrollierte Verhalten oder aber einen völlig anderen Bereich betreffen. So kann ein Mensch, der pausenlos seine Stimme kontrolliert, um nie laut zu werden, weil er findet, dies sei eine Form von Gewalt, diese verdrängte Gewalt durch Gesten, Blicke oder Handlungen zum Ausdruck bringen. Je mehr er sich kontrolliert, desto höher ist die Gefahr, schwer krank zu werden oder definitiv die Kontrolle zu verlieren und Dinge zu tun, die er später bereut.

All deine Mitmenschen sind dein Spiegel. Du brauchst jeden Einzelnen von ihnen. Sie helfen dir, dessen bewusst zu werden, welche deiner Haltungen du akzeptierst oder nicht. Je mehr dich jemand stört, desto wichtiger ist die Rolle, die er in deinem Leben spielt, um dich darauf aufmerksam zu machen, was du noch an dir zu akzeptieren hast.

Natürlich gilt diese Spiegelmethode auch für alles, was du an anderen bewunderst. Jeder Charakterzug, den du an anderen beneidest und von dem du glaubst, dass er dir fehlt, steckt bereits in dir, auch wenn du ihn noch nicht wahrhaben willst. Allein deine Angst, nicht mehr geliebt zu werden, hindert dich daran, so zu sein wie jene, die du bewunderst. Du musst lediglich diese Angst akzeptieren, die dir noch nicht erlaubt, diese Eigenschaften an den Tag zu legen. Du wirst sehen, dass nicht alles, was du glaubst, unbedingt wahr ist.

Bewunderst du z. B. die Geduld deiner Schwägerin, so bedeutet dies, dass du dir nicht eingestehst, eigentlich auch ein geduldiger Mensch zu sein. Versuchst du herauszufinden, warum du Angst davor hast, geduldig zu sein, wirst du erkennen, weshalb du dir nicht erlaubst, so zu sein. Vielleicht fürchtest du, dass man dich ausnützen könnte, wenn du zu geduldig bist. Frage doch deine Nächsten, ob sie dich für geduldig halten. Du wirst angenehm überrascht sein davon, wie viele diese Haltung, die du selbst nicht für möglich hältst, bereits an dir erkannt haben. Über kurz oder lang wirst du dich wohl fühlen können, egal ob du nun geduldig bist oder nicht. Das ist dann völliges Akzeptieren.

Welches Glück wir doch haben, in einer Gesellschaft zu leben. Wir sind ständig von Spiegeln umgeben!

12. Kapitel

Liebe, groß geschrieben

Wir haben in diesem Buch viel von der Kraft des Akzeptierens gesprochen. Wir dürfen Akzeptieren jedoch nicht mit Resignation oder Unterwürfigkeit verwechseln. Dazu können wir unserem Gefühl vertrauen. Nehmen wir das Beispiel von Nicole, die an einem unserer Seminare von *„Höre auf deinen Körper“* teilgenommen hat. Sie erzählte, sie habe erfahren, dass ihrem Arzt ein Diagnosefehler unterlaufen sei und man ihr die Gebärmutter entfernt habe, ohne dass das eigentlich nötig gewesen wäre. Sie glaubte, ihre Verantwortung zu übernehmen, indem sie die Situation akzeptierte, weil sie diese ja sicher angezogen hatte. Als ich sie fragte, wie sie sich nun fühle, antwortete sie mir, dass es ihr lieber gewesen wäre, die Sache wäre anders verlaufen, weil es ihr nicht so gut dabei gehe. Sie hatte die Situation also keineswegs akzeptiert, sondern lediglich resigniert.

Sie hatte schon recht, ihre Verantwortung übernehmen zu wollen und sich zu sagen, dass sie diese Situation angezogen habe, um etwas daraus zu lernen. Als ich sie jedoch fragte, was sie an dieser Geschichte am meisten störe, antwortete sie mir, nun keine Kinder mehr bekommen zu können. Sie hatte nur eines und hätte gern noch ein zweites bekommen. Gegen diesen Kinderwunsch muss sich jedoch eine Angst in ihr gerichtet haben, die so stark war, dass es ihr gelang, diesen Wunsch zu sabotieren. Im weiteren Gespräch erfuhr ich, dass ihr Mann keine weiteren Kinder mehr wollte, weil er meinte, eines bedeute schon genug Arbeit und Verantwortung. Bevor sie diesen gutartigen Tumor an der Gebärmutter entwickelte, hatte sie schon ein paar Mal absichtlich die Pille „vergessen“, weil sie schwanger werden wollte, hegte deshalb aber schreckliche Schuldgefühle. Sie fühlte sich also hin und her gerissen zwischen ihrem Kinderwunsch und der Angst, deshalb ihren Partner zu verlieren.

Als sie sich bewusst geworden war, was den Fehler des Arztes bewirkt hatte, fragte sie mich, was sie nun tun könnte. Sollte sie akzeptieren, für alles verantwortlich zu sein, oder kam auch dem Arzt ein Teil der Verantwortung zu? Meiner Ansicht nach kam tatsächlich beiden die Verantwortung für die Fehldiagnose zu. Sicherlich hatte auch der Arzt etwas daraus zu lernen, doch sei es nicht ihre Aufgabe, ihn zu dieser Bewusstwerdung zu zwingen. Andererseits hinderte sie auch nichts daran, ihn für diesen gravierenden Fehler bei der Ärztekammer zu verklagen, um entschädigt zu werden. Diese Klage konnte ihr durchaus helfen, festzustellen, ob sie die Sache wirklich vollkommen akzeptiert hatte. Hatte sie den Arzt einmal von ihrem Unterfangen berichtet und sah dem Ergebnis völlig gelassen entgegen – ganz gleich, ob sie sich nun tatsächlich für eine Klage entschied oder nicht –, so konnte sie sehen, ob dieser Prozess wirklich abgeschlossen war.

Ein Jahr später rief mich Nicole mit guten Nachrichten an. Sie hatte soeben eine große Summe von der Versicherung des Arztes erhalten. Dieser hatte sich in einem Brief für seinen Fehler entschuldigt. Sie war vollkommen überrascht, da sie diese Sache nach ihrem Schreiben an die Ärztekammer völlig ad acta gelegt hatte. Loslassen heißt also, sich dem Universum anzuvertrauen, nachdem wir alles in unserer Macht Stehende getan haben.

Dieses Beispiel soll uns zeigen, dass wir uns nicht unbedingt alles gefallen lassen und passiv bleiben müssen, wenn wir eine Situation akzeptieren. Hier haben sich die Dinge in Ruhe gefügt, weil Nicole sie akzeptierte und weder Stress noch Angst empfand. **Es gibt weder gute noch schlechte Erfahrungen, sondern nur gute und schlechte Ansätze, mit ihnen fertig zu werden.**

Im vorigen Kapitel sprachen wir über die Bedeutung des Verantwortungsbewusstseins, um unsere Nächsten so akzeptieren zu können, wie sie sind, indem wir sie selbst für die Folgen ihrer Handlungen aufkommen lassen. Dann können wir uns auch selbst so lieben und akzeptieren, wie wir sind. Haben wir erkannt, dass wir nicht für das Glück unserer Mitmenschen verantwortlich sind, dann sind wir auch in der Lage, uns selbst mehr Liebe zuteilwerden zu lassen. Je mehr du dich selbst liebst, desto mehr lieben dich auch deine Nächsten. Vergisst du dieses Verantwortungsbewusstsein und meinst, dich um andere sorgen oder sie retten zu müssen, so dringst du dadurch nicht nur in ihre Privatsphäre ein, sondern raubst auch dir selbst Energie.

Deine Intuition wird dir Aufschluss darüber geben, ob du dem anderen aus Angst oder Liebe helfen möchtest. Fühlst du dich auch dann wohl, wenn deine Unterstützung oder deine Ratschläge nicht die erhofften Früchte bei einer hilfsbedürftigen Person tragen, so handelt es sich um wahre Hilfe ohne jegliche Erwartungen. Du tust es, weil du etwas aus dieser Erfahrung zu lernen hast oder weil es ein Wunsch deines Herzens ist.

Leider ist das aber eher selten. Viele fühlen sich verpflichtet, anderen helfen zu müssen, besonders Menschen, die ihnen nahestehen. Oft stecken diese gar nicht in Schwierigkeiten, sondern Erstere glauben es nur. Sie sind nicht glücklich, solange sie nicht den Eindruck haben, auch ihre Mitmenschen seien es. Sonst würden sie sich für egoistisch halten. Daher hier noch einmal die Definition des Egoismus, wie wir sie bereits erwähnten:

Wir sind Egoisten, wenn wir wollen, dass andere sich zuerst um unsere anstatt um ihre eigenen Bedürfnisse kümmern. Egoisten nehmen anderen etwas zu ihrem eigenen Vorteil. Die Annahme, die anderen seien für unser Glück zuständig, erzeugt falsche Erwartungen. Wir dürfen uns selbst nicht vergessen, um uns um andere zu kümmern.

Der Zeitmangel, den immer mehr Menschen heute leben, geht großenteils auf die Unfähigkeit zurück, uns um unsere wahren Bedürfnisse zu kümmern. Gehörst du zu denen, die sich immer darüber beklagen, keine Zeit für sich selbst zu haben? Ist das der Fall, so solltest du etwas besser aufpassen, was du jeden Tag tust. Erstelle eine Liste deiner produktiven und unproduktiven Aktivitäten. Du wirst überrascht sein festzustellen, wie viel Zeit du mit Beschäftigungen verbracht hast, die dir Freude bereiteten, obwohl du eigentlich meintest, den ganzen Tag nur deinen Verpflichtungen nachzukommen. Wir haben Angst, Egoisten zu sein, und wollen deshalb nicht erkennen, dass unsere Wirklichkeit viel angenehmer ist, als wir wahrhaben wollen.

Wenn du dich fragst, was deine produktiven Aktivitäten dir gebracht haben, so wirst du feststellen, dass doch sehr viele für dich selbst waren, auch wenn es sich dabei vielleicht um Dinge handelt, die du konkret für andere getan hast.

Während die einen darüber klagen, nicht genug Zeit für sich selbst zu haben, träumen andere davon, *einmal gar nichts zu tun.* Gehörst du zu jener Kategorie, dann frage dich, was *nichts tun* für dich bedeutet. Willst du sitzen und meditieren? Im Lauf der Jahre habe ich gesehen, dass dies sehr aktiven Menschen besonders schwerfällt. Ich gehöre zu diesem Menschenschlag und definiere „nichts tun" daher eher als „nichts Produktives tun". Wenn ich in der Natur spazieren gehe, dann tue ich nichts. Marschiere ich jedoch mit energischem Schritt, um in Form zu bleiben, so bin ich eher produktiv.

Bewertest du alles drei Wochen lang auf diese Weise, so wird dir das helfen, eine bessere Beziehung zur Zeit zu bekommen. Fällt dir dabei auf, dass du viele Dinge aus Verpflichtungen tust, die dir keinen Spaß machen, so ist das ein Zeichen dafür, dass sie von Ängsten und nicht von Liebe motiviert sind. Überprüfe deine Verpflichtungen im Lichte deiner Bedürfnisse.

Dich zu akzeptieren und zu lieben heißt, zuerst an dich selbst zu denken. Wer sollte sich sonst um deine Bedürfnisse kümmern? Das ist dir gelungen, wenn andere dich dafür bewundern, anstatt dir vorzuwerfen, egozentrisch oder egoistisch zu sein. Ist das jedoch der Fall, so weißt du sofort, dass du dich selbst nicht akzeptierst. Du solltest ihnen also für ihre Kritik dankbar sein. Das kannst du ihnen ruhig sagen. Du wirst sehen, dass du in der Folge wesentlich aufmerksamer bei deinen Selbstvorwürfen sein wirst.

Für Leute wie dich und mich, die ständig versuchen, ihre Lebensqualität zu verbessern und jedes Mittel willkommen heißen, dies zu bewerkstelligen, gibt es noch einen spirituellen Bereich, der besonders schwierig ist: die Verwirklichung wahrer Liebe und bedingungslosen Akzeptierens. Manche fragen uns, wie es möglich ist, dass wir, die wir hier im Zentrum von *Ecoute Ton Corps* arbeiten, überhaupt noch krank werden. Auch manche Seminarleiter stellen sich diese Frage. Ich denke da z. B. an Daniel Kemp, der hier in Quebec die Theorie der Teflon-Kinder verbreitete und an Dickdarmkrebs starb. Nur wenige konnten akzeptieren, dass es auch einem so weit entwickelten Menschen, der seit seinem achtzehnten Lebensjahr spirituelles Wissen lehrte, so ergehen kann.

Wir müssen akzeptieren, dass jeder von uns bestimmte Dinge in diesem Leben zu lernen hat. Was würdest du fühlen oder denken, wenn ich dir sagen würde, dass ich bald an einer schweren Krankheit sterben muss? Die Antwort auf diese Frage kann dir zeigen, wie sehr du selbst deine Grenzen akzeptierst. **Man akzeptiert sich so, wie man seine Mitmenschen akzeptiert.** Gib dich also keinen Illusionen hin! Spirituell zu arbeiten bedeutet nicht, nie wieder krank zu werden. Das Ziel, die Ursachen eines Gesundheitsproblems zu entdecken, liegt ja nicht darin, diese zu kontrollieren, sondern etwas über uns selbst zu erfahren. Ich hatte das Glück, schöne Augenblicke mit Daniel Kemp kurz vor seinem Tod verbringen zu können, und weiß, dass diese Krankheit es ihm ermöglichte, einen wichtigen Prozess des Akzeptierens und Verzeihens in seinem Leben abschließen zu können. Auf das kommt es schließlich an. Alles, was er in diesem Leben lernen konnte, wird ihm sicher in seinem nächsten Leben helfen und seiner Seele nach dem Tod eine angenehmere Existenz bereiten.

Wollen wir die große Liebe mit uns und somit auch mit unseren Nächsten erfahren, so müssen wir unser Leben von Intelligenz lenken lassen. Als einen intelligenten Menschen bezeichne ich jemand, der sich des Gesetzes von Ursache und Wirkung, d. h. der Folgen seiner Entscheidungen bewusst ist. Bevor er spricht oder handelt, fragt er sich, ob dies ihm oder seiner Umwelt von Vorteil ist. Ein wichtiges Kriterium ist dabei der Nutzen einer Handlung. Fragen wir uns also, ob es nützlich ist, etwas haben, tun, sagen oder sein zu wollen, so lernen wir, intelligent zu leben.

Hier ein paar Beispiele intelligenten Handelns:

- Sich zu engagieren, auch wenn andere es nicht tun wollen, ist intelligent für uns, weil es unserem Leben eine Richtung gibt und die Entscheidungen unserer Nächsten keineswegs in Mitleidenschaft zieht.
- Es ist intelligent, eher die Vorzüge der anderen zu loben, anstatt sie für ihre Fehler zu tadeln, da wir dasselbe von ihnen zurückbekommen werden.

- Sich zu gestatten, glücklich zu sein, auch wenn unsere Nächsten es nicht sind, ist intelligent, weil es sie auch nicht glücklich macht, wenn wir ihretwegen unglücklich sind.
- Es ist intelligent, wenn wir uns um unsere eigenen Angelegenheiten kümmern. Ebenso kümmern sich die anderen auch um ihre. Mischen wir uns in ihre Angelegenheiten ein, wird es uns umgekehrt genauso ergehen.
- Sich gesund zu ernähren ist intelligent, weil unser Körper dabei in jeder Hinsicht gewinnt.
- Es ist intelligent zu essen, wenn wir hungrig sind, weil das Gegenteil lediglich den Körper belastet und uns Energie raubt.
- Unserem Körper so oft wie möglich zu danken ist intelligent, weil er uns mehr Kraft verleiht und uns unterstützt, wenn wir ihn zu schätzen wissen.
- Es ist intelligent, die Verschmutzung unseres Planeten zu verringern, da wir dann selbst von einer gesünderen Umwelt profitieren.
- Sich regelmäßig auszuruhen und Freude zu bereiten ist intelligent, weil unser Körper sich auf diese Weise regeneriert und seine Energie wahrt.
- Es ist intelligent, sich ein Leben in Fülle einzurichten, um anderen geben zu können, anstatt von ihnen abhängig zu sein.
- Ausschließlich nützliche Dinge zu kaufen ist intelligent, weil wir so Überschuss und Abfall auf unserem Planeten reduzieren.
- Es ist intelligent, viele positive wie negative Erfahrungen im Leben zu machen, da uns das erkennen lässt, was wir wirklich brauchen.

Ich möchte dieses Buch mit dem Hinweis beenden, wie wichtig es ist, die anderen und uns selbst zu akzeptieren, um in bedingungsloser Liebe leben zu können. Dazu sollten wir uns eine Frage stellen, die ich sehr oft zu hören bekomme: „*Wie kann man jeglichen Zweifel aus der Welt räumen, um zu wissen, ob wir uns selbst akzeptiert haben?*“

Zuerst müssen wir uns daran erinnern, dass wir uns all der Dinge bewusst werden müssen, die wir nicht akzeptieren. Die Entwicklung unseres Bewusstseins vollzieht sich in mehreren Etappen:

- Zunächst sind wir uns nicht der Überzeugungen bewusst, die uns daran hindern, glücklich zu sein.
- Wir hindern uns daran, weil wir meinen, es sei schlecht. Wir kontrollieren uns selbst, um uns schuldig zu fühlen. Gelingt uns das nicht, so halten wir uns für schlecht, ohne uns dessen jedoch bewusst zu sein.
- Dann erkennen wir, dass wir nicht so sind, wie wir es gern hätten, und machen uns Vorwürfe deswegen.
- Wir beschließen, so sein zu wollen, wie wir es gern hätten, fühlen uns jedoch schuldig deswegen, da wir uns nicht das Recht zugestehen, anders als die anderen zu sein.
- Jetzt erst gestehen wir uns zu, so zu sein, wie wir eigentlich nicht sein wollen. Wir akzeptieren uns also, da wir erkannt haben, dass uns die Angst vor einer Seelenwunde so handeln ließ.
- Schließlich gelingt es uns immer öfter, ohne jegliche Angst so zu sein, wie wir wollen.

Nehmen wir das Beispiel Marios. Er war überzeugt davon, dass es schlecht sei zu lügen. Er erkannte, dass er selbst log und dass er eigentlich von lauter Lügnern umgeben war, zu denen sein Sohn, seine Frau und seine Schwiegertochter gehörten. Nach einer Weile erinnerte er sich daran, auch seinen Eltern vorgeworfen zu haben, ihn zu belügen. Er musste sich zunächst eingestehen, wie wenig er sich bestimmter Dinge in seinem Leben bewusst war und im Anschluss daran, wie oft er selbst log. Deswegen fühlte er sich schuldig. Nach und nach gelang es ihm, die Angst zu erkennen, die hinter seinen Lügen steckte. In der Folge gestand er sich diese Angst zu und erlaubte sich zu lügen, um diese Angst zu verstecken. Erst jetzt wurde ihm klar, dass seine Lügen andere Ängste erzeugten und dass er wesentlich besser daran tat, die Wahrheit zu sagen, was ihm endlich inneren Frieden verschaffte.

Sind wir bei diesem letzten Schritt angelangt, wissen wir, dass wir uns selbst akzeptieren. Ist das der Fall, sind wir ebenso gelassen gegenüber der negativen wie bei der positiven Seite eines Verhaltens. Wir wissen, dass es völlig unmöglich ist, nur die positiven Seiten zu verkörpern. Wir können einfach nicht immer geduldig, schnell, verständnisvoll, verfügbar, voller Energie und Humor sein. Akzeptieren wir das vollkommen, so ist uns auch klar, dass wir unter bestimmten Bedingungen die negative Seite eines Verhaltens erfahren müssen, obwohl uns die positive wesentlich lieber wäre. Wir haben Verständnis für uns selbst, für unsere Grenzen und unsere augenblickliche Unfähigkeit. Auf Dauer gelingt es uns immer öfter, so zu sein, wie wir wollen.

Einige fragen sich, wie es möglich ist, dass sie sich früher akzeptierten und das heute nicht mehr der Fall ist. Ich kenne z. B. eine Frau, die sich Vorwürfe macht, heute keine spontanen Entscheidungen mehr treffen zu können. Sie sagte mir, dass sie sich früher so schnell entschied, dass sie *„in ein Schwimmbecken springen konnte, ohne zu schauen, ob überhaupt Wasser darin war"*. Ich fragte sie, ob sie denn glaube, dass eine solche Spontaneität wirklich zu ihrem Vorteil wäre. Auf meine Frage, ob sie sich über die Gefahr im Klaren war, in ein leeres Schwimmbecken zu springen, erwiderte sie nur, dass das ja nur ein Bild gewesen sei und sie es natürlich nie getan habe.

Legst du heute ein Verhalten an den Tag, das dem widerspricht, welches dir früher an dir gefiel, so hattest du jenes nie wirklich akzeptiert. Deshalb beginnst du heute wieder von vorn und versuchst es mit dem Gegenteil. Hat die Frau aus meinem Beispiel sich wirklich akzeptiert, so wird sie sich gleichermaßen das Recht zugestehen, spontan oder aber überlegt zu handeln.

Um zu sehen, ob wir bestimmte Erfahrungen wirklich akzeptiert haben, können wir uns fragen, ob wir bereit wären, sie noch einmal zu machen, um aus ihnen zu lernen, wenn wir unser Leben noch einmal von vorn anfangen könnten.

Abschließend können wir also sagen, dass jeder von uns für sich selbst und nicht für die anderen auf dieser Welt ist. Alle Menschen, die deinen Lebensweg kreuzen, angefangen bei deinen Eltern, sind dazu da, um dich selbst durch sie kennenzulernen. Jeder Einzelne von ihnen ist wie ein Glöckchen, das dich daran erinnern soll, dich selbst zu akzeptieren.

Sie sind aber auch ein ausgezeichnetes Mittel, um zu sehen, was du bereits an dir akzeptierst.

Wir haben alle dieselbe Mission: Wir sollen erkennen, welch außergewöhnliche Wesen wir sind, und uns bewusst werden, dass wir alle ein Ausdruck der göttlichen Vollendung sind. Gottgleich zu sein bedeutet aber nicht, so perfekt zu sein, wie unser Ego es gern hätte. GOTT zu sein heißt lediglich zu SEIN. Wir sind alle hier, um die verschiedensten Erfahrungen des SEINS zu machen und zu akzeptieren, indem wir immer mehr lernen, welche intelligent für uns sind. Wir werden so oft auf die Erde wiederkommen müssen, bis wir alle positiven und negativen Zustände des Seins akzeptiert haben, die es auf dieser Welt zu erleben gibt.

In Wirklichkeit ist unsere Mission sehr einfach. Nur haben wir uns leider ein übergroßes Ich geschaffen, das unsere Aufgabe kompliziert und verzögert.

Wir haben heute das ungeheure Glück, in einer Epoche der Öffnung zu leben, die es uns ermöglicht, uns unseres Lebenszwecks bewusst zu werden. Ich habe große Hoffnung, dass wir in den nächsten zwanzig Jahren Zeugen eines enormen Wandels der Menschheit werden. Ich freue mich festzustellen, dass dieser Wandel von Jahr zu Jahr in den verschiedensten Ländern deutlichere und ermutigende Formen annimmt.

Dich kann ich nur dazu ermutigen, weiterhin an dir zu arbeiten, um deine Lebensqualität zu verbessern. Dank der Millionen von Menschen, die wie du auf dem Weg sind, wird es uns gelingen, den Frieden in diese Welt zu bringen, wonach wir alle streben. Je mehr jeder von uns diesen Frieden in seinem Innenleben erfährt, desto mehr Frieden wird auch das kollektive Bewusstsein dieses Planeten finden.

Schritte zur Versöhnung mit anderen und sich selbst

1) Emotion/Anklage
Was wirfst du der betroffenen Person vor? Wofür verurteilst du sie? Wie hast du dich in dieser Situation gefühlt?

2) Verantwortung
Wovor fürchtest du dich? Hattest du bestimmte Erwartungen in dieser Situation? Nimmst du dir Zeit zu akzeptieren, dass deine Erwartungshaltung die Ursache für diese Situation ist?

3) Versöhnung
Versetze dich in die Position des anderen, um nachvollziehen zu können, dass er dasselbe empfunden hat wie du, da er dieselben Ängste hatte. Versuche dich an Situationen zu erinnern, in denen er dir ähnliche Vorwürfe hätte machen können.

4) Sich selbst verzeihen (der wichtigste Schritt)
Empfinde Mitgefühl für dich, als du dem anderen Vorwürfe machtest, weil du aus durch unverheilte Wunden verursachten Ängsten ebenso gehandelt hast wie er.

5) Der Wunsch sich auszudrücken
Um festzustellen, ob die Schritte der Versöhnung und des Verzeihens auch wirklich vollzogen wurden, solltest du dir vorstellen, wie du mit dem anderen über die ersten drei Etappen sprichst. Zögerst du oder ist dir diese Vorstellung unangenehm, so solltest du den zweiten und/oder dritten Schritt noch einmal versuchen. Lass dir all die Zeit, die du dazu brauchst.

6) Sich einer betroffenen Person stellen

Erzähle ihr, was du erlebt hast, und versuche herauszufinden, ob sie dir nicht auch ähnliche Vorwürfe gemacht hat. Frage sie, ob sie dieselben Ängste wie du durchgestanden hat.

6) Verbindung zu einem Elternteil

Frage dich, unter welchen Umständen du ähnliche Ängste, Gefühle oder Vorwürfe mit deinem Vater erfahren hast, wenn es sich bei dem Betroffenen um einen Mann, mit deiner Mutter, wenn es sich hierbei um eine Frau handelt. In diesem Fall solltest du dieselben Schritte auch mit diesem Elternteil durchgehen. Ist er nicht mehr am Leben, so kann dies auch in Form von Entspannungsübungen geschehen.

Lise Bourbeau

Lise Bourbeau zählt zu den bedeutendsten spirituellen Lehrerinnen unserer Zeit. Nahezu 20 Bücher hat die Kanadierin bisher geschrieben, darunter zahlreiche ins Deutsche übersetzte Bestseller wie „Dein Körper sagt: Liebe dich" und „Höre auf Deinen besten Freund, auf Deinen Körper", die weltweit über zwei Millionen Mal verkauft wurden. Bereits 1982 gründete sie das heute größte Seminarzentrum Québecs: „Ecoute ton corps", das von Menschen rund um den Erdball besucht wird. Ihre praktische Ausbildung und die Botschaft, die sie vermittelt, haben mehr als 1 Mio. Besuchern geholfen, konkrete Veränderungen in ihrem Alltagsleben zu bewirken. Ebenso zupackend wie einfühlsam versteht es Lise Bourbeau, ihren Lesern zu zeigen, wie sie Grenzen, die das Leben zu setzen scheint, überschreiten können, um Lebensziele wie Glück, Frieden, Gelassenheit und Selbstverwirklichung zu erreichen.
www.ecoutetoncorps.com

Mehr von Lise Bourbeau

Neben den bislang in diesem Verlag erschienen Titeln können Sie auch Audiokassetten, CDs, Videos und Kartenspiele der Autorin in französischer Sprache bestellen.
In ihren elektronischen Publikationen behandelt Lise Bourbeau die Themen Selbstverantwortung, Reinkarnation, Selbstliebe, Spiegelgesetze, zwischenmenschliche Beziehungen, Erkennen und Erfüllen spiritueller Wünsche, Wege zur Konfliktbewältigung und viele mehr.
Bestellmöglichkeiten gibt es im Internet unter www.ecoutetoncorps.com, telefonisch unter 001 (514) 875 - 1930 oder per Post:

ECOUTE TON CORPS
1102 Boulevard La Salette
J5L 2J7 Saint-Jérôme
Québec, Canada

Seminarhinweise und Termine finden Sie unter der angegebenen Internetadresse oder unter den Telefonnummern 001–(800)–361–3834 bzw. 001–(514) 875 1930.

Bücher von Lise Bourbeau in deutscher Sprache

Dein Körper sagt: «Liebe dich!»
Lise Bourbeau ist eine der erfolgreichsten spirituellen Lehrerinnen unserer Zeit. Mit diesem wertvollen Ratgeber zeigt sie anhand von 500 Gesundheitsstörungen, wie Krankheitsursachen frühzeitig erkannt und nachhaltig verändert werden können. Im Zentrum ihres Wirkens steht das Reifen der Seele. Dieses Reifen bedeutet, sich und andere anzunehmen und zu lieben. Dazu gehört auch das ganz bewusste Wahrnehmen subtiler Körperbotschaften. - Sie zeigen an, wo wir an unsere physische, emotionale und mentale Grenze gelangen.Ein sensibles, spirituelles Nachschlagewerk, mit dem wir unser Wesen wieder ins Gleichgewicht bringen und den natürlichen Zustand des Körpers, das heißt Gesundheit, Glück, Liebe und Harmonie finden können. – 320 Seiten, ISBN 978-3-89385-277-2

Handbuch für die innere Kraft

Dieses Buch hilft, Blockaden zu erkennen und Probleme zu lösen. Mit über 500 Stichworten für die kleinen und großen Themen des Lebens. – Lise Bourbeau und Micheline St-Jacques dechiffrieren alte Glaubenssätze, um sie mit inneren Werten wie Selbsterkenntnis, Öffnung für die spirituelle Welt und innere Kraft neu zu beleben. Dieses Buch zeigt, wie wir uns selbst besser kennen lernen. Lise Bourbeaus Botschaft lautet: Es liegt einzig und allein an uns selbst, uns den Quellen zu öffnen und unsere Lebensqualität zu verbessern. Lise Bourbeau, weltweit anerkannte spirituell-psychologische Lehrerin, hat mit ihren Veröffentlichungen Millionenauflagen erreicht. – Ihre Botschaft: Wir müssen die Grenzen überschreiten, die das Leben uns zu setzen scheint. – 376 Seiten, ISBN 978-3-89385-460-8

Höre – auf Deinen besten Freund – auf Deinen Körper

Wer die Botschaft seines Körpers entschlüsselt, dem öffnen sich Grenzen und Möglichkeiten zur persönlichen und spirituellen Entwicklung. – Dieses Buch ist ein praktischer Begleiter und eine wertvolle Hilfe für all jene, die ihre innere Suche beginnen oder fortführen wollen. Immer wieder hindern wir uns selbst daran, unsere Träume zu verwirklichen und das Glück der Liebe, der Gesundheit und der inneren Harmonie zu erfahren. Wir setzen uns zu viele Grenzen und das macht uns krank. Die tiefen spirituellen Ursachen von Krankheiten frühzeitig zu erkennen und das Schlimmste zu verhindern, das ist die besondere Botschaft Lise Bourbeaus. Deshalb ist es so wichtig, zu erkennen, was tatsächlich in unserem Körper, unserer Gefühlswelt und in unserem Geist vorgeht. – 216 Seiten, ISBN 978-3-89385-224-6

In gekürzter Fassung mit allen wesentlichen Informationen auch als **Hörbuch** erhältlich. – Gesprochen von Andrea Brendel, Gesamtspielzeit ca. 146 Min., ISBN 978-3-89385-533-9

Höre auf Deinen Körper und sei wie du bist

Alles ist möglich, wenn wir auf die Botschaft unseres Körpers hören! Lise Bourbeau zeigt, wie wir unsere tiefsten Wünsche wahr werden lassen. – Die erfolgreiche Bestseller-Autorin verdeutlicht, wie wir das finden können, was wir uns am sehnlichsten wünschen: inneren Frieden,

Harmonie und glückliche Beziehungen. Wie bereits sein Vorgänger, der internationale Bestseller „Höre auf Deinen besten Freund, auf Deinen Körper“, besticht auch Lise Bourbeaus neuer Titel durch tiefe Weisheit und eine klare Sprache, die spirituelle Wahrheit mit Themen des täglichen Lebens verbindet. – Übungen, die uns in Kontakt bringen mit unseren Wünschen, Träumen und unbewussten „Blockaden“, helfen, uns selbst zu erkennen und den nächsten Schritt auf unserem Entwicklungsweg zu tun. – 248 Seiten, ISBN 978-3-89385-500-1

Höre auf Deinen Körper – auf Deinen besten Freund (Kartenset)
Der spielerische spirituelle Ratgeber für ein Leben voller Lebenslust, Liebe und Kraft. – Lise zeigt, wie ein Handeln in Einklang mit unserem Körper und seinen Botschaften ein Leben in Spiritualität und Weisheit fördern kann. Die Karten zeigen uns wo unser Problem liegt, welche falschen Glaubenssätze uns festhalten, und sie geben Affirmation, um die neue Art, das Leben besser zu gestalten, zu verankern. – 64 Seiten + 75 Karten, ISBN 978-3-89385-348-9

Heile die Wunden Deiner Seele
Dieses Buch von Lise Bourbeau ist ebenso konkret wie seine Vorgänger und zeigt auf, dass all unsere Probleme der körperlichen, emotionalen und geistigen Ebene auf fünf Seelenwunden zurückgehen: Ablehnung, Verlassenwerden, Demütigung, Verrat und Ungerechtigkeit. Mit dem Abnehmen der Masken, die wir entwickelt haben, um Seelenwunden vor uns und der Welt zu verbergen, können die wahren Ursachen von erkannt werden. Wie immer bietet Lise Bourbeau praktische Lösungsvorschläge, damit Herausforderungen zu Wegbereitern der Selbstentfaltung werden. – 168 Seiten, ISBN 978-3-89385-547-6